E-Book inside

Mit dem Kauf dieses Buchs erhalten Sie das zugehörige E-Book gratis. Sie können dabei aus drei Dateiformaten wählen: EPUB (gängiges Format für E-Reader und Tablets), PDF (für PC und Laptop) oder MOBI (für den Amazon Kindle). So kommen Sie an Ihr kostenloses E-Book:

Rufen Sie im Internet diese Website auf:
↗ http://www.junfermann.de/ebook-inside

Geben Sie den unten stehenden Code in das dafür vorgesehene Feld ein und klicken Sie → Code einlösen. Nach Eingabe Ihrer E-Mail-Adresse und Auswahl des E-Book-Formats erhalten Sie sofort einen Download-Link für das gewünschte E-Book an Ihre E-Mail-Adresse.

Bitte beachten Sie, dass der Code für Sie personalisiert wird und nur einmal gültig ist. Die Datei müssen Sie zunächst auf Ihrem Computer speichern, bevor Sie sie auf ein mobiles Endgerät überspielen können.

FC4J5TTH

Sabine Claus

Auf dem Weg

20 Spaziergänge für das seelische Wohlbefinden

www.junfermann.de

blogweise.junfermann.de

www.facebook.com/junfermann

twitter.com/junfermann

www.youtube.com/user/Junfermann

www.instagram.com/junfermannverlag

SABINE CLAUS

AUF DEM WEG

20 SPAZIERGÄNGE FÜR DAS SEELISCHE WOHLBEFINDEN

Junfermann Verlag
Paderborn
2019

Copyright © Junfermann Verlag, Paderborn 2019

Coverfoto / Illustrationen Britta Rungwerth, www.rungwerth-design.de

Covergestaltung / Reihenentwurf JUNFERMANN Druck & Service GmbH & Co. KG, Paderborn

Satz & Layout JUNFERMANN Druck & Service GmbH & Co. KG, Paderborn

Bibliografische Information der Deutschen Nationalbibliothek

Die Deutsche Nationalbibliothek verzeichnet diese Publikation in der Deutschen Nationalbibliografie; detaillierte bibliografische Daten sind im Internet über http://dnb.d-nb.de abrufbar.

ISBN 978-3-95571-906-7
Dieses Buch erscheint parallel als E-Book.
ISBN 978-3-95571-923-4 (EPUB), 978-3-95571-925-8 (PDF), 978-3-95571-924-1 (MOBI).

Für Giulia & Emilio

auf ihren Wegen

Inhalt

„Vor allem hab' Zeit und nimm Umwege. Lass dich ablenken. Mach sozusagen Urlaub. Überhör keinen Baum und kein Wasser. Kehr ein, wo du Lust hast, und gönn dir die Sonne."

(Peter Handke: *Über die Dörfer*[1])

Einleitung

> „Ich teile mit, dass ich eines schönen Vormittags, ich weiß nicht mehr genau um wie viel Uhr, da mich die Lust, einen Spaziergang zu machen, ankam, den Hut auf den Kopf setzte, das Schreib- oder Geisteszimmer verließ, die Treppe hinunterlief, um auf die Straße zu eilen. (...) Alles, was ich erblickte, machte mir den angenehmen Eindruck der Freundlichkeit, Güte und Jugend. Rasch vergaß ich, dass ich oben in meiner Stube soeben noch düster über ein leeres Blatt Papier hingebrütet hatte. (...) Freudig war ich auf alles gespannt, was mir auf dem Spaziergang etwa begegnen oder entgegentreten könnte.“[2]
>
> (Robert Walser, deutsch-schweizerischer Schriftsteller)

Es geht uns heute so gut wie nie zuvor in der Menschheitsgeschichte. Und doch erleben wir Stress, körperliche Probleme, Einsamkeit, Selbstzweifel und seelische Krisen. Technisierung, Kapitalismus und Beschleunigung bestimmen unsere moderne Lebensform. Unsere Alles-ist-möglich-Mentalität weckt hohe Erwartungen: Man muss mitmachen, auf dem Laufenden bleiben, immer *up to date* sein. Ständige Selbstoptimierung wird zur Norm. Möglichst viel, möglichst schnell, möglichst speziell – mit nur wenigen Mausklicks kein Problem. Wir vergleichen uns unbarmherzig mit anderen und versuchen, mit dem Tempo der digitalisierten Welt Schritt zu halten. Dabei werden nicht wir immer schneller, sondern die Dinge um uns herum. Das macht müde. Zur Erholung lenken wir uns ab: Wir können aus einer unüberschaubaren Fülle von Informationen, Freizeitaktivitäten und Bildungsmöglichkeiten wählen. Die Zerstreuung in der digitalen Welt ist via Handy und Co. jederzeit möglich. Wir fliegen in die entlegensten Winkel dieses Planeten in der Hoffnung, für eine Weile Abstand zu bekommen und uns vom täglichen Lauf im Hamsterrad zu erholen. Vor Ort verlangen wir als Erstes nach dem WLAN-Passwort und wundern uns, dass wir nicht „runterkommen“ können. Zu sehr ist das Getriebensein, ist das Schaffenwollen in uns drin. Und wenig später landen wir wieder im Alltag, um dort weiterzumachen, wo wir aufgehört haben.

Ich möchte mit meinem Buch einen deutlichen Kontrapunkt setzen zu dieser Beschleunigung, dem Abhaken nicht enden wollender To-do-Listen, dem zwanghaften Streben nach Wachstum und immer neuen Höhepunkten auf der Suche nach dem Glück. Es soll unsere erhitzten Gemüter ein wenig beruhigen und dazu einladen, Spazieren als praktische Lebenskunst wiederzuentdecken: als eine Möglichkeit der umsichtigen Erkundung unserer Umwelt, der Selbsterkundung, des Sammelns von Momenten, des Sinnierens, des heiteren Genusses, der Kreativität. Dieses Buch ist ein Plädoyer für diejenige Form von Bewegung, die tief in uns Menschen angelegt ist. Für die „Vermessung der Welt" mit unserem ureigenen Maß: dem menschlichen Schritt.

Sind Sie selbst bereits Spaziergängerin oder Spaziergänger? Dann wissen Sie um die unvergleichliche Qualität dieser Fortbewegung und möchten diese allenfalls noch besser verstehen. Oder wünschen Sie sich, neue Aspekte rund ums Spazieren kennenzulernen? Warum interessiert Sie das Thema? Möchten Sie eine einfache und jederzeit praktizierbare Methode finden, um

- zu entspannen?
- die Natur zu erleben?
- den Kopf freizubekommen?
- etwas für Ihre Gesundheit zu tun?
- die Lösung für ein Problem zu finden?
- Ihre Kreativität anzuregen?
- die Welt mit neuen Augen zu sehen?
- überraschende Perspektiven zu entdecken?
- Abstand zu gewinnen?
- achtsamer zu werden?
- sich selbst zu coachen?
- zu genesen?
- sich zu amüsieren?
- kleine Auszeiten zu nehmen?
- eine wohltuende Gewohnheit (wieder) in Ihr Leben zu bringen?

Ein Spaziergang ist ein Quell heilsamer Impulse und kann dies alles und vieles mehr bewirken.

Spazieren ist eine relevante Nebensächlichkeit. Relevant, weil Spazieren in fast jeder Lebenslage guttut (zumindest nicht schadet). Nebensächlich, weil es eine solch alltägliche Beschäftigung darstellt, der viele von uns regelmäßig nachgehen. Jeder von uns macht hin und wieder einen Spaziergang: zur Mittagszeit durch den Park, eine Runde um den Block oder am Wochenende in der Natur. Ein Spaziergang kostet nichts, ist umweltfreundlich und muss nicht groß geplant oder vorbereitet werden. Spaziergänge werden (noch) nicht lautstark beworben und man benötigt weder Ausrüstung noch einen Kurs oder gar ein Diplom.

Relevant ist das Spazieren außerdem, weil es uns auf unspektakuläre Weise wacher werden lässt. Beim Spazieren in Gesellschaft schenken wir unseren Weggefährten unmittelbare Aufmerksamkeit. Wir bewegen uns, während wir miteinander sprechen, ohne dabei ständig die Tastatur oder das Touchpad zu bedienen. Dass ein Spaziergang heilsame Wirkung entfalten kann, wird dabei unterschätzt. Dabei ist er ganz ohne Nebenwirkungen und Belastung der Krankenkassen.

Ein positiver Nebeneffekt beim Schreiben des Buches war, dass ich während dieser Zeit noch mehr als sonst spazieren gegangen bin – allein oder mit anderen, auch im beruflichen Kontext. Ich schulte meine Wahrnehmungsfähigkeit und lernte, dass ich dabei auf mein Innenleben Einfluss nehmen konnte. Vielfach wurde ich beschenkt – mit Eindrücken, Einsichten oder einfach mit Entspannung. Ich bin heute noch beglückt – und beschämt zugleich, auf Spaziergängen, die ich schon x-mal unternommen habe, so viel Unbekanntes entdeckt zu haben, was mir zuvor durchgegangen ist. Spazierengehen bereichert mein Leben, Tag für Tag aufs Neue. Das möchte ich gerne mit Ihnen teilen.

Dieses Buch ist keine Anleitung, wie man „richtig" spazieren geht, auch kein Ratgeber. Es wäre paradox, dies anleiten oder beraten zu wollen. Und doch möchte ich nicht darauf verzichten, Ihnen die eine oder andere Idee, was man beim Spazieren so alles anstellen kann, zu vermitteln. Es wäre schön, wenn die Lektüre dieses Buches in Ihnen, liebe Leserin, lieber Leser, ein bisschen Vorfreude auf den nächsten Spaziergang wecken würde oder auch Lust, etwas Altbekanntes wiederzuentdecken.

Im ersten Teil habe ich Wissenswertes aus unterschiedlichen Disziplinen (z. B. Geschichte, Medizin, Psychologie, Literatur) und Perspektiven zum Spazierengehen zusammengetragen.

Im zweiten Teil finden Sie praktische Anregungen, die die Theorie des ersten Teils erlebbar machen. Sie laden dazu ein, auf eigene Faust und ganz unkompliziert die hier dargestellten Zusammenhänge beim Spazieren selbst zu entdecken: 20 verschiedene Spaziergänge für Kopf und Herz ermuntern dazu, sein Augenmerk neu auszurichten, während man zu Fuß unterwegs ist.

Wir können die Kraft des Gehens für die eigene Lebensgestaltung nutzen – egal ob beim frühmorgendlichen Spaziergang in der Natur, beim Gang von der Bushaltestelle ins Büro, beim Schlendern in der Mittagspause, wenn man in der Stadt unterwegs ist, einen Behördengang zu erledigen hat oder eine Nachtwanderung wagt.

Im dritten Teil schließlich können Sie die Ergebnisse meiner kleinen Spaziergangs-Umfrage nachlesen. Ich wollte wissen, wie andere Menschen spazieren und was sie dabei erleben. Diese Erfahrungen aus erster Hand machen die zitierten wissenschaftlichen Studien fassbarer.

Wenn Sie tiefer ins Thema eintauchen, werden Sie möglicherweise wie Honoré de Balzac in seiner *Theorie des Gehens* ausrufen: „Oh! Die Fragen stoben nur so auf wie die Heuschrecken. Wundervolles Thema!"[3] Genau so erging es mir jedenfalls, als ich mich mehr und mehr in die Materie „Spazieren" vertiefte und ich für meine Einblicke auf unzähligen Spaziergängen ein Echo der Bestätigung suchte. Es gelang mir bis heute nicht, die vielschichtige und reichhaltige Natur von Spaziergängen vollends zu erfassen. Balzac muss es inmitten der Studien seiner *Theorie des Gehens* wohl ganz ähnlich ergangen sein, als er konstatierte: „Als ich alles gelernt hatte, wusste ich nichts – und ich ging!"[4]

Um es kurz zu halten: Machen wir uns auf den Weg. Gehen wir spazieren.

Willkommen im leichtfüßigen Vergnügen!

Teil I

Über das Spazieren

1. Auf geht's! Willkommen im leichtfüßigen Vergnügen

„Nur wo du zu Fuß warst, bist du auch wirklich gewesen."

(Johann Wolfgang von Goethe,
deutscher Dichter und Naturforscher)

Leichtfüßig – was für ein schönes Gefühl! Beschwingt schreiten wir aus, mit weitem Blick, getragen und zugleich fast schwerelos, ein ganz besonderer körperlich-seelischer Zustand. Doch wirken diese Worte – „spazieren gehen" – heillos überholt. In Zeiten grenzenloser Mobilität haftet dem Zu-Fuß-Gehen etwas Überflüssiges oder Sinnloses an. Wir sind nicht mehr gezwungen, größere Entfernungen per pedes zurückzulegen. Gehen wurde lange als eine unnötige Zeit- und Kraftverschwendung angesehen, als eine Form des Luxus oder als nicht ganz ernst zu nehmende Bewegungsform – etwa zur Genesung nach einer Krankheit oder nach der Pensionierung.

Indem ich in diesem Buch die vielfältigen Aspekte um das enorme und doch unterschätzte Potenzial des Spazierengehens zusammengetragen habe, hoffe ich, vor allem eines beim Leser zu bewirken: Lust auf einen Spaziergang. Auf einem Spaziergang ist kaum etwas außergewöhnlich. Nur er selbst ist es. Spazieren bedeutet Eintauchen in die Gegenwart. Man erlebt, was immer gerade da ist. Spazieren ist körperlicher, gedanklicher und seelischer Akt zugleich. Es ist ein Gang in die Welt und ein Gang nach innen. Auf einem Spaziergang entsteht manchmal so etwas wie ein lebendiger Draht zwischen uns und der Welt. Schwingung entsteht, wir sind in Resonanz und unsere Weltbeziehung gewinnt eine neue Qualität. Spazieren gehen kann fast jeder zu jeder Zeit an jedem Ort ohne große Planung, Vorbereitung, Verabredung oder Verpflichtung. Es ist leichtfüßiges Vergnügen, in der Welt unterwegs zu sein, und somit das Gegenteil vom Credo unserer Zeit: „schneller, besser, weiter".

Gemächlicher Fortschritt

Entstanden ist die Idee zu diesem Buch während und nach meinen vielen Spaziergängen mit mir allein, zu zweit, im Rahmen von Coaching-Gesprächen mit meinen Klienten sowie beim Begleiten psychisch erkrankter Menschen. Mehrmals pro Monat gehe ich frühmorgens mit einer kleinen Gruppe Patienten spazieren. Wir gehen in jeder Jahreszeit, bei jedem Wetter. Jeder dieser Spaziergänge entwickelt seinen eigenen Reiz, obwohl wir meist eine ähnliche Strecke laufen. Mal ist es ein ganz besonderes Licht, dann ein Geruch, das Wetter, die individuelle Verfassung oder ein Gespräch während des Gehens, das den Spaziergang zu etwas Besonderem und Berührendem macht. Kein Spaziergang gleicht dem anderen, keiner ist wiederholbar. Wenn wir nach 30 Minuten an unseren Ausgangspunkt zurückkommen, sind wir zuverlässig jedes Mal wacher und in besserer Verfassung als zum Startzeitpunkt.

Ich wollte ergründen, woher die vielen unmittelbar spürbaren Effekte eines Spaziergangs kommen. Einige Vorteile sind sofort ersichtlich: Spazierengehen ist problemlos in den Alltag integrierbar, kostet nichts, ist für fast jeden – unabhängig von Fitnessgrad und Alter – machbar und entspannend. Darüber hinaus macht es uns klüger und fördert die körperliche und mentale Gesundheit (wie ich auf den folgenden Seiten anhand wissenschaftlicher Studien darlegen werde). Es ist keine neue Erkenntnis, dass Bewegung fit und gesund hält. Sie kann uns so manche Krankheit vom Leib halten und Schmerzen zum Verschwinden bringen. Wer das Glück hat, seinen Arbeitsplatz zu Fuß erreichen oder wenigstens einen Teil seiner täglichen Wegstrecken zu Fuß absolvieren zu können, kennt die belebende Wirkung von moderater Bewegung an der frischen Luft. Viele Menschen berichten, dass ihnen die besten Gedanken kommen, wenn sie locker gehen, wandern oder joggen. Im gleichmäßigen Fluss der Bewegung sind sie besonders gut in der Lage, gelöster zu denken. Während des Gehens verlieren auch Emotionen ihre Intensität. Freiräume entstehen, Gedanken können freier fließen. Es wird möglich, sich mithilfe der Bewegung unter freiem Himmel von Belastendem zu distanzieren, es wenigstens für eine gewisse Zeit hinter sich zu lassen und sich anschließend den Herausforderungen des Alltags auf andere Art zu stellen.

Gerade in Stresssituationen oder für seelisch belastete Menschen stellt moderate Bewegung eine passable Möglichkeit dar, das konstante Kreisen schwermütiger Gedanken zu unterbrechen. Wir können seelischen Krisen und körperlichen Leiden also buchstäblich ent*gehen*. Bereits Bewegung mittlerer Intensität, also zügiges Gehen, verbessert Depressionen und erzeugt einen leichten Rückgang von Panik- und Angststörungen.[5] Menschen, die unter getrübter Stimmung am Morgen leiden, sprachen auf unseren Morgenspaziergängen häufig davon, dass sie sich bereits nach kürzeren Laufeinheiten an der frischen Luft mental besser fühlten.

Und es gibt sogar einen spirituellen Aspekt: Spazieren kann eine Form der Selbstfindung und Selbstheilung sein. Denn unser Leben ist ein permanentes Auf-dem-Weg-Sein. Wir lernen beim Spazieren, achtsam für das zu sein, was vor uns und in uns liegt. Wir können uns verändern, uns mit jedem Schritt wandeln. Wir spazieren uns frei von allem, was uns festhält und bindet. Wir gehen auf unser Ziel zu oder sind ziellos unterwegs. So können wir unterwegs nachspüren, ob wir auch innerlich auf unserem Weg sind und ob dieser wirklich der Weg ist, den wir tatsächlich gehen möchten. Wir können lernen, mit Hindernissen umzugehen. Wenn wir uns verlaufen haben, können wir uns besinnen, uns neu orientieren oder um Hilfe bitten. Spazierengehen ist nicht nur eine Öffnung zur Außenwelt, sondern vor allem zu sich selbst.

1.1 Ein Spaziergang ist ...

„Ein Spaziergang ist und bleibt ein Spaziergang, stets ein Unikat, was ihm im digitalen Zeitalter der Reproduzierbarkeit eine gewisse Eigen- und Besonderheit verleiht."[6]

(Bertram Weisshaar, Spaziergangswissenschaftler)

Die meisten Menschen sind in ihrem Leben bereits spazieren gegangen, aber die wenigsten können präzise formulieren, was unter einem Spaziergang zu verstehen ist. Gehen ist die natürlichste Art der Entschleunigung, indem wir das Tempo auf das menschliche Maß unseres Schrittes reduzieren. Der Spaziergang ist eine besondere Art des Gehens in maßvollem Tempo. Stellen Sie sich einmal einen gehetzten Spaziergänger vor: unvorstellbar! Denn die eilende Person wäre dann kein Spaziergänger mehr. Wenn jemand sagt: „Ich spaziere mal eben (zur Bäckerei / um den Block etc.)", handelt es sich um eine bereichernde Tätigkeit eines Menschen, der sich mit Genuss in Bewegung setzt. Ein Spaziergang kann demnach einem Ziel gewidmet sein, jedoch ist beim Spazieren nicht das Ziel allein von Bedeutung, sondern ebenso der Weg. Mehr über den Zusammenhang von Weg und Ziel erfahren Sie in Teil II dieses Buches (Seite 92 ff.). Der Spaziergang ist eine Art persönliches Ritual, das wir allein oder in Gesellschaft, regelmäßig oder zu gewissen Gelegenheiten praktizieren.

„Spazieren" leitet sich vom lateinischen *spatiārī* ab, was so viel bedeutet wie „mit gemessenen Schritten einhergehen". Das Substantiv *spatium* bezeichnet einen „Zwischenraum". In diesem Ursprung werden der Kern und der Wert des Spaziergangs deutlich: Spaziergänge können kostbare Zwischenräume zum Luftholen darstellen in einem Alltag, der geprägt ist von Hektik und endlosen Aufgabenlisten. Sie schaffen einen sinnlichen Raum inmitten einer kopfgesteuerten Welt und helfen, den Fokus wiederzufinden angesichts von moderner Schnelllebigkeit und Globalisierung. Dieser Zwischenraum, den wir uns beim Spazieren schaffen, kann einerseits zu einem geschützten Innenraum werden. Andererseits kann er uns auch neue Einblicke gewähren: Wenn wir uns auf veritable Zwischenwege, also auf Nicht-Wege, außerhalb von Markierungen in der Stadt oder in der Natur wagen, entdecken wir womöglich wilde Seiten, unerwartete Schönheit, aber auch ungeahnte Hässlichkeit.

Ein Spaziergang ist eine Einladung, wieder Atem zu schöpfen, sich zu erholen, den Geist zu entspannen, sich inspirieren zu lassen, die Gelegenheit für ein Gespräch wahrzunehmen – mit einer anderen Person oder sich selbst. Somit entlassen uns Spaziergänge aus der alltäglichen Pflicht der Zielerreichung und laden zum Flanieren ohne Ziel, zur Belebung der Sinne und zur Muße ein. Beim Spazieren vollzieht sich eine Art befriedigende Angleichung der Bedürfnisse von Körper und Geist. Wir werden aufmerksamer für unsere Umgebung und für uns selbst. Spazieren hat etwas ungemein Leichtfüßiges und zugleich etwas intellektuell Belebendes. Ein Spaziergang offenbart kleine Details, verschafft uns Ablenkung, zentriert, sensibilisiert für Rhythmen und den steten Wandel, dem wir ausgesetzt sind. Ich möchte ihn aber nicht als eine Abkehr von der modernen Welt, einen Ausstieg aus der Digitalisierung oder als eine Gegenbewegung zur Informationsgesellschaft verstanden wissen. Es geht vielmehr um einen Ausgleich, um ein Gegengewicht, um eine zugleich alte wie neue Qualität. Es geht um eine Balance zwischen echtem betretbarem Raum und virtuellem, seh- und hörbarem Raum. Ein Spaziergang befreit uns weder von unseren Verantwortungen noch schützt er uns vor dem weltweiten Chaos. Er erlaubt uns aber, uns selbst zu begegnen, um dann mit neuer Klarheit und geschärften Sinnen zurück in den Alltag zu kommen und unseren Lebensweg weiterzugehen.

1.2 Spazieren, wandern oder laufen?

„Spazieren heißt: sich immer ein bisschen mehr wünschen, als ein Spaziergang bieten kann, aber niemals so viel, dass man entmutigt wird.“[7]

(Christoph Simon, Schriftsteller, Kabarettist und Slam-Poet)

Der Unterschied zwischen Spazieren, Wandern und Laufen offenbart sich im individuellen Sprachgebrauch: So hört man im Schweizerdeutschen oft „ich gang go laufe“ anstelle von „ich gang go spaziere“, obwohl dasselbe gemeint ist. Im Hochdeutschen wiederum kann unter Laufen auch Joggen verstanden werden: „Ich gehe laufen.“ Sofern der Leistungsaspekt nicht betont wird, werden die Begriffe spazieren und wandern manchmal synonym verwendet, wobei der Unterschied meist an einer gewissen Zeitdauer oder Streckenlänge festgemacht wird. Eine offizielle Definition gibt es aber nicht.

„Am präzisesten äußern sich Sportmediziner, die mit Wandern (...) eine Mindestgeschwindigkeit, also eine sportliche Leistung verbinden. Nicht selten wird ein rasanter Schritt von 6 km/h als untere Norm angesetzt ... Fragt man Wanderer selber, wie sie ihre gerade in Angriff genommene Strecke klassifizieren, lässt sich keine klare Grenze ausmachen. Auf die in der ‚Profilstudie Wandern 00' gestellte Doppelfrage ‚Wie lange werden Sie heute zu Fuß unterwegs sein? ... Würden Sie Ihre heutige Tour eher als Spaziergang oder als Wanderung bezeichnen?' erwies sich der Übergang zwischen beiden Begriffen als fließend. Es gibt durchaus Minderheiten, die Eine-Stunde-unterwegs-Sein schon für wandern, und andere, die vier Stunden noch für spazieren halten. Nur der Trend blieb eindeutig: Je länger, desto wanderträchtiger."[8]

So darf jeder selbst entscheiden, ob er spazieren geht, wandert oder läuft.

1.3 Eine Perlenschnur von Eindrücken

„Es gibt Spaziergänge, von denen träumt man jahrelang."[9]

(Franz Hohler, Schriftsteller)

Beim Spazierengehen geht es weniger um ein bestimmtes, vielleicht sogar spektakuläres Ziel. Wenn wir von einem Spaziergang erzählen, beschreiben wir einen Mix aus verschiedensten Eindrücken und nicht nur das Endziel. Was ein Spaziergänger unterwegs wahrnimmt, ist nicht ein einzelner Ort, sondern eine Synthese aus den verschiedenen Sequenzen (Stadt, Begegnungen, Naherholungsgebiet, Tiere, Wald etc.), vermischt mit dem ganz persönlichen Innenleben des Menschen. „Der Spaziergang ist also eine Kette, eine Perlenschnur mit ausdrucksstärkeren und dann wieder ausdrucksschwächeren, immer aber wirksamen Passagen, die unsere Wahrnehmung synthetisiert"[10], formuliert der Begründer der Promenadologie, der Spaziergangswissenschaft (oder englisch: Strollology), Lucius Burckhardt.

Sich selbst und anderen begegnen

Die Umwelt, in der wir als Spaziergänger unterwegs sind, wird für uns zu Projektions- und Reflexionsflächen. Unsere momentane Befindlichkeit beeinflusst, was wir gerade sehen, hören, riechen und vielleicht sogar schmecken, und dies wiederum hat Auswirkung auf das, was wir fühlen. So kann ein und derselbe Ort, je nach Verfassung, ganz unterschiedlich wahrgenommen werden. Der amerikanische Schriftsteller und Philosoph Henry David Thoreau (1817–1862) drückt dies wie folgt aus:

> „In der Tat lässt sich zwischen den Möglichkeiten, die eine Landschaft in einem Radius von zehn Meilen bietet – einer Strecke, die man an einem Nachmittag bewältigen kann –, und dem etwa siebzig Jahre währenden menschlichen Leben eine Ähnlichkeit erkennen. Mit beidem ist man nie ganz vertraut."[11]

Umwelt beinhaltet auch andere Menschen. Auf unseren Wegen begegnen wir, je nach Umgebung, mal nur ganz wenigen, mal sehr vielen. Wie nehmen Sie diese Begegnungen wahr? Verändert sich etwas in Ihnen in einer belebten Einkaufsstraße, wenn Sie sonst eher Stille und Einsamkeit vorziehen? Oder andersherum: Was geschieht in und mit Ihnen, wenn Sie normalerweise viel Trubel um sich haben und plötzlich einmal in die Ruhe eines Waldes eintauchen?

„Il n'y a pas de hasard, il n'y a que des rendez-vous" („Es gibt keine Zufälle, sondern nur Begegnungen"), schrieb der französische Dichter Paul Élouard am Anfang des letzten Jahrhunderts. Wir können uns nicht aussuchen, wer uns gerade entgegenkommt. Aber wer bestimmt das? Ist es Zufall, Schicksal oder Fügung? Jede Begegnung ist einmalig. Manchmal ereignen sich einzigartige Momente, die nicht wiederholbar sind und etwas in uns auslösen. Eine flüchtige Begegnung, ein komplizenhafter Blick, ein unerwarteter Gruß, ein Kopfnicken, ein Lächeln, vielleicht sogar eine wertvolle Einsicht durch einen ungezwungenen Wortwechsel. So kann es passieren, dass wir auf dem Weg für einen anderen Menschen bedeutsam werden. Umgekehrt können wildfremde Menschen für uns von einer auf die andere Sekunde wichtig werden.

1.4 Mit allen Sinnen erleben

„Auf diesem Planeten zu gehen ist etwas Wunderbares. Kehren Astronauten wieder zurück auf die Erde, gehört ein Spaziergang zu den Dingen, die sie am glücklichsten machen."[12]

(Thich Nhat Hanh, Meditationslehrer und Zen-Meister)

Mit den Füßen sind wir in die Welt gestellt. Wir stehen auf der Erde und fühlen sie unter uns. Beim Spazieren verlassen wir uns blind darauf, dass die Welt uns trägt. Wem schon einmal der Boden unter den Füßen weggebrochen ist, z. B. auf einer stabil geglaubten Eisfläche, weiß, dass sich dieses Auftun der Erde wie ein Schock anfühlen kann. Es ist gewiss kein Zufall, dass wir schockierende Ereignisse (wie den Verlust eines geliebten Menschen, eine unerwartete Kündigung etc.) so erleben, als würde uns der Boden unter den Füßen weggezogen. Manch einem schwindelt es anschließend oder man fühlt sich orientierungslos. Wir stehen also in der Welt, während *um uns herum* Dinge geschehen und *in uns drinnen* emotionale und / oder kognitive Prozesse ablaufen. Diese Prozesse beeinflussen ganz erheblich, wie wir unsere Umgebung wahrnehmen.

Wir gehen spazieren, die Fußsohlen (barfuß oder durch Schuhwerk abgepuffert) bilden die direkte Kontaktfläche zur Welt, die Schwerkraft hält uns am Boden, es gibt ein Oben und ein Unten, ein Vorne und Hinten, ein Rechts und ein Links. Unsere Sinnesorgane Augen Nase und Mund ermöglichen uns Orientierung im Terrain, durch das wir uns gerade bewegen. Schnell und gemächlich, bei Sonne und bei Regen, auf dem Land und in der Stadt, durch den Wald und im Gebirge, mit und ohne Ziel. Manchmal blickt man aufmerksam um sich mit wachen Sinnen, manchmal ist man ganz in Gedanken versunken und nimmt die Bilder, Geräusche, Gerüche, Temperaturschwankungen oder den Wind auf der Haut kaum wahr. Manchmal mag man niemanden treffen, manchmal in Begleitung gehen, manchmal mitten durchs Gewimmel der Stadt.

Zuweilen kann der begangene Weg zum Maß werden. In der Nähe der Klinik, in der ich arbeite, gibt es einen Weg, den „Zwetschgenweg", von dem aus ich den unter mir liegenden Zürichsee und in der Ferne die Glarner Alpen sehen kann. In meiner Mittagspause gehe ich oft diesen Weg. Nachdem ich mir einmal im Frühling während einer Tour durch die antike Felsenstadt Petra in Jordanien einen Bänderriss am Sprunggelenk zugezogen hatte und daraufhin viele Wochen nur sehr eingeschränkt gehen konnte, wurde dieser Weg zum Maß meiner Fortschritte: „Gestern bin ich bis zum Maisfeld gegangen. Heute gehe ich bis zum Zauberbänkli. Morgen werde ich es bis zu den Bäumen versuchen. Bis zum Sommer werde ich die ganze Runde ohne Schmerzen schaffen."

An vielen Orten der Welt und zu jeder Zeit hat man die Freiheit zu spazieren, wenn auch nicht immer auf solch gepflegt angelegten und sicheren Wegen. Dabei darf nicht in Vergessenheit geraten, dass im Laufe unserer Geschichte etliche gesellschaftliche Bedingungen erfüllt werden mussten, um uns überhaupt frei bewegen zu können. Mehr darüber in Kapitel 2.

Alltäglich unspektakulär

Ein Spaziergang ist etwas Einfaches, etwas Alltägliches, etwas Unspektakuläres. Gerade in unserer Zeit der Reizüberflutung und des rasanten technologiegetriebenen Wandels ist es von großer Bedeutung, sich täglich dem Einfachen, dem Normalen zu widmen. Einfach spazieren gehen. Ohne etwas zu wollen oder etwas Bestimmtes zu erwarten. „Suche nicht, und es findet dich …"[13] dichtet der Benediktinermönch Willigis Jäger und beschreibt das, was beim Spazierengehen geschehen kann. Momente der Freude und des Glücks stellen sich manchmal ganz unvermittelt ein. Allerdings können wir solche Lichtblicke weder auf direktem Weg erreichen noch können wir sie erzwingen. Manchmal gehen wir auch unbeabsichtigt achtlos an kleinen Alltagswundern vorüber, weil wir gedanklich mit anderen Themen beschäftigt sind. Momente des Glücks bleiben am Ende ein kostbares Geschenk. Jedoch können wir uns innerlich darauf vorbereiten und gefasst sein, dass uns dann und wann beim Spazierengehen das Glück ereilt. Was brauchen wir dafür? Aus meiner Erfahrung vor allem Offenheit mit allen Sinnen und die Gewissheit, dass sich das (Spazier-)Glück in unerwarteter Weise einstellen wird. Das Schweizer Künstlerduo Fischli und Weiss betitelte ihr berühmtes kleines schwarzes Büchlein mit der originellen und sehr persönlichen Frage „Findet mich das Glück?“[14]. Diese Frage impliziert, dass das Glück uns aktiv sucht – und nicht, dass wir aktiv danach suchen müssen! Also spazieren wir durch die Welt und sorgen dafür, dass das Glück uns findet.

Vielleicht unternehmen wir aber auch einen Spaziergang mit der Absicht, etwas zu suchen, zum Beispiel Ruhe, Erholung, Klärung oder Inspiration. „Suchet und ihr werdet finden …“, sagte Jesus von Nazareth. „Ich suche nicht, ich finde …“[15], meinte Pablo Picasso. Es gibt kaum einen Spaziergang, auf dem ich nicht irgendetwas gefunden habe – oder auf dem mich etwas fand, wenn auch nur flüchtig.

Ich genieße jeden Spaziergang auf seine Weise. Manchmal zähle ich meine Atemzüge beim Ein- und Ausatmen, manchmal mache ich unterwegs noch ein paar Dehnungsübungen, gerade wenn ich davor lange gesessen habe, manchmal meditiere ich ein Wort oder einen Satz, manchmal summe ich eine Melodie vor mich hin. Auf Spaziergängen tun sich neue Perspektiven auf für den Umgang mit Problemen. Nicht, weil ich mich immer auf sie konzentriere. Im Gegenteil. Es arbeitet in meinem Unterbewusstsein weiter und manchmal steigt ein neuer frischer Gedanke in mein Bewusstsein auf, der zur Klärung, zur Problemlösung beiträgt. Nicht umsonst sagt der Volksmund: Beim Spazieren lüften wir den Kopf.

Offline gehen

Gehen wir in städtischen Gebieten spazieren, sehen wir nur noch manchmal Menschen, die sich neugierig um- oder anschauen. Vielmehr tragen die meisten Kopfhörer und / oder telefonieren oder blicken auf den Bildschirm ihres Handys, während ihr Blick ohne besonderen Fokus zu sein scheint. Besonders berührt mich jeweils der Anblick spazierender junger Väter oder Mütter, die mit dem Kinderwagen unterwegs sind und beim Schieben nicht in das Gesicht ihres Babys blicken, sondern aufs Handy. Welche Auswirkungen die reduzierte menschliche Interaktion mit den Kleinsten zugunsten der virtuellen Welt haben wird, ist noch nicht erforscht.

Der Anblick von Menschen, die mit gesenktem Blick an uns vorbeieilen und voll und ganz auf ihr Handy fokussiert sind, ist erschreckenderweise zur Normalität geworden. Unsere Aufmerksamkeit wird vielfach durch Kontakte, Vorhaben und Aufgaben gebunden, die per Bildschirm oder Kopfhörer auf uns einwirken. Unser Verhältnis zur Welt verändert sich grundlegend, weil wir mehr und mehr digital mit ihr in Verbindung stehen. Wir reagieren nicht mehr auf die Welt an sich, sondern auf ihre digitale Erscheinung.

Online verläuft das moderne Leben, so, als ob wir nicht mehr sehen wollten, was „in echt" um uns herum passiert, oder nicht fühlen wollten, was in uns passiert. Vielleicht weil es ernüchternd oder beängstigend wirken würde? Eine völlige Abkehr von der heutigen Weltbeschaffenheit ist weder erstrebenswert oder möglich, eine zeitweise Entkopplung von der beherrschenden Dominanz der Technologie aber nötig. Durch einen Spaziergang ohne Handy oder wenigstens im Offline-Modus lösen wir uns temporär von der alltäglichen digitalen Bevormundung, um Abstand zu gewinnen und mündig zu bleiben.

Schuhe oder barfuß?

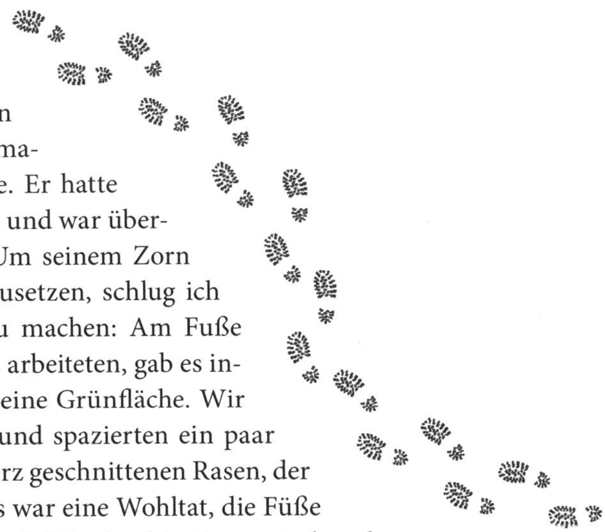

Zu einem Spaziergang gehören bequeme Schuhe! Oder? Ich erinnere mich an einen kurzen Spaziergang mit einem ehemaligen Arbeitskollegen in der Mittagspause. Er hatte sich sehr über eine andere Person geärgert und war überflutet von seinen negativen Emotionen. Um seinem Zorn und seiner Verärgerung etwas entgegenzusetzen, schlug ich ihm vor, spontan einen „Kurzurlaub" zu machen: Am Fuße des Hochhauses in Zürich, wo wir damals arbeiteten, gab es inmitten der modernen Architektur eine kleine Grünfläche. Wir zogen unsere Schuhe und Strümpfe aus und spazierten ein paar Minuten barfuß über den knallgrünen, kurz geschnittenen Rasen, der in die Betonwelt integriert worden war. Es war eine Wohltat, die Füße von den Business-Schuhen zu befreien. Das kühle, feuchte Gras zwischen den Zehen zu spüren und langsam ein paar Schritte zu gehen halfen meinem Kollegen, bereits nach wenigen Minuten „runterzufahren".

Ob Schuhe oder barfuß – das können wir frei entscheiden, je nach Situation und Stimmung. Es geht beim Spazieren auch darum, wieder mehr seiner Intuition zu folgen, seinen Sinnen. Was braucht der Körper gerade auf dem Weg? Auf Seite 116 ff. finden Sie einige praktische Anregungen für einen Spaziergang „unten ohne".

Umfassendes Wohlbefinden

Man kann spazieren gehen und dabei immer einmal wieder die Gangart wechseln. Mal zügig, mal langsam. Hin und wieder, wenn ich lange gelaufen bin und mich fast in einer meditativen Stimmung befinde, habe ich das eigenartige Gefühl, dass „es geht". Ich meine damit, von meinen Beinen und Füßen ohne jede Anstrengung getragen zu werden. Dieses Gefühl kommt erst auf, wenn ich mich müde gelaufen habe, meine Beine beginnen wehzutun und ich mich nach einer Pause sehne. Plötzlich ist der Schmerz verschwunden und es fühlt sich an, als könne ich noch unendlich lange so weitergehen. Dieses Gefühl der Befreiung löst manchmal reines Glücksempfinden aus.

David Le Breton, der als Professor für Soziologie in Straßburg lehrt, beginnt seinen Essay über das Gehen als Lebensform mit den Sätzen: „Das Gehen ist Öffnung zur Welt. Es versetzt den Menschen zurück in das glückselige Gefühl seiner Existenz."[16] Es ist genau dieses glückselige Empfinden unserer Existenz, das sich beim Spazierengehen einstellen kann.

Viele Schriftsteller wurden durch das Spazierengehen und seine positive Wirkung inspiriert. Für den amerikanischen Philosophen und Naturalisten Henry Thoreau, der viele Stunden am Tag zu Fuß unterwegs war, bedeutet Spazierengehen Segen: „Ein Spaziergang am frühen Morgen ist ein Segen für den ganzen Tag."[17] Und der dänische Philosoph Søren Kierkegaard meint, dass wir in umfassendes Wohlbefinden hineinspazieren können: „Ich laufe mir jeden Tag das tägliche Wohlbefinden an, und entlaufe so jeder Krankheit; ich habe mir meine besten Gedanken angelaufen, und ich kenne keinen Gedanken, der so schwer wäre, dass man ihn nicht beim Gehen loswürde (…) – beim Stillsitzen aber, und je mehr man still sitzt, kommt einem das Übelbefinden näher."[18]

Ein langer Spaziergang ist die beste Medizin, wenn man etwas auf dem Herzen hat. Draußen im Freien zu sein und zu spüren, wie Körper und Seele eins werden, hat heilende Wirkung. Man kommt wieder bei sich selbst an und ist meist mit innerer Ruhe oder auch mit der ein oder anderen neuen Einsicht beschenkt worden. Solche „Selbsterhellungen" sind beim Spazieren keine Seltenheit, denn man betrachtet Dinge automatisch aus einer anderen Perspektive heraus. Entschlüsse reifen, künftige Handlungen werden vorbereitet. Das wird nicht bei jedem Spaziergang der Fall sein. Die Wirkung so manchen Spaziergangs wird uns nicht bewusst, und auch das hat durchaus seinen Reiz: Der Schweizer Schriftsteller Franz Hohler, der zu seinem 60. Geburtstag begann, ein Jahr lang Woche für Woche die Schweiz zu Fuß zu durchstreifen, beendete den letzten seiner 52 Streifzüge, indem er zum Ausgangspunkt zurückkehrte. Am Ende der meisten Spaziergänge kommen wir wieder an den Anfang zurück. Manchmal bewusst gewandelt, manchmal aber auch einfach nur erfrischt und mit „gelüftetem Kopf".[19] Auch der norwegische Schriftsteller Tomas Espedal erlebt Wandlung beim Gehen, ja sogar Glücksgefühle inmitten der Lebenskrise, die er in einem Reisetagebuch wie folgt schildert:

> „Ein Glücksgefühl übermannt mich überraschend. Es sagt nichts weiter als: Du bist glücklich. Hier und jetzt. Grundlos. In diesem Moment bist du glücklich, ein Geschenk. Anders lässt es sich nicht beschreiben. Ich habe nicht die geringste Veranlassung, glücklich zu sein, bin verkatert und deprimiert, habe vier Tage ununterbrochen getrunken, wohne allein in einem dreckigen Haus in einer schäbigen Straße, schlafe auf einer Matratze, keine Möbel, bin verlassen worden von ihr, mit der ich es schaffen zu können glaubte. Ich bin auf dem besten Weg, mich zugrunde zu richten, es ist eine harte und ernste Untergangsarbeit, ich trinke und gehe vor die Hunde, und dann bin ich urplötzlich glücklich. Warum? Langsam wird mir klar: Du bist glücklich, weil du gehst."[20]

Gründe dafür, warum Menschen spazieren gehen, gibt es viele, sei es ein ernster, vielleicht trauriger Hintergrund, aus Freude an Bewegung und Begeisterung für die Natur oder einfach absichtslos. Wir gehen, damit „es besser geht", und dieser Plan scheint tatsächlich aufzugehen.

Die vier (plus eine) Dimension/-en des Spazierens

Das Zusammenspiel verschiedener Aspekte macht die einmalige Natur des Spazierengehens aus. Im Zentrum steht der gehende Mensch. Er bewegt sich frei auf festem Grund durch die Zeit in einer bestimmten Umgebung. Vier (plus eine) Dimension/-en wirken gemeinsam auf ihn ein:

1. Synchronisation
2. Terrain
3. Echo
4. Pace

+ Perlen

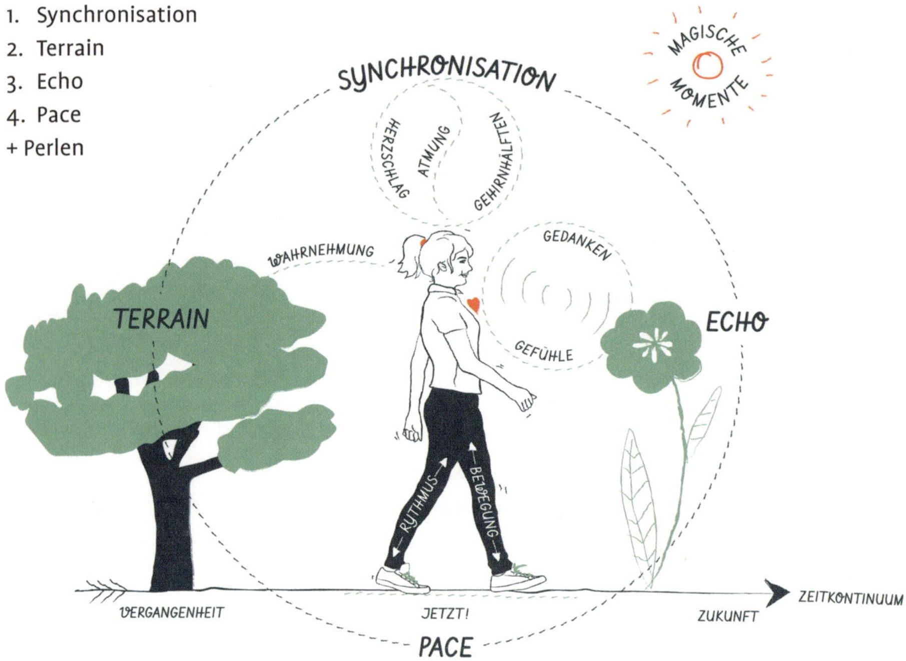

Unter **Synchronisation** wird das zeitliche Zusammenspiel diverser Einflussgrößen verstanden: Durch die rhythmische und pendelnde Gehbewegung mit konstanter Gewichtsverlagerung synchronisieren sich beide Gehirnhälften, das heißt, die Gehirnwellenmuster gleichen sich an. Während eine stärkere Asynchronität Depressionen oder chronische Frustration zur Folge haben kann, führt das Synchronisieren zu Entspannung, Klarheit und einer verbesserten Konzentrationsfähigkeit. Zudem kommen Herz- und Atemfrequenz „in einen Takt".

Mit **Terrain** ist die Umwelt in allen Facetten gemeint, die wir mit unseren fünf Sinnen in ihrer Vielfalt wahrnehmen können. Die belebte Umwelt bezeichnet die uns umgebenden Menschen und Tiere, die unmittelbar auf uns reagieren. Die unbelebte Umwelt ist diejenige, die auf uns einwirkt, ohne uns mit konkreter Absicht ansprechen zu wollen, beispielsweise Pflanzen oder Gebäude.

Echo soll zweiseitig verstanden werden, erstens als *innerer Widerhall:* Wir sind Empfänger und nehmen mit unseren Sinnesorganen etwas wahr, sehen beispielsweise einen mächtigen Baum, können die von ihm ausgesendeten Duftstoffe riechen und fühlen seinen Schatten in Form von Kühle auf unserer Haut. Diese Sinneseindrücke bilden in unserem Inneren ein Echo, die Außenwelt schreibt sich quasi in uns ein.

Zweitens sind wir Sender: Wir senden mit unserem Körper etwas nach außen, z. B. einen Gesichtsausdruck, Bewegungen oder Töne. Wir senden jedoch auch im Stillen, z. B. Gefühle oder Gedanken. Die unbelebte Umwelt, ein Seerosenteich vielleicht, fungiert als Adressat unserer Botschaften wie ein geduldiger „Menschenversteher". Sie nimmt uns so an, wie wir gerade sind. Von der belebten Umwelt in Form einer uns begleitenden Person oder eines Tieres, beispielsweise eines Hundes, oder einer zufälligen Begegnung mit Mensch und / oder Tier geht ebenfalls ein Echo aus, ein *äußerer Widerhall.*

Der englische Begriff **Pace** steht für den Bewegungsablauf und das individuelle Gehtempo, das den Menschen selbst und verschiedene körperliche Prozesse „in Gang bringt". Man erlebt sich in Bewegung, selbstbestimmt und selbstwirksam. Die pendelnde Bewegung des Gehens versetzt den Körper in einen gesunden Zustand der Aktivität, ohne ihn zu überfordern. Der Mensch erfährt sich als aktiv, als vorwärtsschreitend (Fortschritt), ohne sich zu verausgaben.

Mit **Perlen** sind die „magischen" Momente gemeint, die sich beim Spazieren manchmal ereignen können. Solche Momente sind nicht direkt planbar oder produzierbar. Falls sie sich ereignen, sind sie besondere Augenblicke, Momente der Berührung, Momente der Transzendenz, Momente der Verbundenheit, Momente der innerpsychischen Berührung des Selbst, Kairos-Momente, Heureka-Momente. Diese spezifischen Momente können überall geschehen: im Kontakt mit der Natur, mit Ästhetik, mit Unerwartetem, im Kontakt mit anderen Menschen. Alles kann wirksam sein bei dieser „Perlenschnur der Eindrücke".

Beim Spazieren lässt es sich sehr gut im Hier und Jetzt sein, in einem Zwischenraum zwischen Vergangenheit und Zukunft. Hieraus folgt möglicherweise eine andere Wahrnehmung von Zeit. Vor dem Spaziergang verging die Zeit vielleicht langsamer oder schneller als während oder nach dem Spaziergang. Falls sie während des Spazierens gefühlt langsamer vergeht, können wir schlussfolgern, dass ein Spaziergang uns zusätzliche Lebenszeit schenkt!

Spazieren als Antwort auf Resonanzlosigkeit

Die verschiedenen Dimensionen und ihre Wechselwirkungen wollen wir auf den folgenden Seiten etwas näher beleuchten. Das, was dabei geschieht, kann am ehesten mit dem Begriff Resonanz beschrieben werden. Resonanz ist unser Draht zur Welt. Beim Spazieren klingt etwas in uns an, schwingt, vibriert. Ohne Resonanz fühlen wir uns abgeschnitten von der Welt, einsam und entfremdet. Es ist die Resonanz, die Einsichten oder Kreativität ermöglicht und letztlich die einmalige Wirkung eines jeden Spaziergangs ausmacht. Der Soziologieprofessor Hartmut Rosa beschreibt die resonante Beziehung zwischen Körper und Welt: Die Welt erscheine „als anregende *Inspirationsquelle* (…), auf die der Körper im Sinne eines ‚Klangkörpers', das heißt durch die Ausbildung von Eigenschwingungen, reagiert."[21] Gleichzeitig sei die Welt selbst als *Informationsquelle* (z. B. durch Sinneseindrücke) zu verstehen. Unser Körper könne sowohl *Teilhaber* an der Welt (z. B. in Form von Naturgenuss) als auch als *gestaltendes Werkzeug* für die Welt (z. B. Naturschützer) sein. Inmitten aller Komplexität dieser vielfältigen Wechselwirkungen zwischen uns und der Welt wage ich folgende Behauptung: Spazieren ist eine Antwort auf die zunehmende *Resonanzlosigkeit* unserer Zeit, eine Möglichkeit der Neubelebung unserer Beziehung zur Welt.

Doch lassen Sie uns zunächst auf die Ursprünge schauen, auf den Beginn des aufrechten Gangs. Der Blick in unsere Evolutionsgeschichte kann helfen, besser zu verstehen, warum wir alle die tiefe Sehnsucht in uns haben, hinauszugehen, die frische Luft einzuatmen und in den Himmel zu schauen in dem guten Gefühl, dass unsere Füße schon wissen, wohin sie uns tragen.

2. Zurückgehen: ein Blick auf unsere Entwicklung

„Wir gingen über die ökologischen Gegebenheiten hinaus, die uns geschaffen hatten, und begannen, uns selbst zu schaffen."[22]

(Ronald Wright, kanadischer Geschichtswissenschaftler und Schriftsteller)

Der moderne Büromensch geht durchschnittlich drei bis fünf Kilometer pro Woche zu Fuß. Das sind pro Tag maximal 1.500 Schritte. 10.000 bis 12.000 Schritte, also sechs bis sieben Kilometer wären zu empfehlen, um gesund zu bleiben, so lautet der Ratschlag der Weltgesundheitsorganisation WHO. Schrittzähler-Apps nehmen einem das aufwendige Zählen zuverlässig ab. Es ist interessant herauszufinden, wie viele Schritte bzw. Kilometer man selbst täglich zurücklegt. Prinzipiell ist der Bewegungsbedarf von Mensch zu Mensch verschieden. Wenn man bedenkt, dass unsere Vorfahren aus vormodernen Kulturen als Jäger und Sammler 20 bis 40 Kilometer am Tag für ihr Überleben zurücklegen mussten und dass unser Körper bis heute für diese Strecken angelegt ist, wird schnell klar, dass uns die heutige Bewegungsarmut nicht guttut. Zwar bewegen wir uns rasend schnell mit dem Auto, dem Flugzeug, dem ICE oder gar in virtuellen Räumen. Rasant beschleunigt sich auch das Lebenstempo, mit dem wir all unseren selbst- und fremdbestimmten Aktivitäten nachgehen. Doch dieser Mix aus Beschleunigung, dem immer schnelleren und flüchtigeren „Konsum" von Events und moderner Bequemlichkeit ist für unser Wohlbefinden nicht förderlich. Sportliche Aktivitäten sollen helfen, die entstehenden körperlichen Folgeschäden abzufedern. In Fitnesscentern werden Körper gezielt gestählt oder bei Extremsportarten weitere Kicks und Ablenkung vom Alltag gesucht. Das alles muss in den übervollen Terminkalender eingearbeitet werden, was dazu führt, dass beruflicher Stress unmittelbar in Freizeitstress übergeht. Dass Yoga-Studios und Achtsamkeitskurse zunehmend als Alternative zum zielorientierten Leistungssport aufgesucht werden, ist Ausdruck unserer tiefen Sehnsucht nach Sinn und Entschleunigung, vielleicht auch eine unbewusste, eher ahnende Erinnerung an unsere Ursprünge. Wenn wir weit in die Geschichte zurückgehen, lernen wir, dass der Mensch die längste Zeit als Fußgänger unterwegs war und der aufrechte Gang quasi zur naturgegebenen Ausstattung des Menschen gehört.

2.1 Vom Vierfüßler zum Zweifüßler

Gehen ist eine Bewegungsform von Tier und Mensch, wobei das Tier freiwillig nicht spazieren geht, außer ein Mensch bringt es dazu. Der Spaziergang ist uns Menschen eigen, also ein Menschengang. Wie kam es dazu? Wir modernen Menschen und unsere Vorgängergattungen bilden die Familie der Hominiden. Unser gemeinsames Merkmal ist jene Errungenschaft, ohne die es keinen Fußgänger und damit keinen modernen Menschen gäbe: der aufrechte Gang auf zwei Beinen. Unsere körperlich-geistige Entwicklung erstreckte sich über mehrere Millionen Jahre, wobei Wissenschaftler davon ausgehen, dass die Evolution und Verbreitung des Menschen nicht ausschließlich zielgerichtet verlaufen sind. Der Zufall ist ebenfalls ein Element der Evolution:

> „Nach Darwin entstanden die Arten durch Variation und Selektion. Heute wissen wir, dass Variationen durch Mutationen in der Erbsubstanz, der DNA, hervorgerufen werden. Die Kernaussage ist, dass diese Mutationen nicht zielgerichtet sind, das heißt ihr Auftreten unabhängig davon ist, ob eine Mutation günstig für die Weiterentwicklung ist oder nicht.“[23]

Die ersten Fußgänger sind somit das erfolgreiche Resultat eines vom Anpassungszwang an die Umweltbedingungen getriebenen Trial-and-Error-Prinzips.

> „Unsere Art könnte sich statt in einem wohldefinierten Ursprungszentrum auf eine diffuse Art über den ganzen afrikanischen Kontinent verstreut entwickelt haben. (...) Afrikanische DNA enthält Echos einer komplexen Geschichte mit Spuren frühzeitlicher Migrationen durch Subsahara-Afrika, von tiefen Spaltungen zwischen Populationen, aber auch Vermengungen.“[24]

Theorien zur Entwicklung des aufrechten Gangs gibt es viele. Die ersten Fußgänger traten möglicherweise bereits vor sechs bis sieben Millionen Jahren in Erscheinung, auf die Fossilfunde aus dem heutigen Tschad in Zentralafrika hindeuten. Sie nutzten die Fortbewegung auf zwei Beinen über kürzere Distanzen als Alternative zum Klettern mit allen vier Extremitäten. Als erste offizielle Fußgängerin gilt die 4,4 Millionen alte „Ardi“, vermutlich ein weibliches Individuum der Art *Ardipitecus ramidus*. Überreste ihres Skelettes wurden in Äthiopien gefunden. Für die von vor vier bis zwei Millionen Jahren existierende Gattung *Australopithecus* war das Zufußgehen vermutlich mehr oder weniger selbstverständlich. Diese Gattung ist orthopädisch kaum mehr von uns modernen Menschen zu unterscheiden. „Lucy“, übrigens benannt nach dem Beatles-Lied „Lucy in the Sky with Diamonds“, ist eine Vertreterin der Spezies *Australopitecus afarensis* und ging bereits weite Wege zu Fuß. Die 3,6 Millionen Jahre alten Skelettteile der zierlichen, nur 107 Zentimeter großen Urfrau aus Äthiopien verraten, dass sie an das für Menschen typische Leben auf dem Boden hinlänglich angepasst war.

„Vor allem der Bau des Beckens und des Oberschenkels zeigen eindeutige Anpassungen an den aufrechten Gang ... Anhand der Masse von Lucys Körperbau und von fossilen Fußspuren, die bei Laetoli entdeckt und *Australopitecus afarensis* zugeschrieben wurden, ergab eine 2005 veröffentlichte Computersimulation, dass sich *Austalopitecus afarensis* mit einer Geschwindigkeit von 0,6 bis 1,3 m/s (ca. 2 bis 4.5 km/h) vollständig aufrecht fortbewegen konnte.“[25]

Wir dürfen demnach annehmen, dass Lucy und ihre Zeitgenossen als erste Fußgänger der Menschheitsgeschichte vor rund 3,6 Millionen Jahren genau den energieeffizienten und voll aufgerichteten Gang entwickelten, der uns Millionen Jahre später die ersten Entdeckungsreisen in die Welt ermöglichte.

Britische Forscher haben zu dieser Theorie eine alternative Hypothese ausgearbeitet. Sie meinen, dass die Fortbewegung auf zwei Beinen viel früher entstanden sei, nämlich zu jener Zeit, als die Vorfahren der Menschenaffen noch in den Bäumen lebten. Beobachtungen an Orang-Utans scheinen diese Hypothese zu stützen. Wenn sie sich auf dünnen, biegsamen Ästen fortbewegen, tun sie das bevorzugt in aufrechter Haltung.[26]

Millionen Jahre nur zu Fuß

Die Vorteile des aufrechten Gangs auf zwei Beinen für die Frühmenschen waren: bessere Sicht durch die aufrechte Haltung sowie zwei freie Hände, die etwa für den Transport von Nahrung genutzt werden konnten. Zugleich wurde der um- und unfallsichere vierbeinige Gang aufgegeben. Die Evolution des zweibeinigen Gangs (Bipedie) war eine hochkomplexe anatomische Anpassung, die den gesamten Körperbau umfasste. Die Fähigkeit, sich nicht nur temporär, sondern dauerhaft auf zwei Beinen fortzubewegen, dieser rhythmische Balanceakt, bestehend aus mehreren koordinierten Bewegungen, ist Menschenaffen nur fakultativ, aber nicht gewohnheitsmäßig gegeben. Gemäß dem in Kenia geborenen Paläoanthropologen Richard Learky ist dies ein „revolutionäres Schlüsselereignis“ in der Evolution, das uns noch fundamentaler von unseren engsten Verwandten im Tierreich unterscheidet als unsere sprachlichen, kognitiven, sozialen und kulturellen Leistungen.[27] Die Vervollkommnung des energieeffizienten menschlichen Gangs mit langem Schritt und der damit verbundenen Neuorganisation der motorischen Fähigkeiten muss sich parallel zur Neujustierung des Gleichgewichtssinns vollzogen haben. Hintergrund dieses immensen Entwicklungsprozesses war die Sicherung von Nahrungsressourcen:

„Überall in der tierischen Evolution führt zunehmende Konkurrenz um Nahrung und Nistplätze dazu, dass Arten versuchen, in neue Lebensräume einzudringen, um diesem Konkurrenzdruck auszuweichen. Diese neuen Lebensräume waren die Grassteppen, die Savannen. Im Falle der Vorfahren des Menschen mag es dabei vor allem um die Fähigkeit gegangen sein, sich schneller als die Konkurrenten auf zwei Beinen (...) fortzubewegen. Dies ermöglichte es

> ihnen, die Savanne von einem Wäldchen zum anderen so schnell zu durchqueren, dass die dort lauernden Feinde (vor allem Leoparden) eine deutlich geringere Chance zum Zupacken hatten.“[28]

„Anders gesagt: Wahrscheinlich hat uns das Laufen zu dem gemacht, was wir heute sind.“[29]

Wie privilegiert wir Menschen mit unseren Fortbewegungsvarianten im Vergleich zu anderen Lebewesen ausgestattet sind und welche herausragende Bedeutung hierbei das Laufen einnimmt, beschreibt der deutsche Facharzt für Pharmakologie und molekulare Medizin Detlev Ganten:

> „Für alle Arten von körperlicher Betätigung finden wir Tiere, im Vergleich zu denen wir eine ziemlich schlechte Figur abgeben. Doch im Mehrkampf liegen wir weit vorn. Ein normaler Erwachsener kann ohne besonderes Training, was kein Tier schafft: 25 km am Stück wandern, 150 Meter schnell sprinten, 1.500 Meter zügig joggen, auf einen hohen Baum klettern, über einen drei Meter breiten Graben springen, zwei Meter tief tauchen und 200 Meter einigermaßen flott schwimmen. Während unsere Schwimmfähigkeit wesentlich davon abhängt, dass irgendwann denkende Menschen die entsprechenden Techniken erfunden haben, ist die Fähigkeit zu laufen uns von Natur aus gegeben. Das Laufen ist ein zentraler Bestandteil unserer Natur.“[30]

Seit gut vier Millionen Jahren bewegen wir uns also zu Fuß fort, das Hirn entwickelte sich weiter und dank der Gelenkigkeit und der guten Augen wurden wir immer mobiler. Die ersten großen Wanderbewegungen setzten ein und brachten unsere Vorfahren unvorstellbar weit, nämlich ursprünglich von Ostafrika bis nach Indonesien, Zentralasien und China.

2.2 Entdeckungstouren, Glaubenskriege und Bildungsreisen – alles per pedes

Bevor wir in der Jungsteinzeit mit Ackerbau und Viehzucht sesshaft wurden, waren wir als Jäger und Sammler unterwegs. Dabei ist zu bedenken, dass die Jungsteinzeit an verschiedenen Stellen der Erde zu unterschiedlichen Zeiten stattfand: Während im Orient (Mesopotamien) bereits um 8500 v. Chr. die Menschen Ackerbau betrieben, kann man für Mitteleuropa etwa die Zeit zwischen 5500 und 1800 v. Chr. angeben. In Japan hielt die Jungsteinzeit sogar erst um 300 v. Chr. Einzug, als sie woanders schon längst vorbei war. Ureinwohner entlegener Inseln, des Amazonas-Regenwaldes oder der Kalahari befinden sich zum Teil bis in unsere Zeit technologisch gesehen in der Jungsteinzeit.[31] So zum Beispiel auch die Khoisan im südlichen Afrika, die in genetischer Hinsicht älteste existierende Menschengruppe.[32] Noch im letzten Jahrhundert lebten sie als Jäger und Sammler! Mit Jericho entstand im 10. Jahrtausend v. Chr. die erste Siedlung, weitere folgten und entsprechend veränderte sich die Bedeutung des Gehens weg vom reinen Jagen und Sammeln. In Babylon wurden auf Prachtstraßen Paraden durchgeführt. Bald hatten die griechischen Philosophen das Denken und Kommunizieren im Gehen unter freiem Himmel für sich entdeckt. Die ältere Akademie Platons im Norden von Athen ist ein Beispiel dafür, wie sich die Bedeutung des Gehens neben der militärischen auf eine geistige und soziale erweiterte:

> „[Kimon] ließ das trockene und unwirtliche Terrain bewässern, sodass in der Folgezeit ein regelrechter Park mit dichtem Baumbestand von Linden und Platanen für ‚schattige Spaziergänge' entstand (...). Der Unterricht für die Schüler fand auf dem Gelände des öffentlichen Gymnasions statt (...). Später nutzte man auch die Palästra (...) für die Gespräche. (...) Bald darauf sollten (neben Platon) auch Aristoteles und Zenon ähnlich vorgehen, als der eine die Philosophenschule des Peripatos und der andere die Stoa gründete."[33]

Die Römer vernetzten ganz Europa mit ihren Straßen, die es Soldaten, Händlern und anderen Reisenden ermöglichten, für die damaligen Verhältnisse rasch vorwärtszukommen. Nach Christi Geburt wurden weite Teile Europas im Zuge der Christianisierung eingemeindet, auch dies natürlich per pedes. Die Mönche waren lange zu Fuß unterwegs und erfanden schließlich meditatives Gartengehen in ihren Klostergärten. Im Mittelalter marschierten Gläubige in die Kreuzzüge. „Zu den Gruppen, die in der Vormoderne über einen eingegrenzten Zeitraum hinweg und zumeist sozial akzeptiert viel zu Fuß unterwegs waren, gehörten neben den Söldnern vor allem Pilger und Wallfahrer, Schüler und Studenten sowie Handwerker und Handwerksburschen."[34]

Freizeitliches Gehen, Wanderlust und Poesie

Im ausklingenden 18. Jahrhundert wurde in der Aufklärung der Zusammenhang von Leibesbewegung, Gemüt und Natur wiederentdeckt. Das vorher unbekannte Phänomen der Wanderlust wuchs heran. Es führte zunächst geradewegs in die Waldeinsamkeit, wie es Jean-Jacques Rousseau (1712–1778), der zeitlebens viel unterwegs war, vorgemacht hatte: „Ich habe nie etwas arbeiten können mit der Feder in der Hand, dem Schreibtisch und meinem Papier gegenüber: Auf Spaziergängen, mitten zwischen Felsen und Wäldern (…) schreibe ich in mein Hirn.“[35] Im frühen 19. Jahrhundert entwickelte sich das eigentlich dem Adel in Gärten und Parks vorbehaltene Lustwandeln zu einem bürgerlichen Kulturgut. Spazierend ließen sich Kontakte knüpfen und ungestört Gespräche führen. Der Luxus von Freizeit sollte auf öffentlichen Wegen inszeniert werden. Bald entstand das Wanderwesen, das von deutschen Schriftstellern sowohl zu Fuß erlebt als auch literarisch aufbereitet wurde. Friedrich Hölderlin (1770–1843), bekannt als Spaziergänger, Wanderer und Fußreisender, war gerne lange Strecken unterwegs und dabei dichterisch produktiv. Neben Hölderlin beschworen auch Dichter wie Johann Gottfried Seume, Karl Philipp Moritz, Joseph von Eichendorff oder Clemens Brentano die Sehnsucht nach Alltagsferne und Naturerlebnis. Dabei erhielten allen voran die Schweiz und ihre Gebirgswelt als naturgewaltiger Sehnsuchtsort und bald auch Österreich, Italien und Frankreich eine magnetische Anziehungskraft. Neben Rousseau beschrieben unter anderem der Schweizer Dichter Albrecht von Haller (1708–1777), der deutsche Dichter Wilhelm Heinse (1746–1808) oder der in Zürich begrabene Reiseschriftsteller Johann Gottfried Ebel (1764–1830) die beeindruckenden Naturlandschaften und Idyllen.

Veränderte Kultur des Gehens

Ein Großteil der Menschen ging auch noch vor gut 200 Jahren notgedrungen zu Fuß, weil schlichtweg das Geld für teure Postwagenfahrten oder erbauliche Vergnügungsreisen in die Alpen fehlte. In den 1840er-Jahren vollzog sich dann mit der Eisenbahn eine historische Wende. Die Gesellschaft musste sich kontinuierlich an ein höheres Tempo anpassen. „1914 wird sich das deutsche Eisenbahnnetz über mehr als 61.749 Kilometer erstrecken.“[36] Weitere Verkehrsmittel folgten, die alle den Wert der Beschleunigung priesen. „1879 führt Werner Siemens auf der Berliner Gewerbeausstellung eine Elektrolokomotive vor. Schon zwei Jahre später verkehrt in Berlin-Lichterfeld die erste elektrische Straßenbahn. (…) 1883 / 1886 bauen Gottlieb Daimler, Wilhelm Maybach und Carl Benz die ersten benzingetriebenen Automobile.“[37] So konnte man zu Beginn des 20. Jahrhunderts je nach Geldbeutel zur Fortbewegung in den meisten großen deutschsprachigen Städten zwischen Pferdeomnibussen, Fahrrad, Automobil und elektrischer Straßen-, Hoch- und U-Bahn[38] wählen. Gleichsam als Ausgleich zum neuen Regime der Industrie, die Arbeitsteilung und deren Folgen mit sich brachte, entstanden die ersten Alpen- und Wandervereine. Der Österreichische Alpenverein wurde 1862 als erster Bergsteigerverband des europäischen Festlands und damit zweitältester der Welt nach dem britischen Alpine Club gegründet. 1863 folgte der Schweizer Alpen-Club SAC auf Initiative des Zürchers Rudolf Theodor Simler. „Er warnte davor, die damals boomende Eroberung der Alpen den Ausländern alleine zu überlassen."[39] 1864 schließlich war die Gründung des Schwarzwaldvereins in Deutschland der Anfang einer Bewegung, die das Wandern zu einer gemeinschaftlich organisierten Angelegenheit machte. Durch die beiden Weltkriege und den Holocaust wurde das Gehen zu einer Bewegungsart, die mit Tod, Vertreibung oder Flucht assoziiert wurde. Nach diesen dunklen Zeiten wurde in der Nachkriegszeit angepackt, wiederaufgebaut – und der Feierabend genossen, vornehmlich mit gemütlich hochgelagerten Beinen und bald bevorzugt vor dem Fernseher. Erst die Fitnessbewegung in den 1970er-Jahren machte körperliche Ertüchtigung in der Freizeit wieder erstrebenswert. Heute können Studentinnen und Studenten über den Akademischen Sportverband Zürich (ASVZ) aus über 18.000 Angeboten aus 120 Sportarten in 48 Sportanlagen[40] auswählen, zu denen sie sich mittels App mit wenigen Klicks anmelden können. Die deutschen Sportverbände stehen dem natürlich in nichts nach. Die *Walkability* von Städten ist inzwischen zum Gütesiegel geworden. Nur wer es sich leisten kann, wohnt in der Innenstadt und genießt den Luxus, zu Fuß zur Arbeit gehen zu können. Eingebettet in moderne Konzepte von Achtsamkeit und Ökotourismus sowie die boomende Outdoorindustrie erfreut sich das Gehen in der Natur heute größerer Beliebtheit denn je.

Daneben gehen Menschen auch aus anderen Beweggründen auf die Straße, nämlich um sich Gehör zu verschaffen und Veränderungen zu bewirken: In Schweigemärschen, Menschenketten, Protestzügen oder demonstrativen Wanderungen sollen Botschaften übermittelt und Handlungen ausgelöst werden. Legendär ist beispielsweise der Salzmarsch Mahatma Gandhis im Frühjahr 1930 zur Brechung des britischen Salzmonopols in Indien. Unvergesslich sind die Montagsdemos und Demonstrationszüge in der DDR des Jahres 1989 mit historischer Wirkung. Eine halbe Million Menschen bewegte sich am 20. Oktober 2018 durch die Londoner Innenstadt, um für einen Verbleib Großbritanniens in der EU zu demonstrieren.

3. | Körper und Geist

„Es ist ein feines Geräusch in mir und eine Bewegung wie von kommender Flut."

(Rainer Maria Rilke[41])

Spazierengehen kann bei physischen und psychischen Leiden helfen und vorbeugend wirken, erst gar nicht krank zu werden. Ein Spaziergang tut gut. Obwohl die meisten von uns das intuitiv wissen, schätzen wir modernen Menschen es, wenn solch pauschale Aussagen empirisch belegt sind. Die gesundheitsdienlichen Aspekte von Bewegung im Allgemeinen und in der Natur im Besonderen sind sehr gut erforscht. Auf einige Forschungsergebnisse wird auf den folgenden Seiten Bezug genommen. An einem Spaziergang kann der Mensch sogar seinen Gesundheitszustand ablesen – den körperlichen wie den seelischen. Dies kann der Leistungssport zwar ebenfalls ein Stück weit, indem wir mithilfe der Messung einzelner Parameter unmittelbares Feedback bekommen. Beim Spazierengehen geschieht dagegen noch etwas anderes: Bei dieser entschleunigten Form der Bewegung dringen manchmal leise Zwischentöne in unser Bewusstsein, die während des Leistungssports, der unsere ganze Aufmerksamkeit absorbiert, nicht wahrgenommen werden können. Empfindungen tauchen auf, die im Alltag nicht zugänglich waren, stille Vorfreude steigt empor oder Tränen bahnen sich ihren Weg. Ein Spaziergang „misst" den Menschen in seiner Ganzheitlichkeit und lässt Emotionen den Raum und die Zeit, um uns ihre Botschaften auszudrücken.

3.1 Ist ein Spaziergang Sport?

Beim Spazierengehen bewegen wir unseren Körper, aber ist es deshalb schon Sport? In diesem Zusammenhang ist es ausgesprochen aufschlussreich, der Wortbedeutung von Sport nachzugehen: Das deutsche Wort Sport ist vom Englischen *sport* entliehen, welches ein Kurzwort für *disport* ist uns so viel bedeutete wie „Zerstreuung, Vergnügen". *Disport* geht seinerseits auf das altfranzösische *desport, déport* gleich „Vergnügen" zurück, welches wiederum ein Deverbativ (von einem Verb abgeleitetes Substantiv) zum altfranzösischen *se deporter* „sich zerstreuen, vergnügen" ist. Dieses schließlich entstammt dem lateinischen Verb *deportare* „fortbringen, deportieren".[42] Was könnte das Wesen eines Spaziergangs treffender zum Ausdruck bringen als die ursprünglichen Bedeutungen des Wortes Sport? Zerstreuung, Vergnügen, sich fortbringen, sich mit Leib und Geist voranbringen. Und doch wird ein Sportler einen Spaziergang nicht unbedingt als echten Sport anerkennen. Um dies besser zu verstehen, lohnt ein Blick in die Liste des Internationalen Olympischen Komitees (IOC)[43]. Hier wird Gehen *(Race Walking)* als olympische Disziplin geführt, nicht aber das spazierende Gehen. Beim Schach bewegt sich der Geist. Schach wird bei minimalsten feinmotorischen Bewegungen ausgeführt und gilt nicht als olympische Disziplin, ist aber vom IOC offiziell als Sport anerkannt[44]: Dieses Beispiel zeigt, dass der Sportbegriff erstens weit gefasst wird und zweitens die Elemente Leistung und Wettbewerb eng mit dem heutigen Sportverständnis verknüpft sind. Ein leistungsbezogener, sportlicher Wettstreit ermittelt Sieger und Verlierer. Ein Spaziergang ist als Wettkampf ausgeschlossen und bringt keine Verlierer hervor, nur Gewinner. So findet er aufgrund der inhaltlichen Interpretationsfreiheit sowie in Bezug auf die Wortabstammung seine Daseinsberechtigung als Sportart ohne Leistungszwang, frei nach dem Motto: „Sport ist das, was man daraus macht."

Die bisher gängige Vorstellung lautete, dass derjenige, der sich beim Sport so richtig fordert, gesünder lebt als Menschen, die es eher moderater angehen lassen. Ein US-Team, das die Werte von 30.000 Joggern und knapp 16.000 Walkern ausgewertet hat, kam jedoch zu einem anderen Ergebnis[45]: Für die Gesundheit ist es egal, ob man joggt oder geht. Entscheidend sei vielmehr, wie viel Energie dabei verbraucht wird. Für beide Gruppen (Jogger wie Walker) gilt gleichermaßen: Die Wahrscheinlichkeit, Bluthochdruck, Diabetes, einen hohen Cholesterinspiegel und möglicherweise eine koronare Herzkrankheit zu entwickeln, sinkt. Der Kalorienverbrauch sei der Schlüsselmechanismus, der das Risiko für Herz-Kreislauf-Erkrankungen reduziere. Beim Gehen und Joggen werden die gleichen Muskelgruppen beansprucht. Um die gleiche Menge an Kalorien zu verbrauchen, muss der Walker also länger gehen, als der Jogger läuft. Als Faustregel gilt: Eine Strecke joggen entspricht einer 2,5-mal längeren Spazierstrecke für den gleichen Kalorienverbrauch. Tabelle 3.1 bietet eine Übersicht[46] über den Kalorienverbrauch beim Spazierengehen und anderen Gangarten:

Kalorienverbrauch pro Stunde	Männer	Frauen
Bergwandern	655	449
Joggen langsam (8 km/h)	764	524
Joggen mittel (10 km/h)	983	673
Joggen schnell (12 km/h)	1201	823
Nordic Walking	600	411
Spazieren	328	224
Walken (langsam 5 km/h)	361	247
Walken (mittel 6,5 km/h)	546	374
Walken (schnell 8 km/h)	819	561
Wandern	360	247

Tabelle 3.1: Kalorienverbrauch bei verschiedenen Sportarten

Bei diesen Werten handelt es sich um Schätzwerte, denn sie variieren je nach Intensität und individuellen Voraussetzungen. So unterscheidet sich der Kalorienverbrauch beim Spazierengehen natürlich auch in Abhängigkeit davon, ob wir ganz gemächlich vor uns hin spazieren oder ob wir uns flotten Schrittes durch den Park bewegen. Niemand muss Leistungssportler werden, um gesund zu bleiben. Die Weltgesundheitsorganisation[47] hat folgende Empfehlungen für körperliche Betätigung im Alltag herausgegeben:

1. Mindestens 150 Minuten moderate Intensität pro Woche oder 75 Minuten starke Intensität bzw. eine Kombination aus beidem.
2. Mindestdauer der jeweiligen Aktivität: zehn Minuten.
3. Mit einer langsamen Steigerung der empfohlenen Trainingseinheiten / Dauer / Intensitäten ist eine Zunahme der positiven Gesundheitseffekte zu erwarten.
4. An mindestens zwei Tagen sollen Kraftübungen durchgeführt werden.

Als moderat gilt eine Intensität im anaeroben Bereich, bei der man sich noch unterhalten kann, quasi „laufen ohne schnaufen." Unregelmäßiges und dafür extremes Training ist nicht gesünder als regelmäßige ausgedehnte Spaziergänge, die als moderate körperliche Betätigung gelten. „Die Fitness eines Menschen erlaubt, vor allen anderen biologischen Werten, die zuverlässige Vorhersage der Lebenserwartung:

Spaziergänger, die jede Woche 150 Minuten an der frischen Luft sind, leben durchschnittlich drei bis vier Jahre länger als Menschen, die sich auf dem Sofa fläzen."[48]

Es ist unbestritten, dass Bewegung Medizin für Leib und Seele ist:

- **Fürs Gehirn:** Neubildung von Nervenzellen im Hippocampus (zentrale Struktur des sogenannten limbischen Systems, dient der Steuerung unserer Affekte und vor allem unserem Gedächtnis) und Stärkung des Gedächtnisses. Erhöhte Widerstandskraft (Resilienz) gegen Stress und Depression.
- **Fürs Blut:** Senkung des Blutdrucks und des Blutzuckerspiegels, was eine beginnende Zuckerkrankheit (Typ-2-Diabetes) abwenden kann.
- **Für die Gelenke:** Erhöhte Produktion von Gelenkschmiere, die den Knorpel mit Nährstoffen versorgt. Dadurch können Beschwerden bei Arthrose gelindert werden.
- **Für den Stoffwechsel:** Aktive Muskelzellen stellen Hunderte Proteine her, welche womöglich lebensverlängernd wirken. Der Abbau von Fettgewebe verringert das Krebsrisiko.
- **Für den Rücken:** Stärkung der Rumpfmuskulatur, wodurch sich Rückenschmerz zurückdrängen lässt.
- **Für das Herz:** Verstärkte Durchblutung regt das Wachstum neuer Blutgefäße an, was das Herz nach einem Infarkt kräftigt. Moderates Training hilft auch gegen Herzinsuffizienz (Pumpschwäche).
- **Für die Knochen:** Mechanische Beanspruchung erhöht die Knochendichte und wirkt deshalb gegen Osteoporose.

Und doch folgen viele von uns einem anderen Instinkt: „Bewegen wir uns, wenn es sein muss. Und ruhen wir uns aus, wenn wir können." Ein Leben im Sitzen ist heute vorherrschend und viele von uns verstehen Bewegung als einen gesunden Zusatznutzen oder als Lifestyle. Doch aus der vorhergehenden Beschreibung der Menschheitsgeschichte konnten wir lernen, dass der trainierte Zustand die biologisch normalere Verfassung unseres Körpers ist. So scheint es, dass Bewegungsmangel unnormal ist und all die bekannten Zivilisationskrankheiten mit sich bringt. *Sitzen ist das neue Rauchen*[49] lautet der passende Titel eines 2016 erschienenen Buches. Zum Glück ist diese Erkenntnis in Medizin, Pflege und Gesundheitspolitik angekommen. Patienten werden heutzutage nicht mehr allzu rigide zu Schonung und Bettruhe angehalten, wie dies früher der Fall war. Nach einer Operation wurde ich bereits Stunden später motiviert, aufzustehen, um ein paar Schritte zu gehen. Bänderrisse therapiert man heute nicht mehr mit Ruhigstellen, sondern unter dem sicheren Schutz von Schienen mit kontrollierten Bewegungen. Krankenkassen bieten reduzierte Prämien an, sofern die Versicherten den Nachweis erbringen, dass sie sich regelmäßig bewegen.

Auch die Widerstandskraft wird durch Bewegung gestärkt, ja sogar der Alterungsprozess verlangsamt:

> „... sobald der Körper aktiv ist, stellt er zugleich bestimmte Proteine her, welche die Sauerstoff- und Stickstoffmoleküle abfangen und auf diese Weise wie ein Anti-Aging-Mittel wirken. Hormesis nennen Wissenschaftler das Phänomen: Der durch körperliche Aktivität ausgelöste leichte Stress stärkt die Widerstandkraft. In Menschen, die sich regelmäßig bewegen, ist diese Kraft die ganze Zeit angeschaltet und verbessert die Gesundheit."[50]

Wenn wir dem natürlichen Bewegungsdrang nachkommen, können wir Körper und Geist besser gesund halten. Ebenfalls gut zu wissen: Bewegung an der frischen Luft und insbesondere im Wald wirkt ganz besonders ausgleichend. In einer Studie[51] konnte gezeigt werden, dass der Aufenthalt im Wald bei Menschen mit Bluthochdruck zu einer Senkung führt, während bei Menschen mit einem niedrigen Blutdruck dieser erhöht wird. Ein Spaziergang in der Natur wirkt besser als so manches Medikament, und dabei ist er kostenlos, rezeptfrei und ohne jegliche Nebenwirkungen jederzeit für jeden verfügbar.

3.2 Gehen: eine geniale Bewegungsform

„Schmelzwasserpfützen zwingen zu hüpfenden Ausweichschritten."[52]

(Frank Hohler, Kabarettist)

Gehen und Laufen resp. Rennen unterscheiden sich in dem Maße, dass es bei Letzteren zu einer Flugphase kommt, während beim Gehen stets ein Fuß die Erde berührt. Gehen ist als ganzheitliche Bewegungsform eigentlich ein Wunder, was Energieverbrauch und Biomechanik betrifft. Es ist gerade das Tempo, für das wir Menschen prädestiniert sind. Es gibt kein anderes Lebewesen mit unseren Maßen, das sich effizienter fortbewegt. So können wir praktisch ohne Ermüdung immer weitergehen. Beim Rennen werden wir dagegen irgendwann gestoppt, ob wir wollen oder nicht, weil unsere Muskeln ermüdet sind. Wenn wir einen Kilometer ohne Steigung geradeaus unterwegs sind, verbrauchen wir nur so viel mechanische Energie, wie eine Etage Treppenstufen hinaufzusteigen. Damit liegt Gehen in Bezug auf den Kalorienverbrauch im hinteren Mittelfeld der Sportarten, hinter schnellem Joggen, aber immerhin vor Radfahren. Dafür beschert uns Gehen etwas, was bei anderen, auf Leistung ausgerichteten Sportarten fehlt. Es lässt uns Raum zum Denken. Der Grund: Unser Gehirn nimmt zwar nur zwei Prozent des Körpervolumens ein, dafür verbraucht es 20 Prozent unseres gesamten Ruhe-Energieumsatzes[53]. Weil das Gehen in Bezug auf unseren Energieverbrauch so sparsam ist, ist Multitasking, bestehend aus

Denken und Gehen, ohne Weiteres möglich – anders als bei Sportarten mit höherem Energieverbrauch. Der bekannte Professor für Verhaltensphysiologie Gerhard Roth erklärt diesen Zusammenhang wie folgt:

> „Kompliziertes Aufrufen und Zusammenfügen von Information aus den verschiedenen Zentren ist für das Gehirn stoffwechselphysiologisch teuer, geht langsam vor sich und ist hochgradig fehleranfällig. Es gilt also: Je weniger Aufwand, desto besser. Dies ist bei der Steuerung der Bewegung genauso. Zu Beginn eines Bewegungstrainingsprogramms werden viele Muskeln in unökonomischer Weise aktiviert, es gibt einen Reibungsverlust, und die Bewegungen werden ungeschickt. Mit zunehmender Übung wird der muskuläre Aufbau glatter, die Muskeln werden besser und ökonomischer eingesetzt, die Bewegungen effektiver.“[54]

Gehen beherrschen wir seit Kindesbeinen an. Es benötigt daher wenig Energie, sobald wir es gelernt und perfektioniert haben. Wir können einfach drauflosgehen und unser Hirn anderweitig nutzen. Wir können daher kühn behaupten, dass uns Gehen klüger und in moderatem Maße sogar fitter macht.

Der optimale Gang

Unser Gehmechanismus läuft so regelmäßig wie ein Schweizer Uhrwerk.

> „Mit jedem Schritt wird ein Teil der Vorwärtsenergie in Sehnenspannung und einem sanften Hub der Körpermaße zwischengespeichert, dann fast verlustfrei in Vortrieb zurückverwandelt. Weil wir von der Ferse bis zu den Zehen abrollen, müssen wir kaum die Knie beugen. Die Beine schwingen wie Uhrpendel unter dem Rumpf durch (…). Bei leichtem Gefälle geht man von selbst. Unsere Sehnen federn so gut wie Gummiseile, unsere Gelenke gleiten sanfter als Industrielager.“[55]

Wenn wir das Gehen einmal erlernt haben, werden wir es nie wieder verlernen. Wir können es uns höchstens abgewöhnen – oder wieder angewöhnen, wenn wir in der Vergangenheit zu wenig zu Fuß unterwegs waren. Gehen ist eine uns selbstverständliche Fortbewegungsart, die nicht neu entdeckt oder durch wissenschaftliche Studien beforscht werden muss. Den optimalen Gang gibt es nicht, er ist so individuell wie ein Fingerabdruck. Doch es kann Spaß machen, spielerisch verschiedene Gangarten auszuprobieren, z. B. Fersenlaufen, Zehenlaufen, Zehenspitzenlaufen, Ballenlaufen, dabei die Arme wenig oder übertrieben zu schlenkern, den Körper vorwärtszuneigen oder sich mit betont gerader Wirbelsäule in Richtung Scheitelpunkt aufzurichten, kleine oder weit ausladende Schritte zu machen, in ganz langsamem oder sehr schnellem Tempo unterwegs zu sein, schlurfend, hüpfend, schleichend, in zackigem oder lässigem Stil, barfuß oder in Wanderschuhen auf ganz verschiedenen Untergründen. Solche Experimente erinnern an Kindertage und stärken außerdem die gesamte Fuß- und Beinmuskulatur.

3.3 Embodiment – die Wechselwirkung zwischen Körper und Geist

„Das regelmäßige Fuß-vor-Fuß-Setzen bei gleichzeitigem Rudern der Arme, das Ansteigen der Atemfrequenz, die leichte Stimulierung des Pulses, die zur Bestimmung der Richtung und zur Wahrung des Gleichgewichts nötigen Tätigkeiten von Auge und Ohr, das Gefühl der vorüberwehenden Luft auf der Haut – all das sind Geschehnisse, die Körper und Geist auf ganz unwiderstehliche Weise zusammendrängen und die Seele, auch wenn sie noch so verkümmert und lädiert ist, wachsen und sich weiten lassen.“[56]

(Patrick Süskind, Schriftsteller)

Der oben zitierte Patrick Süskind beschreibt in seiner Novelle *Die Taube* sehr anschaulich die psychophysische Gesamtwirkung eines Spaziergangs. Der Körper beeinflusst den Geist und umgekehrt. Hierbei spielt sowohl Bewegung eine Rolle als auch die Wahrnehmung. Wenn uns unsere Umgebung beim Spazierengehen anspricht, wird es uns nicht langweilig: Unsere fünf Sinne und unser Gehirn nehmen die wechselnde Szenerie beim Gehen auf, ohne dabei überwältigt zu werden. Wir sehen, hören und riechen die Gegend, in der wir unterwegs sind. Über den Geruchssinn schmecken wir sie sogar, z. B. die salzige Meeresluft. Mittels Tastsinns nehmen wir auf der Haut selbst feine Temperaturunterschiede wahr, spüren die Luftbewegungen, die Reibung unserer Kleidung auf der Haut oder den trockenen Grashalm, den wir beiläufig durch unsere Finger gleiten lassen.

Die Geschwindigkeit dieses Geschehens ist geeignet, uns auf sanfte Art zu beleben. „Ich kann nur im Gehen denken. Sobald ich stehen bleibe, denke ich nicht mehr, mein Kopf arbeitet nur mit den Füßen gleichzeitig“[57], schrieb der Genfer Philosoph und Naturforscher Jean-Jacques Rousseau (1712–1778) in seiner Autobiografie *Die Bekenntnisse*. Rousseau erlebte während seiner ausgedehnten Spaziergänge einen besonderen Geisteszustand. *Rêverie* (Träumerei) nannte er dieses Befinden, das ihm half, Klarheit in seine permanente Gedankenflut zu bringen. Sobald er sich allein der Natur und den unmittelbaren Sinneswahrnehmungen hingeben konnte, empfand er Ruhe und Glück. Nirgendwo sonst sei der Mensch seinem unwiederbringlich verlorenen Naturzustand so nahe wie beim Gehen: „Nur in diesen Stunden der Einsamkeit, da ich Gelegenheit zum Nachsinnen habe und mich nichts ablenkt oder stört, bin ich ganz und gar ich selbst und gehöre mir allein; nur in diesen Stunden kann ich ehrlicherweise von mir behaupten zu sein, wie die Natur mich wollte“[58].

Körper und Geist beeinflussen sich gegenseitig

Wer hat diesen herrlichen Zustand nicht schon selbst erlebt? Die Gedanken scheinen leichter zu fließen, wenn unser Körper in Bewegung ist. Der Geist wird sozusagen zum Spiegel des Körpers. Wenn sich der Körper bewegt, regt sich auch der Geist. Der umgekehrte Fall ist ebenso möglich: Der Körper wird sprichwörtlich zum Spiegel der Seele. Wenn wir niedergeschlagen sind oder etwas uns stark belastet, leiden wir auch körperlich. Die Bewegungen werden langsamer, wir gehen weniger dynamisch durchs Leben.

Mit dem englischen Begriff „Embodiment" soll ausgedrückt werden, dass unser Geist immer in einen Körper eingebettet ist. Das Prinzip des Embodiments besagt, dass nicht nur der Geist den Körper beeinflusst, sondern auch umgekehrt die Selbstwahrnehmung und der Umgang mit dem Körper sich auf den Geist auswirken. Es gibt hierfür leider keinen wirklich adäquaten deutschen Fachbegriff. Am ehesten bieten sich Begriffe wie „Verkörperung" oder „Körperlichkeit" an. Oder wie Gunther Schmidt es formuliert: „So, wie man geht, so geht es einem."[59]

Wahrnehmen, Fühlen und Denken sind keine rein geistigen Prozesse, sondern auch körperliche. Dieser Zusammenhang wurde in zahlreichen empirischen Befunden und zum Teil berühmt gewordenen Studien erforscht. Wenn wir beispielsweise lachen, dann regt nicht nur unsere Heiterkeit die Lachmuskeln an, sondern auch umgekehrt fördern die Lachmuskeln das Erleben von Heiterkeit.

In einem 1988 durchgeführten und berühmt gewordenen Experiment des Sozialpsychologen Fritz Strack[60] wurde unter einem Vorwand die Gesichtsmuskulatur von Versuchspersonen manipuliert: Aufgabe war, mit einem Stift im Mund verschiedene Worte auf Papier zu schreiben. Wird nun der Stift mit den Zähnen gehalten, sind die für unser Lächeln zuständigenden Gesichtsmuskeln aktiviert. Dies führte bei den Probanden dazu, dass sie Cartoons als signifikant lustiger einschätzten, als wenn sie den Stift mit den Lippen hielten. Dies lässt sich auf eine Art Körperfeedback zurückführen.

Das ist eine endgültige Absage an den griechischen Denker Platon oder den Rationalisten René Descartes, die für einen expliziten Dualismus standen, also für die strikte Trennung von Körper und Geist. Auch ausgeprägte Kopfmenschen unserer Zeit beharren zuweilen noch auf der traditionellen Trennung von Geist und Körper. Doch dieser Ansatz ist längst überholt. Informatiker haben inzwischen die bahnbrechende Erfahrung gemacht, dass sich manche Systeme der künstlichen Intelligenz besser „entwickeln", wenn diese zupacken, „sehen", „hören", „tasten" und „kommunizieren" können: Dieser sogenannte Embodiment-Ansatz, die verkörperte Robotik, wetteifert mit dem Deep-Learning-Ansatz. Bei Letzterem werden Rechner mit riesigen Datenmengen gefüttert, wobei fast jegliche Verkörperung außen vor bleibt. Doch dass selbst bei Robotern die Synthese von Körper und Geist (in Form abstrakter Daten) zu besseren Ergebnissen führt, erläutert Manfred Hild, Professor für Digitale Systeme: „Neuere Ansätze zeigen, dass es oft zu besseren Lösungen in der Robotik führt, wenn der Körper weniger durch das Gehirn beziehungsweise die Rechenleistung kontrolliert wird, sondern ‚losgelassen' wird, sodass sich eine Interaktion zwischen Körper und Umwelt einstellt."[61] Somit ist auch bei Robotern Intelligenz auf komplexe Art mit Körperlichkeit verknüpft. Echte Intelligenz braucht nach diesen Erkenntnissen mehr als ein Gehirn: Sie braucht einen körperlichen und sinnlichen Zugang zu ihrer Umgebung.

3.4 Gehen macht schlau und kreativ

„Gedanken wollen oft – wie Kinder und Hunde –, dass man mit ihnen im Freien spazieren geht."

(Christian Morgenstern)

Ein Spaziergänger bewegt sich und denkt sich dabei etwas. Aufgrund der durch die Bewegung angekurbelten Durchblutung des gesamten Körpers und des kontinuierlichen Voranschreitens kommen auch die Gedanken in Bewegung. 1905, das Wunderjahr der Physik, begann: mit einem Spaziergang! Zumindest wenn man den Anekdoten der Weltgeschichte Glauben schenkt. Demnach habe Albert Einstein nämlich bei einem Spaziergang mit seinem Freund Michele Besso die entscheidende Eingebung für seine Relativitätstheorie erhalten.[62] Ob sich dieser Heureka-Moment tatsächlich so zugetragen hat, ist ungewiss, doch wissen wir von Fotos und Briefen, dass Einstein gerne spazierte: „Das Schönste sollen unsere Spaziergänge im Grunewald sein", schrieb er 1913 seiner Cousine und späteren Frau Elisa.[63]

Beim Gehen verändert sich die Wahrnehmung grundlegend. Das können all diejenigen nachvollziehen, die regelmäßig gehen. Man stellt irgendwann fest, dass man nicht nur mit den Sinnesorganen, sondern mit dem gesamten Körper wahrnimmt. Es handelt sich um eine regelrechte Erweiterung der kognitiven Fähigkeiten: Wahrnehmung und Denken werden intensiver und klarer. Manche Menschen erleben dies wie eine Art Offenbarung.

Schlendern macht Jung und Alt ideenreicher

Dass Gehen mehr kreative Ideen generiert als Sitzen, bestätigen wissenschaftliche Untersuchungen, unter anderem eine amerikanische Studie[64] aus dem Jahr 2014. In der Studie sollte geprüft werden, ob einfaches Gehen den freien Fluss der Gedanken verbessert und die Kreativität steigert. Für die Untersuchungen wurden zwei Testverfahren zur Messung von Kreativität eingesetzt. Bei einem dieser Tests ging es darum, möglichst viele ungewöhnliche Verwendungsmöglichkeiten für Alltagsgegenstände aufzuzählen. So dachte ein Proband bei dem Wort „Knopf“ unter anderem an ein winziges Sieb oder ein Ersatzauge für eine Puppe. Je ungewöhnlicher die Einfälle, desto höher war die Bewertung. Der zweite Test war ein Assoziationstest mit folgender Aufgabe: Die Probanden sollten erkennen, wie eine Reihe bestimmter Wörter (z. B. Strick, Feuer und Flug) durch ein zusätzliches Wort (z. B. Zeug = Strickzeug, Feuerzeug, Flugzeug) sinnvoll ergänzt werden könnte.

Ein dritter Test diente dazu, kognitive Hirnleistungen wie Konzentrationsfähigkeit oder Gedächtnis zu messen, die nichts mit Kreativität zu tun haben.

In einer der Testreihen mussten die Personen ihre Aufgaben zunächst sitzend und dann beim Gehen auf dem Laufband in einem frei gewählten Tempo lösen. Andere Gruppen erhielten ihre Aufgaben, während sie im Freien unterwegs oder nachdem sie von einem Spaziergang nach Hause zurückgekehrt waren und sich wieder gesetzt hatten. Während und kurz nach dem Gehen war die Kreativität bei 81 Prozent der Teilnehmer erhöht, die kognitiven Leistungen nur um 23 Prozent. Die positive Wirkung war also nicht allein dadurch zu erklären, dass körperliche Aktivität generell Denkleistungen verbessere, so die Forscher im *Journal of Experimental Psychology*, in der die Studie veröffentlicht wurde[65]. Noch ist nicht abschließend erforscht, welche biologischen Mechanismen für den Effekt verantwortlich sind. Ein angeregter Kreislauf, chemische Botenstoffe und eine verbesserte Stimmung könnten dabei eine Rolle spielen. Das Gehen beeinflusst offenbar bestimmte Körperfunktionen, deren positive Wirkung auf kreatives Denken auch nach dem Gehen noch eine Zeit lang anhält. Ob auch andere Formen leichter körperlicher Aktivität eine vergleichbare Auswirkung wie das Gehen haben, ist bisher noch nicht untersucht.

Viele der in der Studie involvierten Menschen gaben an, dass ihnen die besten Gedanken beim Gehen gekommen seien. Ob sie dabei drinnen oder draußen waren, habe allerdings eine untergeordnete Rolle gespielt. Das Spazieren in abwechslungsreicher Umgebung war jedoch effektiver als das Gehen in einem Zimmer vor einer weißen Wand. Sich draußen aufzuhalten hätte durchaus Vorteile für die geistige Fitness, aber das Gehen selbst scheint einen sehr speziellen positiven Einfluss auf die Kreativität auszuüben. Dieses Prinzip gilt allerdings nicht für jede Art von Aufgabe:

Problemstellungen, bei denen es nur eine einzige richtige Antwort gibt, konnten die „Sitzer“ unter den Probanden besser beantworten als die „Geher“.

Die Art des Gehens ist ebenfalls nicht unerheblich für das Ausmaß an Kreativität: Taiwanesische Forscher[66] konnten zeigen, dass es nicht genügt, einfach ein Rechteck zu laufen. Vielmehr muss sich die Bewegung frei und ungehindert vollziehen können. Sobald die Studienteilnehmenden nach Herzenslust schlendern durften, erarbeiteten sowohl jüngere als auch Probanden bis Mitte 70 im Kreativitätstest bessere Resultate.

Gehen synchronisiert Geist und Körper

Neurophysiologisch betrachtet, spielt bei der positiven Wirkung eines Spaziergangs die sogenannte Lateralisierung eine zentrale Rolle. Als Lateralisierung wird das Zusammenspiel zwischen menschlichem Gehirn und Körper bezeichnet, bei dem die linke Gehirnhälfte die rechte Körperhälfte kontrolliert und umgekehrt. Der noch immer verbreitete Mythos, dass unsere linke Gehirnhälfte analytisch sei und die rechte kreativ, ist allerdings falsch. Die unzähligen Funktionen unseres Gehirns sind komplex vernetzt und auf spezifische Areale verteilt, wobei Neurowissenschaftler in unermüdlicher Arbeit damit beschäftigt sind, sämtliche Funktionen genau zu lokalisieren und damit die funktionale „Aufgabenverteilung“ im Gehirn zu entschlüsseln. Bestimmte Aufgaben und Funktionen werden bevorzugt entweder von der linken oder von der rechten Gehirnhälfte übernommen.[67] Wenn wir uns bewegen, steuert die linke Gehirnseite die rechte Körperhälfte und umgekehrt. Beim Gehen wie auch bei anderen beidseitigen Bewegungsarten wie beim Fahrradfahren oder beim Kraulen müssen sich die Gehirnhälften daher „gut absprechen“.

Sie übernehmen abwechselnd die Verarbeitung von Wahrnehmungen und die Kontrolle über die Bewegungen. Wieder und wieder werden Informationen von einer Seite zur anderen verschoben. Dabei werden Erinnerungen, Wahrnehmungen und Ideen gefiltert, sortiert und neu zusammengefügt. So führt die Bewegung beim Gehen dazu, dass sich die Hemisphären besser vernetzen können. So betrachtet, macht uns Gehen tatsächlich schlauer im Vergleich zum Sitzen oder Liegen. „Im menschlichen Körper herrscht ohne körperliche Aktivität ein desolater Zustand. Es scheint, als verlöre er gleichsam an Lebensenergie. Denn Leben braucht Bewegung. Still steht nur der Tod.“[68]

Wenn uns unser Spaziergang hinaus ins Grüne führt, wirkt sich dies zudem sehr positiv auf die Konzentrationsleistung aus. Grund hierfür könnte die Theorie der Aufmerksamkeitswiederherstellung nach Kaplan[69] sein. Wir Menschen haben nur eine begrenzte Kapazität der Aufmerksamkeitssteuerung. Wenn wir ermüden, brauchen wir Pausen. Diese Erholung gelingt nach Kaplan dann besonders gut, wenn die Aufmerksamkeit nicht mehr bewusst gelenkt werden muss – wie zum Beispiel in der Natur. Im Gegensatz zu einem Spaziergang in der Stadt, welcher schnell zur Reizüberflutung führen kann.

Zudem wird durch Bewegung auch die Gehirndurchblutung gefördert[70] und das Wachstum der Nervenzellen im Gehirn angeregt. Dies erhöht die Lernfähigkeit, wie in mehreren Studien nachgewiesen wurde.[71,72] Wenn Sie selbst erproben möchten, inwieweit sich Ihre Kreativität durch einen Spaziergang verändert, finden Sie auf Seite 98 ff. praktische Impulse.

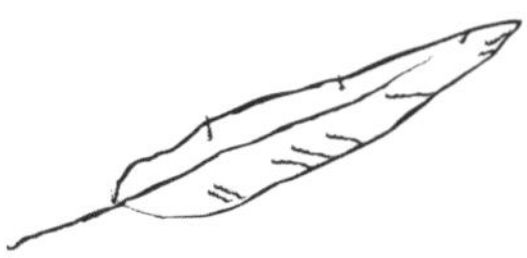

4. Motion und Emotion

„Wie man sich vor einem Spaziergang fühlt, steht oft im umgekehrten Verhältnis zu dem, was der Spaziergang bringen wird. Je schlechter man sich fühlt, desto wundervoller der Spaziergang“[73]

(Christoph Simon, Schweizer Schriftsteller, Slam-Poet und Kabarettist)

So poetisch schreibt 1897 der Feuilletonist Hermann Bahr über die emotionale Wirkung des Gehens:

> „Ja, der Gang scheint eine besondere, Gedanken schaffende, Gefühle wirkende Kraft in sich zu tragen: Er kann Trauer bannen, Leidenschaft mäßigen, Würde geben. Es gibt eine Art, die Füße frohlockend, selbstbewusst und befehlend aufzusetzen, zu der man kein bescheidenes oder niedergeschlagenes Gesicht machen kann. Wie der Fuß den Takt schlägt, müssen die Augen tanzen.“[74]

Und in der Tat können wir über unseren Körper nicht nur Einfluss auf unsere Denk- und Kreativitätsleistung nehmen (vgl. Abschn. 3.3, „Embodiment“), sondern auch auf unsere Gefühle einwirken. Das tun wir übrigens schon ganz automatisch. Rein intuitiv agieren wir Emotionen körperlich aus. Denken Sie nur an den Impuls, irgendwo gegenzutreten, wenn wir zornig sind, oder an die buchstäblichen Freudensprünge.

4.1 Ich fühle, also bin ich?

Gefühle sind ein ganz entscheidender, vielleicht sogar *der* entscheidende Teil unseres Lebens. Ohne Gefühle wären wir nicht entscheidungsfähig. Die Bandbreite verschiedener Gefühle ist immens: Zwischen den höchsten Glücksgefühlen und der erdrückendsten Trauer liegt ein breites Spektrum weiterer Gefühlszustände. Obwohl uns eigentlich bewusst ist, dass immerwährendes paradiesisches Glück nicht möglich ist – und mit der Zeit sehr langweilig werden würde –, streben wir doch danach, negative Gefühle rasch loszuwerden. Wir wollen sie nicht fühlen, weil sie unangenehm sind und uns signalisieren, was wir gerne ignorieren würden: dass etwas nicht stimmig ist und Handlungsbedarf besteht. Wir brauchen negative Gefühle, um zu überleben. Ohne sie wäre die Spezies Mensch ausgestorben, denn nur über Gefühle können wir „die Lage“ einschätzen und die adäquate Reaktion darauf initiieren: ob man von Freunden oder Feinden umgeben ist, ungerecht oder gerecht behandelt wird oder ob etwas gefährlich ist oder nicht.

Gefühle sind ein enorm wichtiges Informationssystem

Wenn wir unseren Gefühlen „zuhören", erfahren wir, ob wir gerade etwas tun, das unseren wichtigen Bedürfnissen, Zielen und Werten entspricht. Dann nämlich empfinden wir z. B. Stolz, Freude oder Zuneigung. Ebenso erfahren wir, ob wir uns gerade in einer Situation befinden, in der unsere wichtigen Bedürfnisse bedroht werden. Dann sind z. B. Ärger, Angst oder Traurigkeit vorherrschend.

Gefühle bewusst zu erleben und auszuhalten, die Bedeutung der eigenen Gefühle zu verstehen, die volle Bandbreite an Gefühlen erleben zu können und für erlebte Gefühle einen „passenden" Ausdruck und entsprechende Handlungen zur Verfügung zu haben – all das ist zentral für unser Wohlbefinden. Körperliche, geistige und seelische Gesundheit ist erst mit dem Wahrnehmen, Aushalten und Akzeptieren negativer Gefühle möglich.

Oft aber ist der Weg zu diesem Verstehen und Akzeptieren nicht klar. Deshalb versuchen wir, negative Gefühle irgendwie loszuwerden. Hierfür gibt es verschiedene Strategien:

- Ablenkung (z. B. mit Arbeit, Facebook und Co. oder einem übervollen Freizeitprogramm)
- Betäubung (z. B. mit exzessivem Sport, Alkohol, Essen oder Medikamenten)
- Rationale Einordnung (z. B. „Darüber muss ich mich ja jetzt wirklich nicht ärgern.")

Viele Menschen haben in ihrer Kindheit erfahren, dass negative Gefühle unerwünscht sind. Wenn sie sich nur als „kleiner Sonnenschein" der Elternliebe sicher sein konnten, haben sie entsprechend gelernt, negative Gefühle wegzudrücken, und hierfür ausgefeilte Strategien entwickelt. Der Kampf gegen negative Gefühle kostet jedoch viel Energie und Lebensfreude. Und das, was sie mit aller Macht bekämpfen, verschwindet nicht, sondern wird stärker. Unterdrückt man negative Gefühle zu lange, wird man auf Dauer krank.

Regelmäßige Spaziergänge können dagegen helfen, negative Gefühle auszuhalten und anzunehmen. Unsere Umgebung (insbesondere die Natur) ist frei von jeglicher Bewertung. Sie erlaubt uns, unsere negativen Gefühle zu erleben, ohne diese zu kommentieren, die Stirn zu runzeln oder wohlmeinende Ratschläge zu geben. Wenn wir uns mit unseren negativen Gefühlen durch die Natur bewegen, wird es uns irgendwann leichter ums Herz und das Grübeln wird weniger. In unterschiedlichen Studien konnte belegt werden, dass beispielsweise der Aufenthalt im Wald zu diversen gesundheitlichen Effekten führt: Puls und Cortisolspiegel (Stresspegel) werden gesenkt, positive Gefühle werden gesteigert, negative reduziert.[75] Die Bewegung und der Kontakt zur Natur bringen uns wieder in Kontakt mit uns selbst. Wir spüren unseren Körper, alle Sinne sind aktiv, wenn wir unsere Umwelt, vielleicht eine schöne Landschaft, sehen, das Vogelgezwitscher hören, Lindenblüten riechen, einen frischen Windzug auf unserer Haut fühlen oder die salzige Meeresluft schmecken. Das Gedankenkreisen tritt für eine Weile in den Hintergrund. Das sanfte Wiegen im Rhythmus unserer Schritte beruhigt. Vielleicht erinnert es uns als das wohlige Gefühl im Mutterleib, als wir noch sicher getragen wurden.

4.2 Bewegung unterstützt das emotionale Stressmanagement

Ich habe schon beschrieben, dass körperliche Betätigung der Psyche guttut. Nicht ohne Grund wird Depressiven empfohlen, sich möglichst viel zu bewegen. Sport steigert die Ausschüttung von Endorphinen, den sogenannten Glückshormonen. Bewegung lässt uns außerdem unsere Selbstwirksamkeit spüren. In stressigen Situationen, in denen wir weder die äußeren Rahmenbedingungen (z. B. eine hohe, vom Chef angeordnete Arbeitsmenge) noch die eigene negative Bewertung der Situation (z. B. „Der Chef ist an meiner schlechten Verfassung schuld“) beeinflussen können, kann angemessene Bewegung hervorragend helfen. Sogar Krebspatienten mit Fatigue-Syndrom (außerordentliche Müdigkeit) profitieren von maßvollen Bewegungsprogrammen. „Eine bessere Physis geht mit höherer Lebensqualität einher und umgekehrt. Die bessere Physis wird durch die sportlichen Bewegungsprogramme erreicht. Mit einer verbesserten Physis geben die Krebserkrankten eine gesteigerte Lebensqualität an.“[76]

4.3 Bewegung hilft, unsere Gefühle zu lenken

Gefühle entstehen durch die (teils unbewusste) Bewertung einer Situation in Bezug auf unsere Wünsche, Ziele, Erwartungen und Bedürfnisse. Ärger entsteht beispielsweise dann, wenn wir selbst, eine nahestehende Person oder uns wichtige Ziele bedroht werden. Ärger kann verschiedene Handlungen auslösen, z. B. sich zu wehren oder sich beleidigt zurückzuziehen. Die spontanen Handlungsimpulse sind manchmal sinnvoll, manchmal sind sie aber auch ungünstig. Sie stammen aus urgeschichtlichen Zeiten und dienten dem Überleben. So war es beispielsweise sinnvoll, alle möglichen Kräfte zu mobilisieren, um gegen ein Raubtier oder einen Feind zu kämpfen, zu flüchten oder sich tot zu stellen.

Die Art, wie wir jeweils bewerten, hängt von unseren Erfahrungen ab. Häufig bewerten wir Situationen so, wie wir diese früher, z. B. als Kind, wahrgenommen haben. Ein bestimmter Auslöser kann alte Bewertungsmuster hervorrufen, die aktuell nicht mehr hilfreich sind. Es ist deshalb wichtig, dass wir unsere Bewertungen immer wieder auf ihre Angemessenheit hin prüfen. Dafür bedarf es einer gewissen inneren Distanz, einer Beobachterrolle: Was zeigt sich da gerade in mir? Es ist wichtig, den Gefühlen nachzuspüren und sie nicht sofort verändern zu wollen, weil sie uns wichtige Informationen über unseren Zustand, unsere Bedürfnisse oder die Situation geben. Erst das Annehmen der Situation und der Gefühle bringt uns in einen handlungsfähigen Zustand. Und genau dabei können Spaziergänge äußerst hilfreich sein. Sie schaffen Distanz zur ungünstigen Situation, beruhigen und ermöglichen uns neue Perspektiven.

Spazieren macht glücklich

Wir alle wünschen uns einen gut ausbalancierten Gefühlshaushalt. Regelmäßige körperliche Betätigung kann uns hierbei unterstützen. Dies gilt sowohl für Menschen, die sich insgesamt als ausgeglichen bezeichnen, als auch für solche, die mit Gefühlsschwankungen zu kämpfen haben. Zahlreiche wissenschaftliche Studien belegen diese positiven Effekte. Eine amerikanische Studie mit 450 Teilnehmenden bewies sogar, dass bereits ein 12-minütiger Spaziergang die Stimmung erhellt, selbst wenn man weder damit rechnet noch daran glaubt. Spazieren sei eine verlässliche Quelle guter Laune, konstatierten die Forscher. Und dies nicht nur, weil man an einem besonders schönen und sonnigen Tag oder mit anderen Menschen unterwegs sei.[77] Schon moderates Training genügt, um sich insgesamt besser zu fühlen. Die Häufigkeit, mit der sich Menschen den ganzen Tag über körperlich bewegen, ist sowohl mit körperlicher Gesundheit als auch mit Glück verbunden, auch wenn diese Bewegung kein exzessives Training ist. Die aktuelle Forschung zeigt diesen wichtigen Zusammenhang zwischen physischen und psychischen Prozessen auf und deutet darauf hin, dass bereits geringe Veränderungen im einen Bereich Konsequenzen für den anderen habe. Man kann also festhalten: Menschen, die sich mehr bewegen, sind generell glücklicher als solche, die sich weniger bewegen.[78]

Spazieren erhöht die Frustrationstoleranz

Amerikanische Forscher[79] konnten mithilfe eines raffiniert konstruierten Szenarios, das soziale Ausgrenzung simulierte, sogar belegen, dass Spaziergänge im Vorfeld frustrierender Vorfälle eine schützende Wirkung entfalten können. Negative Gefühle wurden durchs Spazieren bereits im Vorfeld des negativen Geschehens abgefedert.

Auf den Alltag bezogen bedeutet das: Wenn Sie etwas Unangenehmes, zum Beispiel eine harte Verhandlung oder ein schwieriges Gespräch, vor sich haben, gehen Sie spazieren. Sie dürfen in der Folge mehr Gelassenheit und ein dickeres Fell erwarten.

Geist, Gefühl und Körper bilden eine Einheit

Um den Zusammenhang zwischen Körperhaltung und Emotion experimentell zu untersuchen, führten John Riskind und Carolyn Gotay ein trickreiches Experiment durch: Den Versuchspersonen wurde gesagt, dass sie an einer Untersuchung zum räumlichen Denken teilnehmen würden. Ein entsprechender Test wurde durchgeführt, und während die Teilnehmer auf ihr Testergebnis warteten, wurden sie von einem zweiten Testleiter gefragt, ob sie kurz für eine kleine andere Untersuchung einspringen könnten, die sich auf den Zusammenhang zwischen Muskelreaktion und Hautleitfähigkeit beziehe. Diejenigen, die zustimmten, wurden in einen anderen Untersuchungsraum gebracht. In sitzender Haltung bekamen sie im Nacken und an den Handgelenken verschiedene Elektroden angebracht, „die mit diversen beeindruckenden Maschinen verbunden waren“. Die Versuchsleitung gab vor, dass man äußerst exakte Messungen über die Muskelaktivität vornehmen müsse. Dazu sollten die Versuchsteilnehmer acht Minuten unter Aufsicht in einer bestimmten Körperhaltung bleiben. Gruppe 1 saß gekrümmt, Gruppe 2 aufrecht. Als die acht Minuten vorbei waren, bedankte sich der Testleiter und schickte die Versuchspersonen wieder in den ersten Raum zurück, wo sie der erste Versuchsleiter erwartete, um mit ihnen einen weiteren „Test“ zum räumlichen Denken durchzuführen. (Dieser bestand aus unlösbaren geometrischen Puzzles.) Was dann geschah, ist erstaunlich:

> „Jetzt wurde das gemessen, was Riskind und Gotay eigentlich interessierte, nämlich ob das Durchhaltevermögen bei einer frustrierenden Aufgabe abhängig war von der vorher eingenommenen Körperhaltung. Gemessen wurde, wie viele Puzzleteilchen die Versuchspersonen von einem Stapel nahmen, bis sie frustriert waren und die Arbeit an einem Stapel beendeten und zum nächsten Puzzle übergingen. Das Ergebnis war eindeutig: Gruppe 1, die acht Minuten lang ‚gekrümmt worden war‘, bearbeitete im Schnitt 10,78 Teilchen, Gruppe 2, die vorher aufrecht gesessen hatte, hielt hingegen deutlich länger durch und schaffte 17,11 Teilchen.“[80]

Riskind und Gotay interpretieren dieses Ergebnis so: Durch die gekrümmte Körperhaltung wurden bei den Teilnehmern der Gruppe 1 Themen wie Depression, Aufgeben, Mutlosigkeit aktiviert. Und dies bewirkte eine kognitive Voreinstellung, die in einer schwierigen Situation schneller zur Mutlosigkeit mit entsprechenden Verhaltenskonsequenzen führte.

Durch gezielten Einsatz unserer Skelettmuskulatur, die der willentlichen Kontrolle gut zugänglich ist, können wir also unsere Emotionen beeinflussen, welche der willentlichen Kontrolle normalerweise nur bedingt zugänglich sind.

Wenn wir mit unserer Körpersprache (Mimik, Haltung und Bewegungen) denjenigen Gefühlszustand ausdrücken, den wir anstreben, wird es uns leichter fallen, uns tatsächlich so zu fühlen. Wenn wir also negative Gefühle, wie Ärger oder Niedergeschlagenheit, abmildern möchten, sollten wir auf unsere Körperhaltung und auf unsere Bewegungen achten. Vergleichen Sie einmal, wie Sie sich fühlen, wenn Sie schleppenden Schrittes mit gebeugtem Rücken und zum Boden gesenktem Blick spazieren – im Vergleich zu einer federnden Gangart in aufrechter Haltung mit Blick in Richtung Himmel. Denken Sie an die „gekrümmten Studenten“: Die Gefühle und Gedanken, die im Kopf entstehen, sind abhängig von dem Körper, der ihn trägt. Schon unbedachte Bewegungen oder Haltungen können unsere Gefühle lenken. Es scheint, als könnten Bewegungen unsere Gefühle verstärken, auch sie sogar erst hervorrufen.

Diese Erkenntnisse über die enge Beziehung von Bewegung und Gefühlen bergen große Chancen für jeden von uns. Lassen Sie mich das an einem Beispiel verdeutlichen: Wie wir gelernt haben, bewirkt eine gebückte Haltung eher negative Gefühle. Menschen, die sich in einem Stimmungstief befinden, gehen erfahrungsgemäß langsamer und gebeugter, der Kopf ist gesenkt, der Blick auf den Boden gerichtet. Dies kann ich täglich von meinem Arbeitsplatz aus in der Privatklinik Hohenegg beobachten: Seelisch leidende Menschen bewegen sich anders als Menschen, denen es psychisch rundherum gut geht. Die Probleme psychisch belasteter Menschen führen zu trüben Gedanken, oftmals zu regelrechtem Gedankenkreisen. Dies verstärkt die negativen Gefühle, die in innerer Haltung (Einstellung), Körperhaltung und verlangsamten Bewegungsabläufen Ausdruck finden, die schließlich im Ergebnis negativ bewertet werden. Das wiederrum verstärkt die gedrückte Stimmung, weitere düstere Gedanken gesellen sich hinzu. Es entsteht ein Teufelskreis (Abb. 4.1):

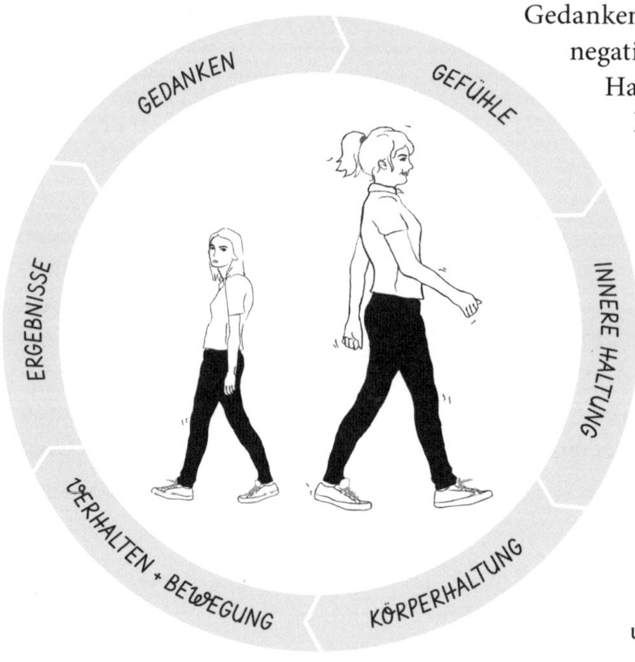

Abbildung 4.1: Gedanken, Gefühle und Körper hängen eng zusammen

Wenn wir etwas zum Positiven verändern wollen, kann uns ein Spaziergang unterstützen, mit dem negativen Gefühl besser klarzukommen. Um die eigenen Gefühle zu regulieren, wurden verschiedene hilfreiche Modelle und Techniken entwickelt. In den meisten werden die folgenden Elemente in unterschiedlicher Gewichtung und Reihenfolge berücksichtigt: Entspannen, achtsam wahrnehmen, akzeptieren, tolerieren, sich selbst unterstützen, analysieren, regulieren, handeln. Akzeptieren oder zumindest Tolerieren ist eine wichtige Voraussetzung dafür, um anschließend in besonnener Weise zu handeln. Für all diese Elementen kann der Spaziergang einen unterstützenden Rahmen bieten: Er schafft einen Zwischenraum und verschafft uns Bewegung: Indem wir uns bei einem Spaziergang dem Rhythmus unserer Schritte hingeben, uns auf den Weg einlassen und uns auf das Jetzt konzentrieren, können wir Entspannung, positive Gefühle und Harmonie erleben.

Manchmal habe ich keine speziellen Gefühle, wenn ich spazieren gehe. Ich gehe, spüre den Boden, die Luft, meinen Atem. Wenn ich konkret beschreiben müsste, was ich fühle, dann würde ich am ehesten sagen: Entspannung. Vielleicht ist es genau das, was den regulierenden Effekt auf unsere Gefühle ausmacht. Aus eigener Erfahrung kann ich zudem berichten, dass bei größerer innerer Anspannung auch Treppensteigen (idealerweise draußen) oder ein flotter Spaziergang bergauf verlässlich für bessere Stimmung und einen klaren Kopf sorgen. Frische Luft stärkt das Immunsystem und bei Sonnenschein tanke ich meine Ration Vitamin D3. Mir hilft es, ganz bewusst in den Himmel anstatt zu Boden zu blicken, mich auf unterschiedlichste Sinneswahrnehmungen einzulassen, z. B. den frischen Wind, Vogelgezwitscher, das Streifen von hochgewachsenem Gras mit der Hand, Waldgeruch, Abendrot. Manchmal summe ich eine Melodie vor mich hin, singe oder folge meinen natürlichen Bewegungsimpulsen: mich unterwegs zu strecken, die Arme zu schlenkern, weit auszuschreiten, innezuhalten, eine Yoga-Position einzunehmen, die Augen zu schließen, zurückzublicken, Tempo und Richtung intuitiv zu verändern. Als wir das Gehen lernten, war jeder Schritt eine Freude für sich. Jeden Moment erforschten wir, wie sich das anfühlte und was sich vor uns auftat. Ganz besonders freudvoll kann es sein, auch gemeinsam mit anderen die Gehspiele aus Kindertagen zu reaktivieren. Erinnern Sie sich? Wir balancierten auf imaginären Linien, hüpften „Himmel und Hölle" und Gummitwist, stolzierten auf den Zehenspitzen oder balancierten auf den Fersen, gingen seitwärts und rückwärts, schlichen uns als Indianer an … Bestimmt fallen Ihnen weitere Gangarten ein, die Sie vielleicht wieder einmal ausprobieren möchten.

5. Landschaftsgänge: Wie Natur und Landschaft wirken

Wenn ich von zu Hause aus einen Spaziergang unternehme, wähle ich meist ein und denselben Weg: Zunächst gehe ich einige Minuten durch unser Wohngebiet, dann laufe ich kurze Zeit an einer viel befahrenen Straße entlang und überquere eine weitere Landstraße, bevor ich auf einen Schotterweg abbiege. Vor mir tut sich eine hügelige Moränenlandschaft mit von der Sonne beschienenen Hügeln und sumpfigen Tälern auf. Dieser Moment, wenn ich die Bauten der Wohnsiedlung und den aufdringlichen Straßenlärm hinter mir gelassen habe und das Grün der hügeligen Kuhweiden und Streuobstwiesen erblicke, erfüllt mich jedes Mal mit einer freudigen Erleichterung. Es ist wie eine Flucht hinein in eine beruhigende, in den Eiszeiten durch Rückzug des Linthgletschers entstandene Landschaft, die mich erst einmal aufatmen lässt. Schon allein der Anblick dieses Geländes entspannt mich.

5.1 Das Beruhigende in der Natur – und das Beunruhigende

Die Beruhigung, die ein Aufenthalt in der Natur in uns auslöst, ist mehrfach erforscht worden. Schon bereits das Erblicken einer schönen Landschaft, aber auch das Riechen und Lauschen der Natur haben einen positiven Einfluss auf Körper und Seele. Ein Spaziergang im Grünen kann den Geist beruhigen und dabei die Funktionsweise unseres Gehirns auf eine Weise verändern, die auch unsere psychische Gesundheit verbessert. In einer großen, 2019 veröffentlichten Studie[81] über Naturbesuche in England konnte nachgewiesen werden, dass sich das Gefühl, mit der Natur verbunden zu sein, in Abhängigkeit der Umgebung verändert. Auch die seelische Regeneration hängt von der Beschaffenheit der Umgebung ab: Insbesondere ländliche Grünflächen und Küstenumgebungen (im Vergleich zu städtischen Grünflächen) sowie Naturschutzgebiete oder speziell ausgewiesene Gebiete bewirken demnach in uns eine stärkere Naturverbundenheit und Regeneration.

Doch was genau passiert mit uns, wenn wir uns der Natur anvertrauen? Hierzu führte die Universität Bern[82] eine Studie durch, deren Ergebnisse überraschend eindeutig ausfielen: Bäume, Wiesen und Felder steigern unsere Konzentration, fördern positive Gefühle, reduzieren Frustration, Ärger, Stress und sogar Kriminalität. Die Beruhigungseffekte lassen sich sogar unmittelbar physiologisch messen: Stresshormone werden abgebaut, Verspannungen, Ängste und Depressionen gemildert. Der Noradrenalin- und der Cortisolspiegel sinken, Herzaktivität, Muskelentspannung und Hautleitfähigkeit nehmen ab und die Alphawellen im Gehirn, die in entspannter Grundhaltung oder beim Tagträumen auftreten, nehmen zu. Kurz, wir fühlen uns ausgeglichener. Die Natur gibt zudem unserem Immunsystem einen Schub: Unser Körper produziert nach jedem Spaziergang zusätzliche Killerzellen.

Allein der Anblick von Natur wirkt bereits heilsam: Patienten im Krankenhaus, die von ihrem Bett aus auf Bäume schauen, erholen sich besser von Operationen als jene, die Gebäudemauern sehen. „Eine gute Aussicht ins Grüne, beruhigende Farben an der Decke oder Bildschirme, die Naturfilme zeigen. ‚Patienten, die im Garten sitzen, geht es viel besser als jenen, die auf einen Parkplatz starren', sagt Roger Ulrich (Architekturprofessor). Das klinge banal. Doch der Forschung sei es erst vor wenigen Jahren gelungen, diese These zu beweisen."[83] Sie benötigen gar weniger Schmerzmittel und erleiden weniger Komplikationen.[84]

Zimmerpflanzen in Büros, besonders solche mit Blüten, haben positive Effekte auf die Anzahl der Krankmeldungen und auf die Arbeitszufriedenheit.[85] Mit grüner Umgebung sinkt außerdem das Risiko für psychische Erkrankungen. Laut einer dänischen Studie aus dem Jahr 2019 entwickeln Kinder, die in einem grünen Umfeld aufgewachsen sind, im Laufe ihres Lebens seltener psychische Erkrankungen. Bei Menschen, die in der Umgebung von Parks, Gärten, Wiesen oder Wäldern aufgewachsen sind, besteht ein bis zu 55 Prozent geringeres Risiko, später seelisch zu erkranken. Die Daten von fast einer Million Dänen liegen dieser Studie zugrunde. Grünflächen gerade in Städten seien daher insbesondere in der Kindheit extrem wichtig, insbesondere angesichts der Tatsache, dass erst vor wenigen Jahren die Schwelle überschritten sei, dass weltweit mehr Menschen in Städten als auf dem Land lebten.[86]

Nach Angaben der Environmental Protection Agency (EPA) verbringt der durchschnittliche Amerikaner 93 Prozent seines Lebens in Innenräumen. 87 Prozent ihres Lebens verbringen sie im Haus, dann weitere sechs Prozent ihres Lebens im Auto. Das sind nur sieben Prozent des gesamten Lebens im Freien.[87] Wie viel Zeit verbringen Sie draußen? Evolutionär betrachtet ist die Zeitspanne, in der der Mensch den Großteil seiner Zeit sitzend in klimatisierten Räumen und vor einem flimmernden Bildschirm verbringt, verschwindent klein. Evolutionswissenschaftler sagen, dass Naturliebe in unserer Spezies genetisch verankert sei. Daher überrascht es nicht, dass Stadtbewohner, die natürliche Lebensräume besuchen, sofort weniger Stresshormone produzieren als Menschen, die sich nicht im Grünen aufhalten.[88]

Die Natur wirkt positiv auf unsere seelische Verfassung

„Die Fähigkeit, in Verbundenheit mit Tieren, Pflanzen und der ganzen Natur zu leben und sie pfleglich zu behandeln"[89], zählt zu den Grundfähigkeiten des Menschen und zu den unabdingbaren Voraussetzungen gelingenden Lebens, so die Philosophin Martha C. Nussbaum. Die Natur bietet sich uns als eine mögliche zu erschließende Quelle der Resonanz an – selbst als Zimmerpflanze oder Wandkalenderbild kann sie wirksam sein. Die Möglichkeit, dass das Naturerleben unser Gehirn so verändert, dass es positive Effekte auf unsere mentale Gesundheit hat, faszinierte vor allem den Biologen Gregory Bratman[90] von der Stanford University. Er stellte fest, dass Menschen, die kurze Zeit durch einen üppigen, grünen Teil des Stanford Campus gegangen waren, anschließend aufmerksamer und glücklicher waren als diejenigen, die für dieselbe Zeit in der Nähe einer stark befahrenen Straße spaziert waren. Zu den Hintergründen der Studie: Grübeln oder Gedankenkreisen sind Gemütszustände, die den meisten von uns vertraut sind. Sie sind weder gesund noch hilfreich. Gedankenkreisen kann eine Vorstufe zu Depressionen sein und kommt unter Stadtbewohnern im Vergleich zu Menschen, die außerhalb von städtischen Gebieten leben, unverhältnismäßig häufig vor. Grübeln ist stark mit einer erhöhten Aktivität in einem Teil des Gehirns verbunden, der als subgenualer präfrontaler Kortex bekannt ist. Bratman bat die Hälfte einer Gruppe von Freiwilligen, deren Ausgangswerte zuvor mittels Fragebogen und Hirnscans ermittelt worden waren, für 90 Minuten durch einen begrünten, ruhigen, parkähnlichen Teil des Stanford Campus zu spazieren.

Die andere Hälfte ging neben einer lauten, hektischen, mehrspurigen Autobahn in Palo Alto spazieren. Die Freiwilligen durften in ihrem eigenen Tempo gehen, jedoch ohne Begleitung und ohne Musik. Unmittelbar nach Beendigung ihrer Spaziergänge kehrten die Freiwilligen in das Labor zurück und wiederholten sowohl den Fragebogen als auch den Gehirnscan.

Wie man hätte erwarten können, hatte das Gehen entlang der Autobahn die Gemüter nicht beruhigt. Der Blutfluss zu ihrem subgenualen präfrontalen Cortex war immer noch hoch und ihre Grübelwerte unverändert. Die Freiwilligen dagegen, die auf den stillen, von Bäumen gesäumten Wegen geschlendert waren, zeigten eine leichte, aber bedeutungsvolle Verbesserung ihrer psychischen Gesundheit. Sie fokussierten nicht mehr so sehr auf die negativen Aspekte ihres Lebens wie vor dem Spaziergang. Auch war der subgenuale präfrontale Kortex weniger durchblutet, der Grübel-Bereich im Gehirn hatte sich also beruhigt. Diese Ergebnisse deuten stark darauf hin, dass Spaziergänge in natürlichen Lebensräumen ein einfacher und fast sofortiger Weg zur Verbesserung der Stimmung sein können.

Leider beantwortet die Studie nicht die Frage, wie viel Zeit in der Natur für unsere geistige Gesundheit ausreichend oder ideal ist und welche Aspekte der natürlichen Welt sich am beruhigendsten auswirken. Ist es das Grün, die Ruhe, die Lichtverhältnisse, die lehmigen Gerüche, all diese Dinge zusammen oder etwas ganz anderes, das unsere Laune hebt? Müssen wir draußen gehen oder anderweitig körperlich aktiv sein, um den größtmöglichen psychologischen Nutzen zu erzielen? Sollten wir alleine sein oder könnte eine Begleitung die Stimmungsverbesserungen noch verstärken?

Bis wir Antworten auf diese Fragen bekommen, ist es gewiss kein Nachteil, durch den nächsten Park zu spazieren, um dabei den subgenualen präfrontalen Kortex zumindest für eine Weile vorteilhaft abzudämpfen …

Konfrontiert mit den Auswirkungen unseres Handelns

Den beruhigenden Aspekten der Natur gegenüber steht die immer größer werdende Sorge um die Gesundheit unseres Planeten. Die Gletscher schmelzen, sie scheinen depressiv geworden zu sein und weinen, selbst im Winter. Ein Spaziergang im Hochsommer des Jahres 2018 im Norden Deutschlands durch die Hamburger Innenstadt ließ mich beim Anblick des trockenen Laubs, dass der heiße Wind durch die Straßen trieb, zutiefst erschrecken. Die Dürre forderte ihren Tribut, von der sich viele Bäume auch ein Jahr später noch nicht erholt hatten. Der Klimawandel und die fortschreitenden Naturzerstörungen durch unsere eigenen Hände lassen viele besorgte Menschen gemeinsam auf die Straße gehen und ein Umdenken fordern. Ein universelles

Wundermittel gegen diesen Missstand weiß ich so wenig wie andere. Aber ein einfacher Spaziergang, bei dem wir durchatmen und unseren Augen eine Pause vom Blaulicht des Handys und Computers gönnen, sensibilisiert uns für die Schönheit und den Wert unserer Erde. Schritt für Schritt wird uns bewusst, wie viel verloren geht und für immer zerstört ist, wenn wir nicht verantwortungsvoll handeln.

5.2 Unterschiedliche Landschaften, unterschiedliche Stimmungen

Unter Menschen unterschiedlicher Herkunft gibt es eine erstaunliche Übereinstimmung darüber, was sie in der Natur als schön empfinden.[91] Weltweit favorisieren Menschen offene, savannenartige Landschaften gerne mit einem Hügel oder einem See. Fast zwei Millionen Jahre lebten unsere Vorfahren in dieser Umgebung, das hat unser Gehirn geprägt. Seen boten unseren Vorfahren Fisch als Nahrung und Wasser zum Trinken. Eine Anhöhe ermöglichte es, die Landschaft zu überblicken und vorbeiziehende Herden oder sich nähernde Feinde frühzeitig zu erkennen. Vor diesem Hintergrund wird klar, warum es viele Menschen in ihrer Freizeit an die Ufer von Seen, Meeren oder Flüssen zieht und dass wir eine Wohnlage mit Aussicht bevorzugen. Die beliebtesten Parks folgen diesem Landschaftsmuster, so etwa der Englische Garten in München, der Central Park in New York – oder auch der Schlosspark meiner Heimatstadt Karlsruhe: offene Grasflächen, umgeben von Bäumen und mittendrin ein Gewässer. Selbst von den künstlich angelegten Landschaften von Golfplatzanlagen zeigen sich viele Menschen angetan, wahrscheinlich weil diese ebenfalls den Landschaften unserer Vorfahren entsprechen.

Je nach Stimmungslage sprechen uns jedoch unterschiedliche Landschaften an. Befinden wir uns beispielsweise in niedergedrückter Stimmung, fühlen wir uns vermehrt zu Geländeformen hingezogen, die Schutz versprechen und etwa Bäume, Gebüsch oder Höhlen aufweisen. Offene Flächen werden dann eher gemieden. Ich selbst empfand es schon häufig als Wohltat, bei Stimmungstiefs in den Wald abzutauchen oder im Sommer an Feldern mit meterhohem Mais entlangzugehen, und das bevorzugt bei gedämpftem Licht eines frühen Morgens, in der Abenddämmerung oder unter wolkenverhangenem Himmel anstatt bei strahlendem Sonnenschein.

Eine groß angelegte Studie[92] aus Großbritannien, veröffentlicht im Jahr 2019, zeigt, dass der Aufenthalt in der Natur das Gefühl der Naturverbundenheit stärken und die seelische Regeneration positiv beeinflussen kann. Die über 4.500 Befragten gaben an, sich nach Aufenthalten in ländlichen und küstennahen Gebieten sowie in artenreichen Naturschutzgebieten mit hohem ästhetischem Wert stärker im Einklang mit der Natur und besser regeneriert zu fühlen als nach Besuchen städtischer Grünflächen. Dabei korrelierte das Gefühl der Verbundenheit mit der Natur signifikant mit dem subjektiv erlebten Wohlbefinden. Das heißt: Je naturverbundener wir uns fühlen, desto wohler ist uns. Es wurde auch darauf hingewiesen, dass die Naturverbundenheit bei älteren Personen sowie bei Frauen größer sei als bei jüngeren Personen und Männern. Ebenso konnten die Forscher zeigen, dass wir uns weniger mit der Natur verbunden fühlen, wenn wir uns motorisiert (z. B. per Motorboot) bewegen im Gegensatz zu ressourcenschonenden Bewegungsformen (z. B. nicht motorisiertes Bootfahren oder zu Fuß gehen). Und schließlich konnte nachgewiesen werden, dass die seelische Regeneration besser allein anstatt in Begleitung anderer Personen gelingt und hierfür außerdem längere anstelle von kürzeren Naturaufenthalten geeignet seien.

Schauen wir uns anschließend die verschiedenen Landschaftstypen und ihre Wirkung einmal genauer an[93]:

Berge

Berge wirken je nach Stimmung und Standpunkt befreiend, schützend oder bedrückend. Evolutionär betrachtet boten Berge immer einen guten Aussichtspunkt, von dem aus sich Nahrungsquellen oder Feinde leichter sichten ließen. Weil sie so unendlich größer sind als wir, haben Berge etwas Heilendes, sagen die Buddhisten. Physiologisch gesehen ist da etwas Wahres dran: Ab 1400 Meter bildet der Körper neue rote Blutkörperchen und verbessert so den Sauerstofftransport in die Zellen. Hinzu kommt das Erfolgserlebnis des „Oben-angekommen-Seins“, was ein regelrechtes Feuerwerk an Endorphinen auslösen kann.

Hoch oben lassen sich Gedanken besser ordnen, losgelöst und „über den Dingen stehend“. Ich bin viel und gerne im Gebirge unterwegs. Oftmals tauchten am Berg mit dem Blick in die Weite und ins Tal gerichtet ganz ähnliche Gedanken und Fragen auf: Das meiste, wovor wir Angst haben, verliert in der Höhe an Bedeutung. Das meiste, das wir begehren, zum Beispiel Erfolg, Geld, Ansehen, Besitz und vieles, wofür wir bereit sind, hart zu arbeiten, eigene Bedürfnisse zurückzustellen, uns zu verkaufen oder auf Menschen Einfluss zu nehmen, verliert auf dem Berg seinen Reiz. Wenn diese Dinge hier oben weder Bedeutung noch Wert haben, wenn sie also nicht an sich Bedeutung oder Wert haben, wie können sie dann im Alltag eine solche Sogwirkung auf uns haben? Wer ist es, der die Bedeutung und den Wert dieser Dinge bestimmt?

Meer und Küste

Das Meer ist ein Ort des Heim- und Fernwehs. Unendliche Weite und freie Sicht, so weit das Auge reicht. Das Rauschen der Wellen, der Rhythmus der Gezeiten, der Geschmack salziger Luft, der Traum von feinem, warmem Sand unter den Füßen. Viele assoziieren Meer mit Abschalten, Durchatmen oder Sich-vom-Wind-durchlüften-Lassen. Das ewige Hin und Her der Wellen erinnert an das Ein- und Ausströmen des eigenen Atems und beruhigt, die vielen unterschiedlich blauen Meeresfarben entspannen. Die Ungewissheit, was hinter dem Horizont liegt, spricht unsere natürliche Neugier und den Entdeckertrieb an. Bisweilen zeigt sich das Meer auch gewaltig, laut, bedrohlich und spiegelt damit die Unruhe der Seele.

Wüste

Die große Leere, ein Meer ohne Wasser. Ein Schweigen und eine Stille der Landschaft, die Raum lässt für Reflexion. Die Wüste bedeutet Gefahr und Verzicht, aber auch eine befreiende Beschränkung auf das Wesentliche. Fernab aller Reizüberflutung werden Details sichtbar, und es fällt leichter, auf die eigene innere Stimme zu hören. Doch die Einsamkeit kann, je nach Stimmungslage, auch Angst machen, die Einfachheit der Umgebung kann langweilen und der Mangel an äußeren Reizen konfrontiert uns mit uns selbst sowie mit so manchem bisher verdrängten Problem. Die scheinbare Leblosigkeit der Wüste kann sehr beunruhigend wirken, denn sie erinnert uns an Stillstand und Tod.

Wälder

Grün und Braun in allen Schattierungen, gedämpftes Licht, der besondere Waldgeruch, das Knacken von Ästen und das Rascheln der Blätter, sauerstoffreiche und saubere Luft, der weiche Waldboden – ein Waldspaziergang dient seit langer Zeit schon der Erholung. In Japan hat man daraus vor 30 Jahren das Therapiekonzept *Shinrin-yoku*, das Waldbaden, entwickelt, das nun auch in deutschsprachigen Ländern populär geworden ist. Ein langsamer, genussvoller Waldspaziergang hilft, den Kopf freizubekommen, die Augen zu entspannen, den Puls zu beruhigen und die Stimmung zu heben.

> „Terpene – ätherische Substanzen von Hölzern, Rinden und Blättern, mit denen Pflanzen Informationen austauschen –, feuchte Erde und vermoderte Blätter erzeugen einen besonderen Geruch, der oft mit angenehmen Kindheitserinnerungen verbunden ist. Die daraus resultierenden positiven Gefühle stärken das Immunsystem. Der würzige Duft des Waldes und meditative Augenblicke der Versunkenheit beim Anblick eines Käfers oder Blattes steigern nachweislich die Bildung von Antikörpern und drosseln die Bildung von Kortisol ... [Es geht] vor allem um die erlebte Verbundenheit mit der Natur, sich selbst und dem Leben. Das ist es, was zutiefst heilsam wirkt.“[94]

Mittelgebirge

Extreme sind auf Dauer unangenehm und bringen unsere Psyche aus dem Gleichgewicht. Wir fühlen uns wohl, wenn die Landschaft überschaubar ist und uns nicht mit Extremen überfordert. Auch Wasser ist ein wichtiges Element für eine Landschaft, die wir als schön empfinden. Der Natursoziologe Rainer Brämer erläutert: „Unberührte Wildnis bedeutet Gestrüpp, dichte Wälder, viel Unterholz, keine Wege. Das mögen viele Menschen überhaupt nicht.“[95] In den Landschaften des Mittelgebirges finden sich alle Elemente, die unser Steinzeit-Ich schätzt: Wasser und Berge, dichter Wald und weite Graslandschaften. Dabei werden die Sinne weder über- noch unterfordert – und genau das wirkt entspannend. Ein Spaziergang in einer bescheidenen Mittelgebirgslandschaft ist wie eine wohltuende „Rückkehr auf Zeit“ zu unseren evolutionären Wurzeln.

Es stimmt nachdenklich, wenn wir bedenken, wie viel wir getan haben, um uns von der Natur unabhängig zu machen – mit klimatisierten Gebäuden, einer auf Effizienz ausgerichteten Infrastruktur und unserer überzivilisierten Lebensweise, und wie rasant wir uns dabei von unseren natürlichen Wurzeln entfernt haben. Rainer Brämer geht sogar so weit zu behaupten, dass die Natur uns gar nicht eigentlich gesund mache, sondern dass uns die Zivilisation vielmehr krank mache. Die Natur hätte somit nur eine normalisierende Wirkung und führe uns zu unserem inneren Gleichgewicht zurück.

Spüren Sie doch einmal nach, in welchen Landschaften Sie sich besonders wohlfühlen. Unsere Vorlieben hängen mit unserer persönlichen Vergangenheit, unserer Kultur und gewiss auch mit unseren Genen zusammen. Dabei können sich Vorlieben im Verlauf des Lebens durchaus ändern. Welche Umgebungen andere Menschen für ihre Spaziergänge bevorzugen, können Sie im zweiten Teil des Buches nachlesen, wo die Ergebnisse meiner privaten Umfrage vorgestellt werden.

5.3 Fraktale Strukturen – die Geometrie der Natur

„God is a painter!“, rief eines Tages unser 18-jähriges Au-pair-Mädchen aus Kanada aus, als wir während eines Familienspaziergangs an unserem Hausberg Etzel über den Sihlsee hinüber zu den schneebedeckten Alpengipfeln in der Ferne blickten. Natur und Kunst ziehen uns in ihren Bann und bringen uns zum Staunen. Die Vollkommenheit eines Kunstwerks, von Menschenhand geschaffen oder natürlich entstanden, lassen Freude und Ehrfurcht gleichermaßen in uns entstehen. Warum entspannen und erfreuen uns Strukturen in der Natur unmittelbar, wenn wir sie betrachten? Einen Erklärungsansatz hierfür liefert das Verständnis sogenannter Fraktale: sich in sich selbst wiederholende Muster, wie sie in der Natur vorkommen. Der Begriff „fraktal" bedeutet, dass eine Struktur aus verkleinerten Kopien ihrer selbst besteht. Die spitzförmige Kohlsorte Romanesco oder Farne sind perfekte Beispiele für faszinierende fraktale Strukturen: Jede kleine Einheit entspricht der gesamten Pflanze.

Der Kosmos im Atom

Die Entdeckung fraktaler Muster bedeutet einen Fortschritt zum Verständnis der Natur.[96] In den 70er-Jahren wurde gezeigt, dass viele natürliche Phänomene aus fraktalen Mustern bestehen. Beispiele sind Küsten, Wolken, Blitze, Bäume, Flüsse und Berge.

In der Natur gibt es eine Vielzahl vollkommen erscheinender Muster zu entdecken: natürliche Kunstwerke wie Meereswellen, die gewellte Spülkante der Meeresflut, Dünen in der Wüste, Blumen, Blütenblätter, Wolkenformationen, Eis- und Schneekristalle, die Blätter eines Baumes, die Spirale einer Muschel. In allen finden sich komplexe Strukturen in vollkommener Ordnung, die sich wiederholen. Man erblickt das Große im Kleinen, den Kosmos im Atom.

Fraktale Kunstwerke lösen Resonanz aus

Es ist wissenschaftlich belegt, dass Fraktale eine entspannende Wirkung auf uns haben, so kompliziert die Muster auch sein mögen. Die Wissenschaftler Richard Taylor und Caroline Hagerhäll[97] haben eingehend erforscht, was passiert, wenn wir fraktale Strukturen betrachten. Sie entdeckten, dass wir gewissermaßen darauf ausgerichtet sind, auf Fraktale zu reagieren, wie sie in der Natur vorkommen. Der Anblick solcher natürlichen Strukturen könne unser Stresslevel merklich senken. Da wir Menschen uns in einer natürlichen Umgebung entwickelt haben, können wir ihre Strukturen ohne Mühe verarbeiten. Und diese Mühelosigkeit ist es, die uns entspannt. Wir genießen es, natürliche Strukturen zu betrachten, einfach weil wir es im Laufe der Evolution geübt haben und gut darin sind.

Auch im menschlichen Körper findet sich eine Vielzahl fraktaler Strukturen, so zum Beispiel das neuronale Netzwerk, die Blutgefäße, die Lungenkapillaren oder die Netzhaut des Auges. Vielleicht ist es die Ähnlichkeit dieser Muster, die uns beim Wahrnehmen fraktaler Strukturen in unserer Umgebung unbewusst Wohlbehagen empfinden lässt. Wir erleben Harmonie zwischen unserer Innen- und Außenwelt.

6. Unterwegs zu uns selbst

„Ich machte nur einen Spaziergang und beschloss schließlich, bis zum Sonnenuntergang draußen zu bleiben, denn ich entdeckte, dass ich beim Hinausgehen eigentlich nach innen ging."[98]

(John Muir, Naturphilosoph)

Beim Suchen eines bestimmten Buches in meinem Regal im Arbeitszimmer stieß ich auf ein dunkelrotes, dickes Schreibheft aus dem Jahr 2012. Es war ein spezielles Tagebuch. Ich hatte das leere Schreibheft in einem kleinen Laden in New York gekauft, da mir das Papier und die Machart sehr gefielen. Auf der ersten Seite des Heftes stand eingedruckt: „Paper Rehabilitation Project" und eine Seriennummer. Mein Mann und ich hatten mit unseren Kindern diese faszinierende Stadt zwei Wochen lang in den Sommerferien besucht. So oft es ins Programm passte, war ich stundenlang zu Fuß allein unterwegs gewesen. Beim Kauf des Buches hatte ich nicht geahnt, aus welchem Anlass ich es bis zur letzten Seite vollschreiben würde. Es sollte zum „Sabine Rehabilitation Project" werden. Ich schlug es auf und las auf der ersten Seite die Überschrift in meiner eigenen Handschrift: „Mein Weg".

6.1 Spaziergänge können heilen

Nur ein paar Tage nach unserer Rückkehr aus New York war ich mit einem herben beruflichen Tiefschlag konfrontiert, der mich seelisch und körperlich aus dem Gleichgewicht brachte. An einem milden sonnigen Septembertag hatte sich meine Welt von einer auf die andere Sekunde komplett verändert. Es war so, als ob man mir den Boden unter meinen Füßen weggezogen hätte. Wie betäubt fuhr ich nach diesem Ereignis, das ich nicht hätte beeinflussen können, nach Hause, zog die Business-Kleider aus und aus einer Intuition heraus meine Wanderschuhe an. Ich suchte Halt, den mir meine schweren vertrauten Bergschuhe zuverlässig gaben. Und doch verfiel ich in einen ruhelosen Ausnahmezustand, der viele Wochen anhielt. Die Natur und meine täglichen Streifzüge waren in dieser Zeit meine Kraftquelle.

Der Kreislauf der Natur

Bis der Winter kam, war ich fast täglich zu Fuß unterwegs, das dunkelrote Schreibheft hatte ich stets bei mir. Ich konnte gar nicht anders, als an der frischen Luft zu laufen. Die Menschen um mich herum begegneten mir mit Verständnis und vielen guten Ratschlägen, aber ich fühlte mich weit weg von ihnen, weit weg von der Welt. Der Boden schwankte – und gab mir doch sicheren Halt. Meine Erschütterung ließ mich ausgedehnte Spaziergänge unternehmen: vom Urwald im Sihltal über die archaische Berglandschaft um den Mürtschenstock herum, den lieblichen Moränenhügeln des Hirzels hinauf, an den Ufern stiller Seen entlang, durch die steilen Wälder am Rossberg, über Hochebenen, durch enge Täler, über abgeerntete Felder, Kuhweiden, an klaren Bächen entlang und auf Berggipfeln. Ich erlebte den Abschied des sanften Spätsommers, das üppige Farbfeuerwerk des Herbstes, nebelige Novembertage und schließlich die ernste und stille Kälte des beginnenden Winters.

Drei Monate später hatte ich mich vollständig erholt, mein Arbeitsleben nahm eine günstige Wendung, die mir wieder mehr Glück bringen sollte. In der Zwischenzeit lernte ich beim Gehen in der Natur den Kreislauf des Lebens besser zu verstehen – und damit mich selbst. Ich hatte von vielen meiner Streifzüge in der Natur irgendetwas, eine Blume, ein Blatt oder ein Stöckchen, mitgenommen und in mein Heft eingeklebt. Dass es mich sieben Jahre später beim Schreiben dieses Buches, das Sie gerade in den Händen halten, wiederfinden würde, berührte mich sehr.

Geduld und Ruhe

Im Heft hatte ich an einem Tag notiert: „Bei jedem Schritt spüre ich meine Langsamkeit. Plötzlich bin ich alt geworden. Lebensfreude und Energie sind verschwunden.“ Durch einen Freund kam ich in dieser Zeit in Kontakt zu einem Ehepaar, das sich seit vielen Jahren mit Ritualen befasste. Die beiden eröffneten mir einen neuen Zugang zur Natur und mein rituelles Gehen lehrte mich, meiner Intuition und mir selbst zu vertrauen. Ich lauschte den Naturgeräuschen und meinen Schritten, beobachtete Vögel, Insekten, Wildtiere und fallende Blätter und übte mich in Geduld. Ich meditierte im Gehen und erlebte die heilsame Einfachheit und die natürliche Ruhe der Natur. Manchmal überkam mich die Angst oder eine heftige Unruhe, die ich anfangs nur schwer aushalten konnte. Die Gedanken kreisten, ich konnte das Geschehene noch nicht loslassen. Doch es lohnte sich, diese Gefühle auszuhalten, was mal besser, mal schlechter gelang. Zu meinem großen Erstaunen begann ich, den Herbst zu lieben. Er spiegelte meine Gemütsverfassung. Jahre zuvor hatte ich als eingefleischter Sommer-Fan die dunkle Jahreszeit stets gefürchtet, aber nun half sie mir, zu verstehen und zu genesen. Der Sommer war sehr heiß gewesen und so war ich geradezu dankbar, dass der Regen der durstigen Natur Leben zurückgab. Die Bäume warfen ihr prachtvoll gefärbtes Blätterkleid ab. Ich schrieb: „… die Bäume sagen, es ist Herbst und wir lassen fallen, was wir nicht mehr brauchen. Dann ruhen wir uns aus. Das Wachsen geht langsam und es geht von allein. Du musst dich dafür nicht besonders anstrengen. Aber wir brauchen Licht dafür."

Die mächtigen Wurzeln der Bäume im Sihlwald zeigten mir, dass Blatt und Frucht nur gedeihen, wenn auch Zeit für Wurzelwachstum ist. „Wir wachsen im Verborgenen, ohne Früchte, im Dunklen, voller Vertrauen hinein in Mutter Erde, um im Frühling kräftig und schön zu sein", notierte ich. Ich lernte, dass die Erde mit dem Regen ihren Durst stillte, sich nach Monaten der Wärme auftankte und in der winterlichen Kälte schließlich zur Ruhe kam. Das Wachstum vollzieht sich im Winter im Dunklen. Genau wie wir Menschen nach einer Krise Nahrung und Ruhe brauchen, um wieder auf die Beine zu kommen.

Der Lebensbaum

Die beiden Ritualkundigen empfahlen mir, mich häufig in die Nähe von Eschen, dem Lebensbaum, zu begeben, was ich auch tat. Die Eschen warfen in spiralförmigem Flug ihre noch fast grünen Blätter ab, geradezu fröhlich kam es mir vor, behielten aber zum Teil ihre Früchte bis in den Winter für sich. So kahl hatten sie plötzlich ihre Jugendlichkeit verloren. Das Spazieren über gefallenes und vermoderndes Eschenlaub lehrte mich, dass wir Dinge nicht festhalten können und dass beim Hinter-uns-Lassen und Weitergehen Neues und Fruchtbares entstehen wird. Die Früchte am kahlen Geäst zeigten mir die strikten Regeln der Natur auf und die Vernetzung im irdischen System. Auch die Esche wächst nicht zum Selbstzweck, sondern dient mit ihrem Dasein vielen anderen Pflanzen und Tieren. Alles ist mit allem verbunden und jeder menschliche Eingriff hat Folgen. Der Sturm fegte die letzten Blätter von den Bäumen, bald fiel der erste Schnee und ich verstand, wie wichtig es ist, Ballast abzuwerfen, flexibel zu bleiben und starken Wurzeln vertrauend, um in Sturm und Kälte Bestand zu haben. Die Äste der Tannen wurden durch die Last des frischen Schnees gebogen, stützten sich gegenseitig, die unteren berührten den Boden. Manch eine befreite sich wie von selbst von der Schneelast. Schneelawinen lösten sich exakt dann, wenn die Zeit dafür reif war, und erfüllten die Luft mit eiskaltem Hauch.

Die brach liegenden Felder, die zuvor von den Bauern, die hart für ihre Ernte und unsere Nahrungsmittel gearbeitet hatten, abgeräumt worden waren, lehrten mich, dass es nach Zeiten des Wachstums Zeiten der Kargheit bedarf. Das eine geht nicht ohne das andere. Diese Einsicht beruhigte meine unruhige Seele. Ich liebte es, langsam über weite, abgeräumte, von Raureif bedeckte Felder zu spazieren, das leise

Knirschen meiner Schritte zu hören und mich von der schlafenden Mutter Erde sicher getragen zu fühlen. Ich konnte gehen, wohin ich wollte, vollkommen frei in alle Himmelsrichtungen. Glühende Sommerhitze, beißende Kälte, sprießende Frühlingsnatur und die Ernte im Herbst – alles ist gut zu seiner Zeit. Die Natur kann zart und wild, schützend, nährend und bedrohlich sein. So können auch wir lernen, dass sich Zeiten des Wachstums und der Produktivität mit Brach- und Ruhezeiten abwechseln. Der ewige Kreislauf aus Tod und Wiedergeburt.

Zärtliche Resonanz

Die Pflanzenwelt war während meiner Spaziergänge immer für mich da. Sie ließen sich betrachten, berühren, gaben Früchte, spendeten Schatten und Schutz vor Regen. An so manchem Baumstamm durfte ich mich anlehnen und ausruhen, beim Gehen meine Handflächen von hohen Gräsern streicheln lassen, der Boden trug mich, auch auf steilen Wegen. Pflanzen flüchten nicht, so wie es viele wilde Tiere tun. Ich hatte bei meinen Streifzügen immer das Bedürfnis, respektvoll zu sein, keine Spuren zu hinterlassen. Meine Wege beschritt ich vorsichtig, oftmals sogar auf unsicheren Beinen, denn ich war innerlich zutiefst verunsichert worden. Insbesondere zu Beginn der Krise bemüht, möglichst niemandem zu begegnen, nahm mich die Natur so, wie ich war. Zerzaust, ungeschminkt, mal entmutigt, dann wieder vergnügt und zuversichtlich. Aber es war keine „zärtliche Gleichgültigkeit der Welt“[99], die mir entgegenkam, wie Albert Camus sie in seinem Buch *Der Fremde* beschreibt, sondern eher eine zärtliche Resonanz, ein Mitschwingen, das ich beim Spazieren erlebte. Ich ging und fühlte mich in Ruhe gelassen und verstanden. Ich konnte meiner Erschütterung, meinen Sorgen, meinen Hoffnungen, Sehnsüchten und Plänen freien Lauf lassen. Und so konnte ich in dieser Zeit ganz ich selbst sein und lernte, dass es zu nichts führt, jemand anders sein zu wollen. „Auf dem Rückweg fand ich einen schönen, schmalen Weg, ganz unerwartet. Eine schlanke, hohe Kiefer erwartete mich, die ich gerade so umarmen konnte. Baum meiner Kindheit. Sie sagte, dass aus einer Kiefer nur eine Kiefer und aus einem Ahorn nur ein Ahorn werden könne.“

Alles fließt

Der kalte Wind und die unruhige Wasseroberfläche des Zürichsees brachten meine Tränen an die Oberfläche, heilsame Tränen. Ich erinnerte mich ans Meer, an das ewige Kommen und Gehen der Wellen, an das Geräusch, das wir alle mit unserem Ein- und Ausatmen in uns tragen. Im Wald versperrte manch Baumstamm meinen Weg, der überklettert oder umgangen werden wollte. Es gibt auch Hindernisse, die

uns zum Innehalten zwingen, um dann einen neuen Weg zu suchen. Ich habe viele Wege beschritten und bin manchmal auch länger an einem Ort geblieben. Dabei habe ich gelernt, dass das menschliche Leben wie die Natur ist. Nichts hat Bestand, alles verändert sich und vergeht irgendwann. Hügelkuppen und Berggipfel geben uns freie Sicht, nach dem Anstieg kann der Blick in alle Richtungen schweifen. Weites Land vor mir und damit viele Möglichkeiten. „Schauen. Lange. Bevor ich wieder losrenne", notierte ich im dunkelroten Heft. Wir müssen nicht in die Ferne reisen, um die schönen Dinge, die täglich in unserer Umgebung geschehen, zu erleben. Wenn die zarten violetten Herbstzeitlosen blühen, ist der Winter nicht mehr weit. Morgenrot kann uns dabei helfen, voller Zuversicht dem neuen Tag zu begegnen. Und auch die längste Nacht zur Wintersonnenwende hat ein helles Ende.

Unsere Füße, die uns zuverlässig tragen und weiterbringen, geben uns Selbstvertrauen, Halt und Stabilität zurück. All das, was uns durch eine Krise schon mal abhandenkommen kann. Wir gelangen beim Laufen wieder vom passiven Reagieren ins aktive Agieren, gehen uns quasi aus der Schockstarre frei. Das Leben mag uns Tiefpunkte bescheren, aber irgendwann kommen wir wieder auf die Beine – und können unseren Weg weitergehen. Im Praxisteil ab Seite 87 finden Sie weitere Impulse, wie Spaziergänge in schwierigen Zeiten unterstützend wirken können.

6.2 Prominente Spaziergängerinnen und Spaziergänger – und was wir von ihnen lernen können

Von einigen Komponisten, Dichterinnen, Philosophen, Wissenschaftlern, Forscherinnen und anderen Denkern ist bekannt, dass sie leidenschaftlich gerne spazieren gingen. Auf ihren Wegen dachten sie nach, reflektierten, suchten Zusammenhänge und Lösungen, fanden Inspiration oder ließen sich von Geistesblitzen erhellen. Auch in meinem Umfeld gibt es einige Spaziergängerinnen und Spaziergänger, die das Gehen jeweils in besonderer Weise für sich nutzen. Welches sind Ihre Beweggründe für einen Spaziergang, liebe Leserin, lieber Leser? Vielleicht entdecken Sie beim Lesen über prominente Weggefährtinnen und Weggefährten verbindende Gemeinsamkeiten oder vielleicht auch eine neue Inspiration.

Ging unbezähmbar immer weiter ihren Weg: Alexandra David-Néel (französische Reiseschriftstellerin und Forscherin, 1868–1969)

Die nur 1,56 Meter große Alexandra David-Néel war eigentlich keine Spaziergängerin, aber sie musste gehen, es war ihre Natur:

> „Eine ständige und krankhafte Unrast quält mich. Wenn ich die Bahn nehme, bedaure ich, nicht den Autobus genommen zu haben, wenn ich beschließe, spazieren zu gehen, plagt es mich, nicht einen anderen Weg genommen zu haben. Wenn ich mich irgendwo allein aufhalte, möchte ich nach kurzer Zeit woanders sein und so fort.“[100]

Sie durchwanderte weite Teile der Welt, unter anderem die Wüste Gobi und vermutlich als erste Europäerin die verbotene Stadt Lhasa in Tibet. In ihrem 57. Lebensjahr erreichte sie nach einer viermonatigen Himalaya-Überquerung, die sie zu Fuß von China herkommend begonnen hatte, dieses Ziel als bettelnde Pilgerin und in Begleitung ihres Adoptivsohnes, des Lama Yongden. „(…) dieses malerische Leben ist wohl das köstlichste, was man sich überhaupt erträumen kann, und die Tage damals, als ich mit meinem armseligen Bündel auf dem Rücken über Berge und Täler zog, dem wunderbaren ‚Sitz der Götter‘ entgegen, gehören zu den schönsten.“[101] Sie wurde 100 Jahre und vier Monate alt und ging unbeugsam, unbezähmbar ihren eigenwilligen, abenteuerlichen Lebensweg.

Spazierte mit Hund, analysierte und sammelte: Sigmund Freud (Begründer der Psychoanalyse, 1856–1939)

In Freuds streng geregeltem Tagesablauf hatten Spaziergänge ihren festen Platz. Den ersten unternahm er jeweils, nachdem das Mittagessen mit der Familie um 13.00 Uhr beendet war. Nach dem Abendessen folgte dann ein weiterer Verdauungsspaziergang, der ihn meist in den Wiener Votivpark führte. Freud ging gern mit Hund. Die Chow-Chow-Hündinnen Lün und Jo begleiteten ihn. Teilweise machte Freud auch Lehranalysen auf Spaziergängen, zum Beispiel mit seiner eigenen Tochter. Er war gern in der Natur und im Grünen unterwegs. Seinen jährlichen dreimonatigen Sommerurlaub verbrachte er mit wandern, Pilze suchen oder Beeren sammeln.

Erinnert sich an frühe Stunden des Glücks: Tenzin Gyatso (Dalai-Lama, geistliches Oberhaupt der Tibeter, Friedensnobelpreisträger, *1935)

Tenzin Gyatso floh 1959 im Alter von 24 Jahren aus Tibet und lebt seither im Exil. Er wurde als Bauerssohn im Alter von zwei Jahren zum Gottkönig von Tibet bestimmt und ist der 14. Dalai-Lama. 1989 wurde er mit dem Friedensnobelpreis ausgezeichnet. Wie wir wissen, erwartete ihn ein dramatisches Schicksal. Vielleicht sammelte er beim Spazieren durch die Natur in seinen wenigen Jahren, die er in seiner Jugend in seiner Heimat verbringen durfte, Kraft für den jahrzehntelangen Kampf für die Freiheit seines Volkes:

> „Dann kam die große Prozession, für die ich nicht viel übrig hatte. Es hätte mir viel mehr Spaß gemacht, zu Fuß hinauszuspazieren und mich an der Schönheit der Natur und am ersten zarten Grün zu erfreuen, das nun überall zu sprießen begann. An Zerstreuung fehlte es in Norbulingka mit Sicherheit nicht. Zum Norbulingka gehörte ein wunderschöner Park, der von einer hohen Mauer umgeben war. (...) Ich verbrachte viele glückliche Stunden, indem ich im Park mit seinen Gärten herumspazierte und die vielen Vögel und Tiere beobachtete.“[102]

So beschreibt der Dalai-Lama unbeschwerte Momente der Freude als Zwanzigjähriger.

Dichtete, liebte und malte die Natur: Hermann Hesse (deutscher Schriftsteller, 1877–1962)

Die Liebe zur Natur ließ Hermann Hesse viel Zeit im Freien verbringen. Vor allem in seinen Tessiner Jahren war er regelmäßig in den Bergen um seinen Wohnort Montagnola herum unterwegs.

> „Wandersehnsucht reißt mir am Herzen, wenn ich Bäume höre, die abends im Wind rauschen. Hört man still und lange zu, so zeigt auch die Wandersehnsucht ihren Kern und Sinn. Sie ist nicht Davonlaufenwollen vor dem Leide, wie es schien. Sie ist Sehnsucht nach Heimat, nach Gedächtnis der Mutter, nach neuen Gleichnissen des Lebens. Sie führt nach Hause. Jeder Weg führt nach Hause. Jeder Weg führt nach Hause, jeder Schritt ist Geburt, jeder Schritt ist Tod, jedes Grab ist Mutter.“[103]

So schrieb Hesse in seinem Buch *Wanderung* (entstanden 1917 / 18). Er beschäftigte sich auch mit dem Malen und drückte sich vornehmlich mit Natur- und Landschaftsmotiven in Aquarellfarben und Kreide aus. In einem Brief schrieb er: „Malen ist wundervoll. Ich glaubte früher, Augen zu haben und ein aufmerksamer Spaziergänger auf Erden zu sein. Aber das fängt ja jetzt erst an. Das befreit von der verfluchten Willenswelt.“[104] An den Schweizer Maler Cuno Amiet schrieb er: „Ich liebe die schöne Natur. Ich liebe sie so sehr, dass ich sie immer wieder malen muss ...“[105]

Spazierte um des Spazierens willen: Immanuel Kant (deutscher Philosoph der Aufklärung, 1725–1804)

Ein Spaziergänger, nach dem man die Uhr hätte stellen können, war Immanuel Kant. Täglich nahm er um halb vier Stock und Hut und trat auf die Straße in Königsberg. Kant war ein Anhänger des Gehens um seiner selbst willen: „Wenn man spazieren geht: so ist das Spazierengehen selbst die Absicht, und je länger also der Gang ist, desto angenehmer ist er uns. Wenn wir aber irgendwohin gehen, so ist die Gesellschaft, die sich an dem Orte befindet, oder sonst etwas, die Absicht unseres Ganges, und wir wählen gerne den kürzesten Weg."[106]

Fand während eines Spaziergangs zu ihrer Berufung: Selma Lagerlöf (schwedische Schriftstellerin, 1858–1940)

Als junge Frau, wandelnd in lauer Frühlingsabendbrise durch Mårbackas Hain, glückte ihr allererster Vers:

> „Wie dunkel ist es doch unter der Linde,
> Wie ängstlich still wehen die Winde."[107]

Während eines Spaziergangs entfaltete sich ihr Talent zum ersten Mal und stellte den Beginn ihres dichterischen Schaffens dar.

Spazierte und formulierte Antworten auf Daseinskonflikte: Anne Morrow Lindbergh (US-amerikanische Flugpionierin und Schriftstellerin, 1906–2001)

Die Ehefrau des berühmten Ozean-Fliegers Charles Lindbergh war die erste amerikanische Frau, die einen Flugzeugführerschein erhielt. Ihr schriftstellerisches Werk, das während der wenigen freien Stunden, die sie sich als Ehefrau und Mutter von sechs Kindern abgewinnen konnte, umfasst neben Reiseberichten, Lyrik, Romanen und Briefen auch ihr 1955 veröffentlichtes und berühmt gewordenes Büchlein *Muscheln in meiner Hand.* In der Einsamkeit einer Meeresküste findet sie beim Spazieren und Sammeln von Muscheln zu einer reifen Lebenssicht, die Vorbild für viele noch wenig emanzipierte Frauen der Nachkriegszeit wird. Über die Fülle ihrer Tage am Meer schrieb sie:

> „Ich ging weit den Strand entlang, vom weichen Rhythmus der Wellen getragen, die Sonne auf meinem nackten Rücken und auf meinen Beinen, den Wind und den salzigen Sprühregen des Gischtes im Haar. In die Wellen und wieder zurück wie der Strandläufer. Und dann nach Hause, durchnässt, betäubt, taumelnd und bis zum Rand mit der Einsamkeit des Tages angefüllt; voll, wie der Mond, ehe die Nacht von seinem Glanz gekostet hat; voll wie der Becher, ehe die Lippen ihn berühren."[108]

Fand im süßen „far niente" Denk- und Ruhepausen: Jean-Jacques Rousseau (französischer Philosoph und Pädagoge, 1712–1778)

Im Val-de Travers im Neuenburger Jura und insbesondere auf der St. Petersinsel verbrachte Jean-Jacques Rousseau die schönsten Wochen seines Lebens. Auf der kleinen Insel im Bielersee nutzte der Genfer Aufklärer und Philosoph seine Zeit nicht etwa, um seine revolutionären Gedanken voranzutreiben, sondern im Gegenteil, um beim Spazieren und Sinnieren durch die Wiesen am Ufer entlang seinem Herzen Ruhe zu gönnen. Rousseau, der wohl als einer der prominentesten Wortführer der gehenden Existenzform gilt, formuliert das Selbstverständnis eines einsamen Spaziergängers: „Nie habe ich so viel gedacht, nie bin ich mir meines Daseins, meines Lebens so bewusst, nie, wenn ich so sagen darf, so ganz *ich* gewesen wie auf denen [Reisen], die ich allein und zu Fuss gemacht habe."[109]

Und weiter schrieb Rousseau:

> „Je empfindsamer der Betrachter ist, desto mehr gibt er sich dem Entzücken hin, das dieser Einklang in ihm erzeugt. Eine süße, innige Träumerei bemächtigt sich dann seiner Sinne, und selig trunken verliert es sich in der Unermesslichkeit dieses schönen großen Zusammenhangs, mit dem er sich eins fühlt. Einzelheiten verschwinden vor seinem Blick; er sieht und empfindet nur noch im Ganzen."[110]

Spazierte am liebsten frühmorgens: Henry David Thoreau (amerikanischer Schriftsteller und Philosoph) 1817–1862

Thoreau ging täglich mehrere Stunden und hat eine eigentliche Theorie des Gehens entworfen. Unterwegssein als Lebensmodell: Für den Autor von *Walden, Vom Spazieren* und *Über die Pflicht zum Ungehorsam gegen den Staa*t stellt das tägliche Umherstreifen durch die Natur eine Art Überlebensstrategie dar, real wie auch im übertragenen Sinn. Spazieren als Versuch, das Unbehagen gegenüber der Gesellschaft zu überwinden. Er war bekannt als Morgenmensch:

> „Wie ist so ein Morgen? Kühl, frisch, neu. Und wie ist ein Morgenmensch? Seine Sinne sind hellwach, er macht nicht weiter im Trott, sondern fängt neu an – und trägt etwas von seiner Traumwelt in die Wirklichkeit hinüber: dass nicht alles festgelegt und ausgemacht ist. Thoreau schwärmt vom ‚morning of a new Lebenstag' – und verwendet dabei dankenswerterweise ein wunderschönes deutsches Wort."[111]

Spazierte mit Leib und Seele, bis sein Lebenskreis sich schloss: Robert Walser (deutsch-schweizer Schriftsteller, 1878–1956)

Robert Walser, ein Weggefährte Hermann Hesses und in dessen Augen der bedeutendste zeitgenössische Autor der Schweiz, war ein großer Spaziergänger. Es muss für ihn, den heiteren und doch immer von existenziellen Ängsten und Sorgen geprägten Schriftsteller, ein Trost gewesen sein, sein Leben bei etwas zu lassen, was ihm mit am liebsten war: auf einem Spaziergang. „Spazieren muss ich unbedingt", spricht er in seiner bekannten Erzählung *Der Spaziergang.*[112] Als Spaziergänger war er in seinem Element: Ein stiller Beobachter des Lebens, der Alltäglichkeiten, in und hinter denen sich Schönheiten und Wahrheiten verbargen, die er wie kein anderer entdeckte und von denen er Zeugnis ablegte. „Auf einem solitären Weihnachtsspaziergang starb auch Robert Walser 1956 im Schnee."[113]

An welche Ihrer Spaziergänge erinnern Sie sich, liebe Leserin, lieber Leser? Und was bedeuten diese Spaziergänge für Ihr Leben? Gaben Sie Ihnen Kraft? Stellten Sie einen Wendepunkt oder Übergang dar?

7. Spektakulär unspektakulär: Spazieren als Gewohnheit

„Wenn jemand aus Liebe zum Wald regelmäßig einen halben Tag darin spazieren geht, muss er damit rechnen, für einen Müßiggänger gehalten zu werden, aber wenn er seine Zeit als Spekulant verbringt und die Wälder abholzt und die Erde vorzeitig kahl macht, dann sieht man ihn als einen fleißigen, unternehmensfreudigen Mitbürger."[114]

(Erich Fromm, deutsch-US-amerikanischer Psychoanalytiker, Philosoph und Sozialpsychologe)

Wie Sie in den vorangegangenen Kapiteln erfahren konnten, tut das Spazierengehen Körper und Psyche richtig gut und ist zudem nur mäßig anstrengend sowie immer und überall ohne großen Aufwand durchführbar. Spazierengehen wirkt außerdem in unserer eiligen, reizüberfluteten Welt auf wohltuende Art normalisierend und damit ausgleichend. Warum sollte man sich also nicht künftig den ein oder anderen Spaziergang im Alltag gönnen? Als Alternative zu den Neujahrsvorsätzen, endlich viel mehr Sport zu treiben und sich öfter zu entspannen, und zwar ohne Alkohol. Als Alternative dazu, sich zu Weihnachten ein teures Abo fürs Fitnessstudio schenken zu lassen, das man nach einigen wenigen Besuchen doch nicht weiter ausschöpft und das dann auch noch für ein schlechtes Gewissen sorgt. Als Alternative zu den Ayurveda-Wochen, die zwar guttun, aber schon nach wenigen Wochen im gewohnten Stress vergessen sind und von den alten Gewohnheiten abgelöst werden. Als Alternative zu den anstrengenden Intensivtrainings, die zwar ein paar Mal in bester Absicht absolviert werden, gefolgt von heftigem Muskelkater, aber schließlich doch nicht zur Routine werden wollen, weil sie überfordern. Als Alternative dazu, die Mittagspause durchzuarbeiten, weil wir effizient sein wollen. Spätestens am Nachmittag holt uns die Erschöpfung dann aber doch ein.

Bitte verstehen Sie mich nicht falsch: Abenteuerurlaub, Hochleistungssport, ein Yoga-Retreat und Ayurveda sind toll und bereichern unser Leben. Ich möchte das Spazierengehen als Ergänzung dazu als kleine Alltagsoase verstanden wissen, als Ausgleich, mit dem wir uns vielleicht ein wenig davor schützen können, übermäßig schnell wieder urlaubsreif zu werden. „Jeden Tag so viel nur möglich von den kleinen Freuden erleben und die größeren, anstrengenden Genüsse sparsam auf Ferientage und gute Stunden verteilen, das ist, was ich jedem raten möchte, der an Zeitmangel und Unlust leidet. Zur Erholung vor allem, zur täglichen Erlösung und Entlastung sind uns die kleinen, nicht die großen Freuden gegeben"[115], rät Hermann Hesse. Am besten funktioniert das, wenn wir aus dem Gehen eine lieb gewonnene und normale Gewohnheit machen. Doch mit Gewohnheiten ist das so eine Sache …

7.1 Ich weiß ja, dass ich sollte ...

Die Macht von Gewohnheiten in unserem Alltag ist nicht zu unterschätzen. Zumeist sind es jedoch die „lasterhaften" Gewohnheiten, an denen uns das bewusst wird: die tägliche Süßigkeit zum Nachmittagskaffee, die Fahrt mit dem Auto statt mit dem Fahrrad, das Versumpfen vor dem Fernseher etc. Alte Gewohnheiten halten uns zudem oftmals davon ab, neue – und wohltuendere – Gewohnheiten in unseren Alltag zu integrieren. „Ich weiß schon, dass ich mich öfter bewegen sollte. Aber unter der Woche habe ich einfach keine Zeit dazu." Solche und ähnliche Argumente, warum es mit der Bewegung an der frischen Luft wieder nicht geklappt hat, kommen Ihnen gewiss bekannt vor. Lassen Sie uns deshalb einmal grundsätzlich über Gewohnheiten nachdenken, darüber, wie diese entstehen und wie wir sie ändern können.

Gewohnheiten bestimmen unser Leben, ob wir wollen oder nicht. Das kommt daher, dass sie gewissermaßen im ganzen Körper abgespeichert sind. Sie werden im Autopilotmodus ausgeführt. Das macht sie so effizient – und schwierig zu verändern. Neurophysiologisch betrachtet sind Gewohnheiten neuronale Verknüpfungen. Je öfter wir eine bestimmte Handlung wiederholen, desto stärker ist sie im Gehirn verankert und desto leichter kann sie durch kleine Reize (ein Geruch, ein Bild, eine Bewegung usw.) aktiviert werden. Hinzu kommt, dass Belohnungsstoffe ausgeschüttet werden, wenn wir gewohnt handeln. Es ist also ein sich selbst aufrechterhaltender Kreislauf. Dies führt dazu, dass wir uns alle möglichen Gewohnheiten aneignen, ohne uns dessen immer bewusst zu sein. Unser Gehirn besteht aus ca. 86 Milliarden Nervenzellen und etwa 100 Billionen Synapsen, die unsere Nervenzellen miteinander verbinden und ununterbrochen ein sich ständig anpassendes Netzwerk bilden.[116] Angesichts dieser biologischen Tatsachen erstaunt es nicht, dass es schwierig sein kann, Gewohnheiten nachhaltig zu ändern. Wenn wir etwas Ungewohntes genauer kennen, vertrauter mit ihm werden, fällt es leichter, sich ihm zu öffnen und zu nähern. Das, was wir kennen, mögen wir in der Regel auch mehr. Je mehr wir über eine neue Gewohnheit, die wir uns aneignen wollen, in Erfahrung bringen, desto leichter wird es uns fallen, sie in unser Handlungsrepertoire zu integrieren. Zwei Beispiele: Wenn wir bereits als Kind gelernt haben, bestimmte Blumen-, Baum- oder Vogelarten zu erkennen und zu benennen, haben wir bereits eine Verbindung, eine Beziehung zur Natur aufgebaut und können uns besser auf sie einlassen. Wenn wir uns im Vorfeld unserer geplanten Ernährungsumstellung, z. B. auf einen reduzierten Fleischverzehr, eingelesen und mit den physiologischen Vorgängen und dem gesundheitlichen Nutzen befasst haben, wird uns die Umstellung leichter fallen. Wenn wir also eine Spazierroutine im Alltag entwickeln möchten, kann es hilfreich sein, möglichst viel darüber in Erfahrung zu bringen, z. B. wo in meiner Gegend schöne Spazierwege zu finden sind. Es könnte sich lohnen, auf diese psychologische Dynamik zu setzen.

Es ist schwer, Gewohnheiten zu durchbrechen

Das Problem mit alten Gewohnheiten ist, dass wir kaum absichtsvoll auf sie zugreifen können, weil die Ursprünge dieser Gewohnheiten unserem bewussten Willen nur schwer zugänglich sind. Bei der Ausbildung von Gewohnheiten sind die Handlungen zwar zunächst noch ungewohnt und verlaufen unter Umständen holprig, man vertut sich häufig und denkt viel über das nach, was man tut. Aber später „läuft es immer besser, und zum Schluss tut man ziemlich komplizierte Dinge, ohne nachzudenken. Auch hier findet eine Sinnentleerung statt; die Dinge verselbstständigen sich. Die meisten Menschen tun Dinge, weil sie zu Gewohnheiten geworden sind, und haben den ursprünglichen Anlass dieser Gewohnheiten völlig vergessen"[117], so der bekannte Hirnforscher Gerhard Roth. Bei gewohnheitsmäßigen Handlungen müssen wir nicht mehr bewusst überlegen. Da sich viele Verhaltensweisen bereits im Kindesalter zu festigen beginnen, haben wir auch Schwierigkeiten damit, so manche Glaubenssätze unserer Eltern zu durchbrechen oder uns von anerzogenen Gewohnheiten zu lösen.

7.2 Wie es gelingen kann, Gewohnheiten zu verändern

Wenn wir alte Gewohnheiten loswerden wollen, funktioniert dies am besten, indem wir sie durch neue Gewohnheiten ersetzen. Der erste Schritt besteht darin, dass wir uns unserer bisherigen Verhaltensmuster bewusst werden. Ein Beispiel: Wenn ich gestresst von der Arbeit nach Hause komme, mache ich es mir mit einer Packung Kekse (als Belohnung) erst einmal auf dem Sofa (zur Entspannung) gemütlich, checke Nachrichten auf meinem Handy (gegen die Einsamkeit) und schalte den Fernseher ein (zur Ablenkung). Nur wenn wir uns diesen genauen Ablauf und die dahinter steckenden Motive deutlich machen, können wir aktiv eingreifen und unser Verhalten verändern.

Etwas einfacher, als eine alte Gewohnheit abzulegen, ist, eine neue Gewohnheit zu etablieren. Das Erfolgsrezept: Das gewünschte neue Verhalten, vielleicht ein Abendspaziergang nach der Arbeit, muss mit einem deutlichen Auslösereiz gekoppelt und dann durch Belohnung verstärkt werden: Ein Spaziergänger etwa könnte sich die bequemen Schuhe direkt neben die Eingangstür stellen und sie gleich abends, nach der Rückkehr vom Arbeitsplatz, anziehen. Am Anfang muss das ganz bewusst gemacht werden.

Ziel dabei ist, dass unser Gehirn das Nachhausekommen und den Anblick der Schuhe mit dem Spazierengehen verknüpft und wir daraufhin automatisch handeln. Eine wichtige Rolle spielt dabei die Belohnung. Die Belohnung muss dabei konkret sein und direkt erfolgen. Im genannten Beispiel kann eine Belohnung beispielsweise darin bestehen, die unbequemen Büroschuhe gegen die bequemen Wanderschuhe zu tauschen, die schöne neue Outdoorjacke anzuziehen sowie sich nach dem Spaziergang einen duftenden Tee und eine wohltuende Dusche zu gönnen.

Hat man die erste Hürde geschafft und einen neuen Auslösereiz etabliert, wird die Handlung zur Gewohnheit und mit der Zeit zum „Selbstläufer". Was beim Etablieren einer neuen Gewohnheit ebenfalls hilft, ist Druck von außen, indem man sich zum Beispiel mit anderen zum Spazierengehen in der Mittagspause verabredet. Zudem kann ein konkreter kleinschrittiger Handlungsplan helfen:
- Wann spaziere ich?
- Wo spaziere ich?
- Mit wem spaziere ich?
- Was brauche ich dafür?
- …

Das Ziel wird somit klarer und vorstellbar. Und was wir uns vorstellen können, können wir auch in die Tat umsetzen.

Einen Stolperstein sollten wir uns jedoch noch vor Augen führen: Es liegt in der Natur eines jeden Lebewesens, Unangenehmes vermeiden zu wollen und Angenehmes zu suchen. In unserem Beispiel wäre das Unangenehme vielleicht das ungemütliche Regenwetter draußen vor der Tür und das Angenehme die wohlige Wärme der Kuscheldecke auf dem Sofa. Unser Gehirn hat gelernt, dass in Stresszeiten das Aufschieben von Unangenehmem (Nässe und Kälte) und das Vorziehen von Angenehmem (auf dem Sofa chillen, im Internet surfen, Alkohol trinken oder etwas essen), zu einer kurzfristigen (!) Reduktion von Stress führt. Dies wird als Belohnung abgespeichert und aktiviert das Lust- und Belohnungszentrum im Hirn, was mit der Ausschüttung des Neurotransmitters Dopamin assoziiert wird. Wenn wir dann erneut gestresst sind, erinnert sich unser Hirn, dass dieses Verhalten beim letzten Mal geholfen hat, den unangenehmen Zustand zu beenden. Es lässt das Bedürfnis entstehen, diese Handlung zu wiederholen, um den angenehmen Zustand herbeizuführen. Ein uralter Mechanismus, bestehend aus den drei Elementen Auslöser (Stress) – Verhalten (Sofa) – Belohnung (sich gut fühlen). Wenn dieser oft genug wiederholt wird, entstehen starke Gewohnheiten oder auch eine Sucht.

Was im Gegensatz dazu leider nicht automatisch abläuft, ist die Überprüfung der nachhaltigen, langfristigen Wirksamkeit dieser Gewohnheiten. Dazu brauchen wir Aufmerksamkeit und unsere Fähigkeit, unser Verhalten zu reflektieren.

Durch die Beantwortung der beiden folgenden Fragen haben wir die Chance, unser Hirn „zu hacken" und schlechte Gewohnheiten abzustellen:

1. Was bringt mir das gewohnte Verhalten langfristig wirklich (z. B. mich bei Stress regelmäßig mit Internet, Handy, TV, Essen oder Alkohol abzulenken bzw. zu dämpfen)?
2. Wie fühlt sich dies im Körper an?

Wenn mir meine Gewohnheit langfristig gar nichts bringt außer weitere unangenehme Gefühle und negative Konsequenzen (bis hin zu Übergewicht, Internet- oder Alkoholsucht), und ich dies am eigenen Körper erfahre, wird mein Gehirn motiviert sein, die alte Gewohnheit nicht mehr als Belohnung, sondern als „unangenehm" einzustufen. Und Unangenehmes versuchen wir ja zu vermeiden.

Natürlich brauchen gut eintrainierte schädliche Gewohnheiten ebenso gut eintrainierte neue Gewohnheiten. Das Ändern von Gewohnheiten ist also ein langwieriger, aber dafür ein nachhaltiger Prozess des Umlernens. Als Schlüsselkompetenz zählt dabei, eigene Bedürfnisse (z. B. Bedürfnis nach Stressreduktion) und Gefühle (z. B. gestresst sein) wahrzunehmen, ohne sofort danach handeln zu müssen (z. B. auf dem Sofa chillen und im Internet surfen). Wenn wir uns selbst gegenüber aufmerksam und aufrichtig sind, können wir uns unserer Bedürfnisse bewusst werden, um weise Entscheidungen zu fällen, was langfristig hilfreich ist.

Wem das alles zu kompliziert ist, hier die pragmatische Alternative: Schaffen Sie sich eine kleine Regel für den Alltag, die Sie Tag für Tag umsetzen. Der Vorteil von Regeln: Man muss nicht mehr darüber nachdenken und entscheiden, ob man nun geht – oder doch nicht.

- Jeden Tag in der Mittagspause 30 Minuten im Park spazieren gehen.
- Jeden Tag eine halbe Stunde früher am Arbeitsort ankommen und den Arbeitstag mit einem Morgenspaziergang beginnen.
- Jeden Tag nach dem Abendessen einen Abendspaziergang machen.
- Jeden Tag zwei Stationen früher aus Bus oder Bahn aussteigen und den Rest spazieren.
- Anstatt am Wochenende mit dem Auto zum Bäcker, zu Fuss gehen.

Und ebenso pragmatisch:

- Schaffen Sie sich einen Hund an.

Spazieren als neue Gewohnheit und Gewohnheitsbrecher

Spazieren gehen ist so einfach, denn …

- der innere Schweinehund lässt sich relativ leicht überwinden,
- man kann zu jeder Tages- und Nachtzeit und bei jeder Witterung ohne großen Aufwand gehen,
- es sind weder Vorkenntnisse noch ein spezieller Fitnessgrad notwendig,
- es kostet nichts,
- bereits nach wenigen Minuten entfaltet sich die wohltuende Wirkung,
- es ist vollkommen frei von schädlichen Nebenwirkungen.

Es liegt also geradezu auf der Hand, öfter mal loszugehen: Entweder um das Spazieren als neue Gewohnheit in den Alltag zu integrieren. Dies vielleicht mit dem Ziel, sich regelmäßig Zugang zu Naturerlebnissen zu ermöglichen oder eine angenehme Bewegungsroutine im Alltag zu entwickeln. So baut man die heilsame Wirkung des Spazierens in den Alltag ein – und es wird nach und nach zu einer Gewohnheit, auf die man nicht mehr verzichten will. Oder sogar um dabei zu helfen, eine schlechte Gewohnheit zu ersetzen: Spazieren kann hierbei als eine Art *friendly reminder* oder Stopp-Zeichen bzw. als Ersatzhandlung fungieren: Statt sich bei Ärger und Stress zu Hause auf die Couch zu legen und eine böse Mail an jemanden zu schreiben (um seinem Frust Luft zu machen), geht man spazieren, lüftet den Kopf, regt sich erst einmal ab, gewinnt Distanz und baut den Stress ab. Spazieren wird damit zum Zwischenraum, in dem reflektiert und in Ruhe über Lösungen nachgedacht werden kann.

Teil II

20 (plus 1) Spaziergänge für Kopf und Herz

8. | Auf dem Weg

8.1 Aufbruch: der erste Schritt

„Auch der weiteste Weg beginnt mit einem ersten Schritt."

(Konfuzius, chinesischer Philosoph)

„Gehen wir", sagte mein Vater zu meiner Schwester und mir, während er sich langsam erhob. Gerade hatte er sich von seiner geliebten Frau, unserer Mutter, verabschiedet, die Stunden zuvor aufgehört hatte, zu atmen. Er wagte den ersten Schritt in sein neues Leben als Witwer.

„Der erste Schritt" stellt den Beginn eines Übergangs oder bereits dessen Ende dar. Denn der Entscheidungsprozess, sich aufzumachen und einen ersten Schritt zu tun, kommt genau mit diesem ersten Schritt zu seinem Ende. Ein Aufbruch nach Lebenskrisen, nach Krankheiten oder aus dem alten Trott: Dies können Beweggründe sein, um aufzubrechen und zu gehen. Oder aber das Bedürfnis nach Abkehr: von Problemen, von Zukunftsangst, von einer Zivilisation, die immer schneller, unberechenbarer und anonymer wird.

Ohne bewusste Entscheidung ist der erste Schritt die Folge eines Impulses. Etwas Innerliches oder Äußerliches veranlasst uns, in Bewegung zu kommen.

Unser buchstäblich erster Schritt, der Schreitreflex als Kind, wird uns in die Wiege gelegt und muss nicht wie das Schwimmen, Schlittschuh- oder Fahrradfahren speziell erlernt werden:

> „Von Händen gestützt und auf eine flache Unterlage gestellt, beginnen Neugeborene an Ort und Stelle zu gehen. Der Schreitreflex wird durch den Druck der Fußsohle gegen den Boden ausgelöst, als ob der Fuß bei jedem Schritt ein Stück Boden greifen wolle. Selbstständig gehen können Neugeborene noch nicht: Ein Jahr unermüdlichen ‚Selbststudiums' genügt ihnen in der Regel. Eine absolute Rekordzeit, um so komplexe Bewegungsprogramme wie Laufen und Springen zu erlernen."[118]

Der Beginn des Gehens bedeutet für Kleinkinder einen grundlegenden Entwicklungsschritt. Die erstmalige Möglichkeit, sich nach den Erfahrungen des Rollens, Kriechens und Krabbelns auf dem Boden frei auf den eigenen zwei Beinchen bewegen zu können, eröffnet dem Kind eine ganz neue Selbstständigkeit, einen neuen Blick, und ist die Grundlage für eine intensivere Wechselbeziehung zu seiner Umwelt. Der Soziolinguist und Kinderliedermacher Fedrik Vahle erläutert: „Wenn das

Kind zum Gehen herangereift ist, kommt mit der Körperbewegung auch die Geistesbewegung, die Sprache."[119]

Wie beglückend das bewusste Erfahren der ersten Schritte als Beginn einer neuen Entwicklungsphase sein kann, durfte ich bei meinen beiden Kindern erleben, die dieses Ereignis jeweils auf ganz eigene Art vollzogen. Unsere Erstgeborene tat ihre ersten, eher späten aufrechten Schritte barfuß auf dem weichen Rasen im Garten der Großeltern, umgeben von liebevollen Helfern, die unserer Tochter durch Loslassen die neue Freiheit ermöglichten. Die unbändige Herzensfreude, mit nackten Füßchen in schneller Schrittfolge von einem zum anderen zu laufen, beim Umfallen zu lachen und sich unermüdlich wieder von Neuem aufzurappeln, war ansteckend. Wir Erwachsene konnten ihre überglückliche, kindliche Freude über den neuen Lebensabschnitt mitfühlen.

Unser Sohn hatte es eiliger mit dem aufrechten Gang. Für ihn waren die ersten Schritte ein regelrechter Befreiungsschlag nach Monaten der Unzufriedenheit und Ungeduld. Nach dem Abendessen saßen wir alle im Spielzimmer auf dem Teppich, als er über beide Backen strahlend erwartungsfroh vom einen zum anderen blickte, sich mithilfe seiner beiden Hände aufrichtete und strümpfig abwechselnd in die Arme von uns Eltern, seiner Oma und seiner Schwester rannte. Er hatte offensichtlich gewartet, bis er alle um sich hatte, um in seinen neuen Lebensabschnitt zu starten.

Der erste Schritt bedeutet wörtlich und im übertragenen Sinn, etwas Altes hinter sich zu lassen und etwas Neues unter die Füße zu nehmen. Und dabei gibt es so viele erste Schritte: ob es der buchstäblich erste Schritt im Leben ist, ein erster Schritt in die Unabhängigkeit (von den Eltern oder in die berufliche Unabhängigkeit), der erste angstvolle Schritt nach einer Operation vom Rand des Krankenbettes aus oder vom Traualtar hinein ins Eheleben. Der erste Schritt ist nicht immer leicht, denn er unterbricht die Ordnung und die Sicherheit dessen, was vorher war.

Damit dieser Übergang vom Alten zum Neuen gelingt, kann es hilfreich sein, „den ersten Schritt" physisch zu tun: Eine Grenze, dargestellt als Linie am Boden, in Form einer Türschwelle oder eines Astes, muss bewusst überschritten werden. Althergebrachte Rituale greifen dieses Prinzip auf, wie etwa der frisch gebackene Ehemann, der die Frau über die Schwelle trägt. Dabei kann symbolhaft etwas Altes auf der anderen Seite in Dankbarkeit zurückgelassen werden. Wenn solche Schritte seelisch nicht vollzogen werden, bleibt man oft im Alten verhaftet und kommt nicht so recht im Neuen an. Das Gute daran: Der erste Schritt kann immer und überall nachgeholt werden, am besten mit vertrauten Menschen als Begleiter.

Ein erster Schritt kann auch noch geprägt sein von der Last der Entscheidung, ihn wirklich zu tun. Das Zweifeln, ob die richtige Entscheidung getroffen, der richtige

Weg eingeschlagen wurde, lässt den Schritt wohlmöglich zu einer großen Herausforderung werden.

Der erste Schritt wird schwer, wenn wir etwas Liebgewonnenes hinter uns lassen müssen. Er kann beschwingt und von Vorfreude geprägt sein, wenn positive Erwartungen mit Weg und Ziel verknüpft sind. Hermann Hesse bringt in seinem bekannten Gedicht „Stufen“ (1941) die Natur des Aufbruchs folgendermaßen zum Ausdruck:

> „Es muss das Herz bei jedem Lebensrufe
> bereit zum Abschied sein und Neubeginne,
> um sich in Tapferkeit und ohne Trauern
> in andre, neue Bindungen zu geben.
> Und jedem Anfang wohnt ein Zauber inne,
> der uns beschützt und der uns hilft, zu leben.“[120]

Ideen für einen Spaziergang „Aufbruch – der erste Schritt“

Neubeginn

Falls für Sie in der nächsten Zeit eine Veränderung oder ein Vorhaben ansteht, auf das Sie sich vorbereiten möchten, unternehmen Sie Ihren Spaziergang am besten am frühen Morgen. Vielleicht mögen Sie einen Ort wählen, der für Sie Aufbruch und Neubeginn symbolisiert, beispielsweise das Meer (neue Horizonte), ein Ort mit guter Fernsicht oder wo Sie den Sonnenaufgang beobachten können, die unterste Stufe einer Treppe, der Beginn eines Wanderwegs, eine Quelle.

Lassen Sie unterwegs die Gedanken schweifen, wie Ihr gewünschtes Ziel, Ihre Sehnsüchte aussehen. Wohin möchten Sie gerne gehen? Was möchten Sie neu in Ihr Leben lassen? Was soll hinter Ihnen zurückbleiben? Was wünschen Sie sich? Wer oder wie möchten Sie sein?

Mit diesem Zukunftsbild im Herzen bleiben Sie einige Augenblicke stehen.

Atmen Sie ein, verbinden Sie Ihren Geist mit Ihrem Körper. Gehen Sie einen ersten Schritt und kommen im Hier und Jetzt an. Da ist Ihr Leben, der Himmel, der Boden, die Luft zum Atmen. Gehen Sie nun jeden Schritt, als sei es Ihr erster Schritt auf dieser neuen Stufe Ihres Lebens. Jeder Schritt bringt Sie ins Hier und Jetzt Ihrer nächsten Lebensstufe. Kommen Sie mit jedem Schritt neu an. Sinnieren Sie darüber, wie diese ersten Schritte sind und was sie für Sie und Ihr Leben bedeuten. Spüren Sie nach, inwieweit Ihre realen ersten Schritte, die Sie bewusst gehen, für Ihre inneren ersten Schritte bedeutsam werden. Indem wir losgehen und die ersten Schritte wagen, sind wir bereits in Bewegung. Die Vergangenheit liegt hinter uns. Wir sind angekommen.

Frühere erste Schritte

Unternehmen Sie einen Spaziergang an einem Ort, an dem Sie in der Vergangenheit einen neuen Lebensabschnitt begonnen haben: Das kann Ihr früherer Kindergarten sein, Ihre Schule, der Sportplatz, die Uni, ein Ort, an dem Sie einen wichtigen Menschen getroffen haben, ein früherer Arbeitsplatz, eine Kirche, ein Krankenhaus, ein früherer Wohnort etc. Sinnieren Sie unterwegs darüber, wie Sie damals den Übergang vom einen zum nächsten Lebensabschnitt erlebt haben und wie Sie ihn heute sehen. Erinnern Sie sich an Ihre ersten Schritte an diesem für Sie besonderen Ort in den nächsten Lebensabschnitt hinein? Von was waren diese ersten Schritte geprägt? Was bedeutet das heute für Sie?

8.2 Der Weg und das Ziel

„Wer vom Ziel nicht weiß,
kann den Weg nicht haben,
wird im selben Kreis
all sein Leben traben (...).“[121]

(Christian Morgenstern, Dichter)

Christian Morgenstern drückt in seinem Gedicht „Wer vom Ziel nichts weiß“ die Bedeutung des Ziels als sinngebendes Element für den Weg aus. Nur wer sein Ziel bewusst und frei gewählt habe, könne, wenn er seinen Weg geht, Sinn erleben. Auch die bekannte, vom chinesischen Philosophen Konfuzius geprägte Redensart „Der Weg ist das Ziel“ zeigt die Verbundenheit von Gehen und Leben auf: Das Gehen eines Weges bedeutet viel mehr als nur das räumliche Überwinden von Distanzen zwischen den Punkten A und B. Vergegenwärtigen wir uns zunächst die sprachliche Verwendung des Wortes „Weg“: Er kann für die individuelle Lebensführung bzw. Lebenseinstellung stehen (z. B. „Ich gehe meinen Weg mit Entschlossenheit“) oder mit dem jeweiligen Lebensziel und der entsprechenden Ausrichtung verbunden sein (z. B. „Ich habe diesen Weg eingeschlagen, um meine Familie zusammenzuhalten“). Das Gehen eines Weges, z. B. des Lebensweges als Metapher, kann hoffnungsvoll und zielsicher sein, aber auch voller Hindernisse und Mühsal oder aber als eine einzige Absurdität erfahren werden. Auch in nahezu allen Religionen taucht der Weg-Begriff auf, nämlich als die Art der Lebensführung, die zum Ziel, letztendlich zu Gott, zur Erlösung oder zur Erleuchtung führt. Auf der konkreten Handlungsebene geht man rituell einen bestimmten Weg, etwa auf Pilgerschaft oder in Prozessionen. Im Buddhismus ist das Gehen selbst sogar eine Form der Meditation.

Manche Menschen haben den Gedanken „Der Weg ist das Ziel“ zu ihrem Lebensmotto gemacht. Einige davon rechtfertigen damit eine gewisse Unverbindlichkeit in ihrem Alltag. Häufig steckt dahinter jedoch die Erfahrung, dass pure Zielstrebigkeit und Leistungsorientierung zu innerer Leere und Erschöpfung führt. Diese Menschen ahnen oder wissen, dass wir früher oder später krank werden, wenn wir psychisch nie wirklich da sind, wo wir uns physisch gerade befinden. Vielleicht haben manche auch Versagensängste und befürchten, das Ziel nicht erreichen zu können. Kein Wunder, dass viele Zeitgenossen Mühe mit dem Wort „Ziel" haben, besonders dann, wenn es uns von außen vorgegeben wird und wir es nicht zu unserem eigenen machen.

Doch Ziele sind notwendig. Ohne Zielvorstellung weiß niemand, wo er wirklich hin möchte. Ziele machen uns zu Menschen, die ihr Leben bewusst in die Hand nehmen. Deshalb ist es hilfreich, sich Ziele zu setzen, die im Einklang mit unserem innersten Selbst stehen.[122] Das können kurzfristige und / oder langfristige Ziele sein, vielleicht auch ein Lebensziel. Dabei ist es nicht wichtig, möglichst schnell und ohne Umwege ein Ziel zu erreichen. Wenn wir es klar benennen können und es erreichbar ist, können wir das Ziel sogar in gewisser Weise loslassen und aufmerksam verfolgen, wohin uns unser „Weg zum Ziel" tatsächlich führt. Zugleich müssen wir nicht jedes Ziel erreichen. Wenn wir unterwegs merken, dass das ursprüngliche Ziel nicht mehr stimmig ist, sind wir eingeladen, es zu hinterfragen, es neu zu formulieren und uns neu auszurichten. Unser Ziel gibt uns die Richtung vor und stiftet Lebenssinn, nur so ist Orientierung möglich.

„Der Weg ist das Ziel" bedeutet, dort zu sein, wo man gerade ist. Damit ist nicht *entweder – oder* gemeint, sondern *beides*. Das Ziel dient dabei als Leitstern, der verlässlich strahlt und uns Orientierung gibt, während wir unseren Weg in unserem eigenen Tempo gehen und aufmerksam registrieren, was sich am Wegesrand ereignet und wie wir uns dadurch verändern und entwickeln. Der Weg ist das Ziel und das Ziel ist der Weg.

Der Weg führt zu allen Orten, an denen man vorbeikommt. Dabei sind wir aufgefordert, uns der stetig verändernden Kraft eines Weges zu stellen. Hindernisse, Umwege, Sackgassen, Durststrecken, „auf dem Holzweg sein" – all das gehört dazu. Ebenso wie Traumpfade, Wege der Erkenntnis, Gipfelfreuden, Rastplätze und das schöne Gefühl, angekommen zu sein. Erst durch die Berge und Täler auf unserer Route bekommt der Weg seine Bedeutung und das Ziel seine Wertigkeit. Das Ziel wird umso bedeutsamer, je anspruchsvoller der Weg dorthin war. Wie flüchtig kann ein Gipfelerlebnis sein, wenn ich die vielen Höhenmeter bequem mit der Sesselbahn überwunden habe. Wenn ich im Vergleich dazu jeden einzelnen Höhenmeter zu Fuß mit Geschicklichkeit und Willenskraft überwunden haben, ist das Erreichen des Gipfelkreuzes ein Fest.

Das Leben gelingt besser, wenn wir uns nicht nur auf das Ziel, sondern auch auf den Weg dorthin konzentrieren. Denn falls die Zielerreichung misslingt, wird uns dies mehr zu schaffen machen, wenn wir

ausschließlich das Ziel vor Augen hatten. Ein Beispiel aus dem Alltag: ein beruflicher Stellenwechsel. Wer in der Vorbereitung nur auf das Ziel „einen neuen Job haben" fixiert ist, wird bei jeder abgelehnten Bewerbung große Enttäuschung erleben. Wer die Vorbereitung auch als Standortbestimmung oder Prozess der Selbsterkenntnis nutzt, wird zwar auch enttäuscht sein, wenn er bei der Stellenvergabe leer ausgegangen ist. Doch er wird zugleich aufmerksam bleiben für das, was gut gelaufen ist, für die Lehren, die er aus den Vorstellungsgesprächen ziehen kann, etc. und diese Informationen bei nächster Gelegenheit nutzen können. Seinen Weg bewusst zu beschreiten lässt uns schmerzhafte Enttäuschungen besser verkraften.

Weg und Ziel stehen also in einer Wechselbeziehung. Ohne Weg gibt es kein Ziel. Ohne Ziel gibt es keinen Weg. Mit jedem Schritt entwickelt und wandelt sich unsere Beziehung zu Weg und Ziel. Weg und Ziel verändern uns. Vielleicht sind wir unterwegs ruhiger oder selbstbewusster geworden. Vielleicht haben wir unsere Erschöpfung gespürt oder haben innere Klarheit erfahren. Zugleich werden Weg und Ziel am Ende ihre Bedeutung für uns verändert haben: Vielleicht war der zunächst beschwerlich erscheinende Weg schließlich doch machbar, die Aussicht am Ziel jedoch weniger spektakulär als vermutet. War die Anstrengung deswegen nur ein unnötiger Kraftakt? Ich meine Nein. Hat uns der Weg doch gezeigt, wie ausdauernd wir sein können und wie viel wir schaffen können, wenn wir es nur wollen.

Mein mühevoller und gefährlicher Weg in Richtung Piz Bernina vor einigen Jahren (eindeutig kein Spaziergang!), den ich wegen meiner schwindenden Kräfte und eines Wetterumschwungs vorzeitig abbrechen musste, veränderte meinen Blick auf mein damaliges Ziel. Der höchste Berg Graubündens, den ich so gerne bestiegen hätte, ließ mich unterwegs meine Grenzen spüren, sodass ich mein Ziel korrigieren musste und mich seither an seinem puren Anblick erfreuen darf, statt ihn selbst zu besteigen. Was ich unmittelbar nach dem Abbruch der Tour als Rückschlag erlebte, erfüllt mich heute mit Dankbarkeit, es wenigstens probiert zu haben und auch ohne Gipfelglück eine Extremsituation in archaischer Natur heil bestanden zu haben. Mein umsichtiger Bergführer[123], der in seinem Leben 13 von 14 Achttausendern bestiegen hatte, ist kurze Zeit später am Piz Bernina tödlich verunglückt.

Am Ende ist es die innere Haltung des Gehenden, die wesentlich ist. Wie gehen Sie mit Rückschlägen, Sackgassen oder auch geglückter Zielerreichung um? Antoine de Saint-Exupéry[124] dichtet:

> „Auf die Haltung kommt es an.
> Denn nur sie allein ist von Dauer und nicht das Ziel,
> das nur ein Trugbild des Wanderers ist,
> wenn er von Grat zu Grat fortschreitet,
> als ob dem erreichten Ziel ein Sinn innewohnt."

Ideen für einen Spaziergang „Der Weg und das Ziel"

Vielleicht möchten Sie herausfinden, wie unterschiedlich es sich anfühlt, ob Sie mit oder ohne Ziel auf Ihrem Weg unterwegs sind. Erfahren, dass der Weg zum Ziel manches Mal aufschlussreicher ist als das Ziel selbst. Ein Gespür für die Bedeutung der Kleinigkeiten unterwegs entwickeln, die sich oftmals erst im Nachhinein offenbaren. Neue Sichtweisen werden sich eröffnen, die sich im Vorbeihasten nicht gezeigt hätten.

Gehen Sie Ihre bekannte Wegstrecke dreimal hintereinander, dabei jedes Mal mit einem anderen Fokus:

- **Fokus 1:** Nehmen Sie sich ein Ziel vor, z. B. eine Bank, einen ganz bestimmten Baum oder Ihre Runde zu Ende zu laufen. Konzentrieren Sie sich unterwegs ausschließlich darauf, dieses Ziel zu erreichen.
- **Fokus 2:** Gehen Sie Ihre Wegstrecke ein zweites Mal und achten Sie nur auf Ihren Weg und auf Ihr Bewusstsein im Moment – ganz ohne Ziel.
- **Fokus 3:** Gehen Sie Ihre Wegstrecke ein drittes Mal. Stellen Sie sich kurz vor, wie es sich wohl anfühlen wird, wenn Sie Ihr Ziel erreicht haben. Machen Sie sich dann auf den Weg – und lassen Sie sich überraschen.

Nehmen Sie sich jeweils am Ende Ihres Spaziergangs Zeit, um Ihre Wahrnehmungen und Erlebnisse zu reflektieren. Vielleicht möchten Sie Ihre Erfahrungen aufschreiben. So können Sie sie später vergleichen oder auch mit einer anderen Person besprechen.

Was haben Sie festgestellt in Bezug auf Ihr Gehtempo, Ihre Körperhaltung, Ihre innere Haltung, Ihre Befindlichkeit? Was bedeutet Ihnen Ihr Weg? Was bedeutet Ihnen Ihr Ziel? Gab es unterschiedliche Bedeutungen von Ziel und Weg zu Beginn des Spaziergangs und am Ende?

Wenn ich frühmorgens mit Patientinnen und Patienten unserer Klinik spazieren gehe und wir mit unterschiedlichem Fokus unterwegs sind, zeigen sich die Unterschiede deutlich: Mit einem Ziel vor Augen sind wir gewöhnlich schneller unterwegs, bündeln unsere Kräfte und nehmen ringsherum weniger wahr. Wir sind gedanklich bereits in der Zukunft und weniger im gegenwärtigen Moment. Wenn wir uns nur auf den Weg konzentrieren, sind wir oft sehr langsam unterwegs, dafür werden wir immer wieder neu mit Details unserer Umgebung überrascht. Als Ideal hat sich Folgendes herausgestellt: Wir wählen als Ziel eine kürzere Strecke, die alle ohne große Kraftanstrengung erreichen können. Die frei gewordene Zeit nutzen wir für einen ruhigen Start, eine Achtsamkeitsübung sowie dem bewussten Ankommen mit einer kurzen Reflexion. Dann haben wir „den Fünfer und das Weggli"[125]: das bewusste Erleben des gemeinsamen Weges *und* die Zufriedenheit bei Erreichung unseres Zieles. Jedes Mal kommen wir von diesen Morgenspaziergängen ein wenig anders zurück, als wir losgegangen sind. Der Weg und das Ziel haben uns verändert.

8.3 Herumstreunen – so ganz ohne Ziel

„Nichts ist entspannender, als das anzunehmen, was kommt."

(Dalai-Lama, buddhistischer Mönch)

Wenn meine erwachsene Tochter joggen geht, hat sie meist keine Lust, eine ihr schon bekannte Strecke zu wählen. Sie lässt sich von ihrem Instinkt leiten, joggt hier- und dorthin, ohne sich beim Start eine definierte Runde oder ein Ziel vorzunehmen. Sie streunt joggend durch die Gegend, schon seit sie ein Teenager war. Herumstreunen, das tun viele von uns auch bei Wochenendtrips oder in den Ferien. Wir nehmen uns Zeit und lassen uns treiben, neugierig und ohne festen Plan. Es ist ungemein reizvoll, Wege einzuschlagen, von denen man nicht genau weiß, wohin sie führen. Man möchte wenigstens ein paar Schritte in diese Richtung gehen, möchte die neuen Eindrücke in sich aufnehmen und entdecken, was es dort zu entdecken gibt. Herumstreunen, das geht auch in vermeidlich bekanntem Gelände oder dem vertrauten Lebensumfeld, beispielsweise der eigenen Stadt. Zielloses Umhergehen hält so manch Überraschendes und „Merk-Würdiges" für den streunenden Spaziergänger bereit, manchmal ungeahnt Schönes, manchmal auch nur unscheinbare Details, aber stets Eindrücke, die den Charakter eines Ortes ausmachen. Dabei eröffnet sich eine Welt der Zufälle, die einzig der Gehende wahrnimmt. Beim Gehen, egal in welche Richtung, werden wir die eigenen Schritte hören können, den eigenen Atem und das eigene Herz. Wenn wir uns vollkommen einlassen und entspannen, werden wir sogar unsere eigenen Gedanken hören können.

Beim intuitiven Herumstreunen ohne Ziel befinden wir uns in einer steten Ambivalenz zwischen innen und außen, zwischen hier und dort. Wohl in diesem kontinuierlichen Schwingen zwischen den beiden Polen Innen und Außen, unseren inneren Impulsen und der Wahrnehmung und Reaktion auf die Außenwelt liegt der eigentümliche Reiz des Streunens. Wir sind ohne jegliche Verbindlichkeit unterwegs und überlassen uns ganz und gar der Begegnung mit dem Ungewissen und unserer inneren Antwort darauf. Häufig wird unsere emotionale Resonanz auf unerwartete Eindrücke intensiver ausfallen als bei vorhersehbaren Spaziergängen.

Ich erinnere mich an mein Entzücken, als ich auf meinem Streifzug durch das mir vertraute Gelände des Heinzenbergs in Graubünden die neu installierte Panoramakarte entdeckte und feststellte, dass die Alp neuerdings bewirtschaftet ist. Selten genoss ich meine gänzlich unerwartete Tasse heißen Kaffee und den hausgemachten Apfelkuchen mehr, und das, obwohl ich kein Geld bei mir hatte. Die Zeche durfte ich nachträglich begleichen. Ebenso intensiv, aber irritierend, prägte sich mir mein Streifzug durch die abendliche Altstadt der Nilstadt Assuan ein, als ich mit meiner Familie unterwegs war und wir plötzlich eine starke negative Energie verspürten, die uns umgehend den Rückweg antreten ließ – vielleicht unbegründet. Oder das Herumstreunen in der Arbeitspause im Hochsommer, bei dem ich – von Vogelgezwitscher begleitet – einen mir bisher unbekannten kleinen Tümpel entdeckte, der mir mit seinem kühlen Nass die Mittagshitze erträglicher machte.

In einer Zeit, in der unser Tagesablauf von morgens bis abends durchgetaktet ist, wir nichts dem Zufall überlassen und jede Minute sinnvoll genutzt werden muss, fällt es möglicherweise nicht leicht, der eigenen Intuition wieder zu vertrauen und einfach mal herumzustreunen. Doch es lohnt sich. Denn das Gehen in seiner reinen Form ist eigentlich das ziellose Gehen. Dabei haftet ihm in dieser Form etwas Subversives an – und das macht seinen eigentümlichen Reiz aus: Es wird oft von den konservativen, stabilen, sesshaften Strukturen der Macht misstrauisch beäugt. Streunen Sie mal nach Herzenslust in öffentlichem oder auch weniger öffentlichem Raum herum. Dann können Sie diesen Zusammenhang in Form misstrauischer Blicke oder Fragen leibhaftig erfahren.

Lassen Sie sich daher regelmäßig und bewusst treiben, damit Sie auf diese Weise wieder Zugang zu Ihrem Inneren bekommen. Sie werden überrascht sein, wie erfrischend ein planloses Dahinschlendern für Körper und Geist ist.

Ideen für einen Spaziergang „Herumstreunen – so ganz ohne Ziel"

„Lassen Sie sich gehen" – allein, ohne Ziel und ohne Absicht. Überlegen Sie nicht, welchen Weg Sie einschlagen. Bewegen Sie sich spontan in diejenige Richtung, die Ihnen gerade zusagt, langsam oder schnell, vorwärts oder vielleicht auch rückwärts. Spazieren Sie einfach los, Ihrem inneren Kompass folgend. Wenn Sie die Richtung ändern wollen, folgen Sie diesem Impuls. Überlassen Sie Ihr Gehen Ihrem Instinkt und folgen Sie Ihrem Körper, der auf alle Eindrücke Ihrer Umgebung reagiert. Versuchen Sie, absichtslos zu bleiben, nichts herausfinden zu wollen und jedem neuen Impuls gleich zu folgen.

Dieses Vorgehen klingt vielleicht seltsam und ist es anfangs auch. Lassen Sie sich daher Zeit. Machen Sie die Übung nicht zu kurz, man findet rasch hinein. Es ist eine irritierende und überraschende Erfahrung von Absichtslosigkeit. Alle Impulse werden gleich umgesetzt – ein spannendes Erleben, bei dem unsere Seele die Richtung vorgibt. Gerade in bekannten Gefilden entdecken Sie beim Herumstreunen immer wieder Neues, was uns sowohl mit uns selbst als auch mit unserer Umgebung in Verbindung bringt. Aber auch im Urlaub, bei dem wir uns oft selbst Druck machen, alle Sehenswürdigkeiten im Reiseführer abhaken zu müssen, kann das absichtslose Streunen eine neue Qualität des Reisens eröffnen und uns mit spontanen, authentischen Ein- und Aussichten bereichern.

8.4 Neue Perspektiven: zu Fuß zu mehr Kreativität

„Es gibt auch Menschen, die legen sich an den Strand und warten dort, dass die Inspiration zu ihnen kommt. Nur kommt die Inspiration nicht einfach an den Strand."

(Karl Lagerfeld, Modeschöpfer)

Kreativität bezeichnet die Fähigkeit, Bekanntes neu zu definieren und überraschend anders zu gestalten, oft zum Nutzen für andere. Berühmte Beispiele herausragender kreativer Persönlichkeiten sind der Maler Pablo Picasso (Kubismus), der Physiker Albert Einstein (Relativität von Zeit und Raum) oder der Komponist Arnold Schönberg (Zwölftonmusik). Kreative Leistungen und Erfolge auf höchstem Niveau werden nur selten erbracht. Bei der Alltagskreativität dagegen geht es um den Nutzen für die Person selbst oder für eine definierte Gruppe von Menschen, beispielsweise die Familie oder ein Arbeitsteam. Mit Kreativität können Probleme gelöst oder negative Erfahrungen bewältigt werden. Außerdem steht das kreative Erleben im Vordergrund.

Kreativität beginnt mit der Wahrnehmung

Die Erkenntnis, dass das, was wir mit unseren Sinnesorganen als Wirklichkeit wahrnehmen, eine Konstruktionsleistung unseres Gehirns ist, ist immer wieder faszinierend. All das, was wir beispielsweise während eines Spaziergangs sehen, wird mit unseren bisherigen Erfahrungen, die wir im Lauf unseres Lebens gemacht haben, abgeglichen. Daraus entsteht ein Bild, unser ganz individuelles Bild, das wir für die Realität halten. Jemand anders kann jedoch ganz anders wahrnehmen als wir selbst. Ein und derselbe Baum kann bei unterschiedlichen Personen höchst unterschiedliche Empfindungen, Gedanken und Gefühle auslösen. Es ist spannend, sich mit anderen über die jeweiligen Wahrnehmungen auszutauschen und zu erkennen, wie vielseitig diese sein können. Die menschliche Wahrnehmung ist der Schlüssel zu schöpferischer Kraft, zur Lösung von Problemen und zum Gewinnen neuer Perspektiven. Erst wenn wir aufmerksam wahrnehmen und zugleich verschiedene Perspektiven zulassen, können wir assoziieren und dabei Bekanntes neu zusammensetzen.

Optimale Voraussetzungen für Kreativität

Viele Menschen berichten davon, dass ihnen während oder nach einem Spaziergang die besten Ideen kommen und dies oftmals, ohne angestrengt nachdenken zu müssen. Der Schweizer Dichter Robert Walser schreibt, dass ihn während eines Spaziergangs „immer allerlei mehr oder weniger schöne und angenehme Gedanken stark beschäftigen, weil beim Spazieren viele Einfälle, Lichtblitze und Blitzlichter sich ganz von selber einmengen und einfinden, um sorgfältig verarbeitet zu werden …“[126]

Die rhythmische Bewegung des Gehens, das Unterwegssein und die unterschiedlichen Reize der Umgebung setzen kreative Prozesse frei. Ein Spaziergang erlaubt uns Autonomie, die Öffnung für Neues, bringt uns mit uns selbst in Kontakt und befreit uns von jeglicher Fremdbestimmung. Wenn wir uns zu einem längeren Spaziergang auf den Weg machen, ist dieser intrinsisch, also aus uns selbst heraus motiviert. Wir gehen spazieren, weil wir es selbst wollen. Ein langer Weg bedeutet, konstant und beharrlich unterwegs zu sein, denn wir müssen ihn zu Ende gehen, um wieder zu Hause ankommen zu können. Außerdem hilft er uns, komplizierte und unsichere Situationen auszuhalten. Wie befreiend ist es, nach einer frustrierenden Teamsitzung, die ohne Lösung zu Ende gegangen ist, oder nach einem Streit mit dem Partner, der negative Emotionen in uns ausgelöst hat, einen Spaziergang an der frischen Luft zu unternehmen. Er schafft Abstand und neue Gedanken. Ein Spaziergang fordert uns in unserer Spontaneität, wenn wir wegen eines Hindernisses, einer unerwarteten Beobachtung oder einer Begegnung unterwegs flexibel handeln oder reagieren müssen. Wer sich allein auf den Weg macht, geht sich selbst nicht aus dem Weg, sondern stellt sich seinen Gedanken in seiner inneren Welt, die sich mit den Impulsen von außen zu einem neuen Ganzen vermischen.

Zusammenfassend heißt das, dass Spaziergänge die folgenden Merkmale fördern, die allesamt bei kreativen Menschen zu finden sind:

- Assoziationsfähigkeit
- Autonomie
- Offenheit für Neues
- Fähigkeit zur Selbstreflexion
- Beharrlichkeit
- Intrinsische Motivation
- die Fähigkeit, Lösungslosigkeit auszuhalten
- Frustrationstoleranz
- Spontanität

Freiraum zum Denken

Das Gehen, vor allem in der Natur, macht uns entspannter und zugleich konzentrierter. Ein Spaziergang in einer Landschaft ohne Reizüberflutung, wie zum Beispiel durch einen Park, durch den Wald, am Meer oder am Feld entlang, hilft uns, unseren unruhigen Geist und überwältigende Gefühle zur Ruhe zu bringen. Wie von selbst werden mentale Ressourcen freigesetzt, sodass wir leichter Lösungen für unsere Probleme finden können. Ich kann nicht genau sagen, ob ein Knoten im Kopf sich beim Gehen selbst oder erst danach zu lösen beginnt. Manchmal bin ich von meinen Gedanken derart überflutet, dass ich einen Großteil meiner Spaziergänge brauche, um meinen Kopf überhaupt wieder zu leeren und innerlich zur Ruhe zu kommen. Kreatives Denken und Problemlösung finden dann jeweils erst viel später statt. Dies geschieht zuweilen auf fast magische Weise. Es ist, als würde sich plötzlich wie von selbst eine eingerostete Tür öffnen und den Weg freigeben. Meistens entstehen nur kleine Lösungsansätze und nicht der ganz große Wurf. Aber auch die kleinen Lichtblicke bringen mich jedes Mal vorwärts, indem ein neuer Aspekt auftaucht, der sich lohnt, weiterverfolgt zu werden.

Eingefahrenes Denken und Gewohnheiten hindern uns oft daran, einen Perspektivenwechsel zu vollziehen. Die mentalen Wege, die wir tagtäglich beschreiten, sind biologisch betrachtet Millionen Verbindungen von Nervenzellen, die sich aufgrund von Sinnesreizen und Erfahrungen gebildet haben. Jene Denkgewohnheiten, die wir häufiger praktizieren, fallen uns leichter, werden zur Routine und schließlich zum unbewussten Automatismus. So haben wir vielleicht gelernt, Problemen aus dem Weg zu gehen oder uns zumindest nicht aktiv um eine Lösung zu bemühen, weil wir insgeheim davon überzeugt sind, dass Problemlösung beschwerlich ist und sich sowieso nichts ändern wird. Ähnliches können wir bei Spazierwegen beobachten. Wege, die am leichtesten zugänglich sind, werden am häufigsten genutzt. Der Etzel ist ein knapp über 1.000 Meter hoher Berg in der Nähe meines Wohnortes und bei Spaziergängern ausgesprochen beliebt, besonders am Wochenende. Obwohl es eine Vielzahl romantischer Pfade hinauf zum Gipfel gibt, wählen doch die allermeisten Spaziergänger so weit wie möglich die asphaltierte Straße und die breiten, viel begangenen Wege. So verhält es sich auch mit unseren mentalen Wegen. Bekanntes und Gewohntes wird leichter gedacht, da es uns weniger Anstrengung kostet.

Ausgetretene Pfade und neue Wege

Wenn wir ein Problem lösen wollen oder nach neuen Ideen suchen, können wir die Redewendung „neue Wege gehen" auch ganz wörtlich nehmen und einen Spaziergang vielleicht in bekannter Gegend, aber auf unbekannten Pfaden unternehmen. Wenn wir neue Wege gehen wollen, müssen wir aufmerksam und offen unterwegs sein. Vielleicht führen uns diese durch unbekannte Gefilde, in denen wir uns nicht so gut oder gar nicht auskennen. Vielleicht müssen wir auch Entscheidungen treffen, zum Beispiel an einer Weggabelung. Oder es braucht Mut, nämlich unwegsames Gelände zu betreten, Markierungen zu durchbrechen, Zwischenräume zu beschreiten. Umwege erweitern bekanntlich die Ortskenntnis und auch das Fragen kostet nichts. Will heißen, dass sich Inspiration manchmal nur über Umwege einstellt und dass es hilfreich sein kann, Menschen dabei um Rat zu fragen. Wenn wir ankommen (das kann auch am Ausgangspunkt sein) und feststellen, dass wir auf neuen Wegen unser Ziel erreicht haben, motiviert dies dazu, auch unsere mentalen Wege zu variieren. Dabei ist es erstaunlich, wie flexibel und rasch sich unser Gehirn den neuen Umständen anpasst. Ähnlich verhält es sich mit dem Denken: Je häufiger wir uns in neuen mentalen Strukturen bewegen, desto mehr Wahlmöglichkeiten bekommen wir.

Kreativ-Spaziergang 1: Die zündende Idee

Ein Kreativ-Spaziergang ist eine Methode, um neue, kreative Ideen anzustoßen. Da man sich während des Kreativ-Spaziergangs idealerweise in der Natur bewegt, dient dieser nicht nur der Findung neuer Ideen, sondern ist auch gesund und bietet eine Möglichkeit, auch einmal während der Arbeitszeit in bester Absicht einen Ausflug zu machen. Wenn Sie also das nächste Mal auf der Suche nach der zündenden Idee sind, gehen Sie spazieren – aber nicht nur ziellos. Es gibt einen bewährten Rahmen, um das Beste aus einem Kreativ-Spaziergang zu machen:

1. Zentrale Frage formulieren

Sich über die Intention klar werden: Für welche Frage suchen Sie eine kreative Lösung? Wenn wir uns selbst eine geeignete Frage stellen, können sich unsere Gedanken unterwegs gezielter damit befassen. Bewährt hat es sich, die Fragen offen, positiv und handlungsorientiert zu formulieren, zum Beispiel:

- Wie könnte ein gelungenes Fest dieses Jahr aussehen? (Anstelle von: Hoffentlich wird das Fest nicht wieder so anstrengend wie letztes Jahr.)
- Wie kann ich dafür sorgen, dass in meinem Team jede/r das Beste gibt? (Anstelle von: „Was ist mit meinem Team los?")

- Was ist mein wichtigstes Ziel hinter dieser neuen Geschäftsidee? (Anstelle von: „Warum tue ich das?“)
- Wie kann ich mein Projekt zum Fliegen bringen? (Anstelle von: „Soll ich dieses Projekt überhaupt machen?“)

2. Entscheiden, wo Sie spazieren

Im Idealfall unternehmen Sie einen Spaziergang in der Natur. Die Erfahrung zeigt, dass Durchbrüche in der Natur am ehesten gelingen. Aber auch ein Stadtspaziergang kann effektiv sein. Hauptsache, wir sind in Bewegung.

3. Dauer des Spaziergangs festlegen

Wie lange wollen Sie gehen? Bis Sie die Lösung oder die Antwort gefunden haben? Für eine bestimmte Zeit? In Bezug auf die persönliche Effektivität und Produktivität gibt es ein Konzept des humorbegabten Engländers Cyril Northcote Parkinson, der das Wesen der Bürokratie bereits vor fast 50 Jahren entdeckt hatte. Es heißt Parkinsons Gesetz[127] und besagt, dass sich Arbeit genau in demjenigen Maß ausdehnt, wie Zeit für ihre Erledigung zur Verfügung steht. Das heißt, wenn Sie sich eine Stunde geben, um eine Aufgabe zu erledigen, brauchen Sie eine Stunde, um sie zu erfüllen. Und wenn Sie sich 30 Minuten Zeit geben, um die gleiche Aufgabe zu erledigen, werden Sie sie in dieser Zeit erledigen. Manchmal ist weniger mehr.

4. Unterwegs frei assoziieren

Beim Spaziergang alle Sinne offenhalten! Auf äußere Eindrücke achten, die Ihnen unmittelbar ins Auge springen und die für Sie eine Bedeutung haben. Welche Assoziationen löst die Umgebung (z. B. der Anblick eines Felsabbruchs) aus? Kristallisieren sich unterwegs eventuell Schlüsselbegriffe (z. B. „Kante zeigen“) heraus, die mit der Ursprungsfrage in direktem Zusammenhang stehen? In Spazierpausen Notizen machen und die Gedanken festhalten. Oder mit Naturgegenständen eine Ideen-Landkarte erstellen. Dabei locker bleiben und nichts erzwingen wollen.

5. Ideen entwickeln

Die ersten Assoziationen stellen für das Ergebnis des Kreativ-Spaziergangs einen Anfang dar, von dem aus die Ideen weiterentwickelt werden. Hierbei darauf achten, die Ausgangsfrage nicht aus dem Fokus zu verlieren und diese immer wieder in einen Zusammenhang mit den nachfolgenden Gedanken zu stellen. Nach dem Spaziergang freie Assoziationen in Verbindung zu den Schlüsselbegriffen und zur Ursprungsfrage setzen. Lösungsideen entwickeln.

Ein kreativer Spaziergang kann eine sehr einfache und effektive Durchbruchstrategie sein. Das Gehen ist hierbei ein entscheidender Faktor: Also, Schuhe anziehen, losspazieren – und sich von guten Ideen finden lassen.

Kreativ-Spaziergang 2: Heute mal anders

Auch ohne konkreten Anlass können Spaziergänge unser kreatives Potenzial fördern: Die beiden Leitfragen hierfür lauten:

- „Was könnte ich heute beim Spazieren einmal anders machen?"
- „Was wäre eine kleine Herausforderung, die mich aus meinem Gewohnheitstrott reißt?"

Diese innere Haltung und die entsprechenden Handlungen bringen umgehend eine neue Würze ins Leben hinein. Man fühlt sich lebendiger, weil man sich mit einem neuen Bewusstsein durch den Alltag bewegt. Dabei geht es nicht darum, dass dieses Neue besser oder effektiver ist, sondern lediglich, dass es anders ist. Das bringt unser Denken auf Trab und hält uns jung und beweglich, auch im Geist. Zugleich wird das Leben aufregender: Es gibt immer wieder Neues, Erstaunliches zu entdecken, das wir verpasst hätten, wenn wir auf der gewohnten Bahn geblieben wären. In Kürze: Umwege und Schleichwege, Neuland und spontane Wegbekanntschaften, eine andere Gangart und eine außergewöhnliche Zeit, ein origineller Ausrüstungsgegenstand und das Tragen anderer Schuhe, unerforschtes Terrain und ein ausgefallenes Ziel steigern unsere Kreativität!

8.5 Bei Wind und Wetter: Lehrmeisterin Natur

„Sonne leuchte mir ins Herz hinein,
Wind verweh mir Sorgen und Beschwerden!
Tiefere Wonne weiß ich nicht auf Erden,
Als im Weiten unterwegs zu sein."[128]

(Hermann Hesse, Dichter und Maler)

„Heute machte ich einen Spaziergang durchs Riet bei uns, es schneite, Schnee im Gesicht, die Kappe tief in die Stirn gezogen und dann los. Wunderbar", so schrieb mir ein guter Bekannter mitten im Januar. Man kann sein Vergnügen unmittelbar nachempfinden. Die unterschiedlichen Witterungsverhältnisse, oftmals innerhalb eines einzigen Tages, beinhalten ihre ganz eigenen Vorzüge und Herausforderungen. Dabei kann ein und dasselbe Wetter auf uns Menschen höchst unterschiedliche Wirkungen haben: Scheint die Sonne, jubiliert das Herz all derer, die die wärmenden Strahlen draußen genießen können. Bei Menschen hingegen, die bei Prachtwetter viele Stunden im Büro arbeiten müssen, kann die Stimmung schon einmal trübe werden. Ebenso bei Menschen, deren Kreislauf unter der Hitze leidet, oder Hobbygärtner, deren Ernte im „Supersommer" vertrocknet.

Jedes Wetter kann, je nach Kontext und Befindlichkeit, unterschiedlichste Auswirkungen haben: Unerwarteter Sonnenschein versetzt uns vielleicht in Hochstimmung, während ein Unwetter durchaus Inspirationsquelle sein kann. Ein Spaziergang an einem eiskalten Wintermorgen wirkt wie eine Meditation, wenn der Schnee bei jedem Schritt unter den Schuhen knirscht, und bereits ein kurzer Gang um den Block im nasskalten November erfrischt den Geist. Spaziergänge bei jeder Witterung eröffnen uns das Erleben des Elementaren. Wir tauchen ein in die Natur mit ihrer Kraft, ihrer Schönheit und ihrer Weisheit.

Vor einigen Jahren, am letzten Sonntag vor einem Stellenwechsel, ging ich von meinem Wohnort aus zu Fuß rund 15 Kilometer nach Einsiedeln. Einsiedeln mit seinem Kloster ist eine bedeutende Station auf dem Jakobsweg und Ziel zahlreicher Pilger. Ich wollte mich unterwegs auf die bevorstehende berufliche Veränderung einstimmen und Vergangenes hinter mir lassen. Ich ging bei vermeintlich stabiler Wetterlage los und wurde etwa auf halber Wegstrecke, als der schützende Wald bereits hinter mir lag, von Starkregen und heftigen Windböen überrascht. Trotz Regenjacke und Trekkingschuhen war ich nach kurzer Zeit bis auf die Haut durchnässt und konnte mich später in Einsiedeln in meinen tropfnassen Kleidern kaum beim Kaffee aufwärmen. Im Nachhinein betrachtet war der Regen eine Vorahnung dessen, was am neuen Arbeitsort auf mich zukommen sollte. Ich ging an diesem Nachmittag buchstäblich vom Regen in die Traufe. So ist mir dieser Gang unvergesslich geblieben. Der Wetterumschwung hat meine Situation, in der ich mich damals befand, präzise wiedergegeben.

Herbst- und Winterdepression

Die meisten Menschen fühlen sich bei Sonnenschein und angenehm warmen Temperaturen besser als bei trübem Wetter und Kälte. Häufig wird in diesem Zusammenhang auch über Herbst- oder Winterdepression gesprochen. Es gibt verschiedene, bisher noch nicht genügend bestätigte Annahmen über die Ursachen von Winterdepressionen. Eine zentrale Annahme ist, dass der Tagesrhythmus und die physiologischen Begleiterscheinungen (z. B. der Serotonin- und Melatonin-Spiegel) durch die veränderte Lichtzufuhr gestört sein könnten. Manche Ärzte verschreiben Vitamin D oder auch Lichttherapien mit hellen, leistungsstarken Lampen.

Auch wenn das Konzept der Winterdepression klinisch und wissenschaftlich[129] umstritten ist, schaden folgende Tipps sicher nicht, um gut durch die Wintermonate zu kommen. – Spazierengehen ist einer davon:

- Jeden Tag mindestens eine halbe Stunde draußen verbringen! Auch bei schlechtem Wetter ist es draußen heller als drinnen.
- Ausgewogene Ernährung: Obst und Gemüse wirken sich aktivierend auf den Stoffwechsel aus.
- Besonders hilfreich ist die körperliche Betätigung: Spaziergänge, Sport etc.
- Nicht verkriechen: Soziale Kontakte aktivieren und nutzen!
- Schlafdauer regulieren: Nicht übermäßig viel schlafen, nur so viel wie nötig.
- Genussmomente einbauen.

Ideen für Spaziergänge bei Wind und Wetter zu jeder Jahreszeit

Die Natur erstreckt sich vor unseren Füßen, direkt vor der Haus- oder Bürotür, an der Bushaltestelle oder bei den täglichen Besorgungen. Gucken Sie sich das Wetter nicht nur durchs Fenster oder auf der Wetter-App im Smartphone an, sondern gehen Sie nach draußen – bei jedem Wetter:

Den Sturm einatmen

Mit brennenden Wangen, zerzaustem Haar und Windjacke mit dem Wind gehen, dem Sturm trotzen, ihn ohne Widerstand ein- und wieder ausatmen.

Durch Eis und Schnee

Mollig-warm eingepackt die knirschenden Eiskristalle unter den Füßen hören, klirrend kalte Luft und Atemnebel, verschneite Natur im Wissen, dass unter der Schneedecke das Leben schläft.

Singing in the rain

Mit Regenmantel und Gummistiefeln durch Pfützen platschen, zuhören, wie der Regen auf den Regenschirm prasselt, der Pflanzenwelt beim Auftanken zusehen, Regen auf der Haut spüren und feststellen, dass wir Menschen wasserfest sind.

Geborgenheit im Nebel

Gedämpfte Töne wahrnehmen, ohne viel Weitsicht ganz bei sich bleiben, die eigenen Schritte hören, sich mit seiner Intuition verbinden und sich selbst vertrauen, sich von der Erde getragen fühlen, ganz im Hier und Jetzt.

Frühling lässt sein blaues Band ...

An Obstbäumen vorbei oder im Park flanieren, Knospen und junges Grün in feuchter Erde sprießen sehen, erste Sonnenwärme im Haar, einen Frühlingszweig für zu Hause mitnehmen.

Sommerflimmern

Reflexe des Sonnenlichts durchs Blätterdach, das Spiel von Licht und Schatten, mit seinem eigenen Schatten spielen, sich mit Sonnenhut leicht bekleidet frei und unbeschwert fühlen.

Herbstspaziergang

Einem einzelnen Blatt beim Fallen zusehen, durchs raschelnde Laub waten, die Natur in ihrer explosiven Farbenpracht in den Winter hinein verabschieden, Sommererinnerungen und Vorräte sammeln.

Spazieren im Jahreslauf

- Regelmäßig einen bestimmten Baum durch die Jahreszeiten hindurch besuchen.
- Wahrnehmen, wie sich Umgebungsgeräusche, zum Beispiel Vogelgesang oder Insektensummen, im Jahresverlauf verändern.
- Wahrnehmen, wie sich Umgebungsgerüche, zum Beispiel der mineralische Geruch gefrorener Erde, der Duft geschnittenen Grases oder der modrige Geruch von Herbstlaub, im Jahresverlauf verändern.
- Sich in Dankbarkeit üben für alles, was Erde und Natur uns schenkt.
- Zum Himmel hinaufsehen bei Tag und bei Nacht.
- Luft sehen, Luft beim Atmen fühlen und beobachten, wie sich Baumkronen und Gräser im Luftstrom bewegen.

8.6 Ein Problem angehen – der Lösung entgegengehen

„Dem Gehenden schiebt sich der Weg unter die Füße.“[130]

(Martin Walser, Schriftsteller)

Jeder von uns kennt diese Situation: Ein Problem beschäftigt uns derart, dass sich unsere Gedanken verselbstständigen und kaum noch kontrollieren lassen. Sie kommen und gehen, wann sie wollen, stören uns bei unseren Beschäftigungen und rauben uns den Schlaf. Diese problembeladenen Gedankenketten sind meist destruktiv und verbrauchen eine Menge Lebensenergie. Wir möchten das Problem am liebsten gar nicht haben, und wenn, dann möglichst rasch lösen. Zugleich sind wir in unserem Denken blockiert. Vielleicht, weil wir von negativen Emotionen wie Wut, Ärger, Überforderung, Ohnmacht, Resignation oder Angst überflutet sind und keinen klaren Gedanken fassen können. Vielleicht, weil trotz intensiven Nachdenkens keine Lösung in Sicht ist. Zwar kann ich Ihnen leider nicht garantieren, dass Sie durch Spaziergehen all Ihre Problem lösen werden. Aber vieles spricht dafür, sich mit seinem Problem der gleichmäßigen körperlichen Bewegung des rhythmischen Gehens an der frischen Luft hinzugeben. Denn wenn etwas festsitzt, so kann man es beim Spazieren wieder in Bewegung bringen. Der gleichmäßige eigene Schritt beflügelt auch die Gedanken.

Wir haben im Abschnitt 3.3 („Embodiment“) und insbesondere im Abschnitt 3.4 („Gehen macht schlau und kreativ“) gesehen, dass das Gehen dem Denken und somit auch dem Lösen von Problemen zuträglich ist. Die Forschung bestätigt dies. Das Einzige, was es braucht, ist der Entschluss, loszugehen – und schon ist man inklusive „seinem“ Problem in Bewegung. Bevor man aufbricht, lohnt es sich, die folgende Frage so ernsthaft und präzise wie möglich zu beantworten: „Um was *geht* es denn eigentlich genau?“

Im Beantworten dieser Frage stecken vielfach schon erste Hinweise auf einen möglichen Lösungsweg. Diesen Gedanken nehmen wir mit auf den Weg. Während wir nun spazierend unterwegs sind, lassen wir unseren Gedanken freien Lauf. Schritt für Schritt verändert sich nicht nur die äußere Umgebung, sondern auch das innere Kopfkino. Die gleichmäßige, rhythmische Bewegung wird sowohl eine Entkrampfung und Entspannung des Körpers wie auch des Denkens hervorbringen. Völlig neue Gedanken blitzen auf und begleiten uns. Manche verschwinden sogleich wieder und manche schweifen, wie die eigene Aufmerksamkeit, mal hierhin, mal dorthin.

> „Im Vertrauen in die ersten eigenen Schritte findet sich leichter die Spur als im starr fixierten Verweilen am festen Ort, am Schreibtisch, am Arbeitsplatz, im gewohnten Zimmer. Die körperliche Bewegung löst die innere Spannung, und der innere Weg wird klarer aufgenommen. Im Hineingehen in die Bewegung befreit sich der innerlich Bewegte von der Last, die seine Bewegungsfreiheit hinderte."[131]

Es kann aber auch sein, dass auf dem Spaziergang gar nichts passiert und ich denselben Problemhaufen vor mir habe wie zuvor. Einer meiner Freunde ist seit Jahren mit einem schier unlösbaren familiären Dilemma beschäftigt, eine Lösung ist nicht in Sicht. Seit ich ihn kenne, erzählt er mir, dass er so oft wie möglich zum Spazieren in den Wald geht. Das ist seine immer verfügbare Problem-Auszeit. Spaziergänge sind also in jedem Fall ein Gewinn. Denn sie schenken während der Zeit des Gehens Abstand vom Problem und damit innere Freiheit, um wieder zu sich zu kommen. Ganz nebenbei wird durch die Bewegung der Abbau des Stresshormons Cortisol begünstigt. Spazieren zum Problemlösen hat keine Nebenwirkungen. Es ist eine Methode, offen für gedankliche Abstecher zu werden und sich in Kopf und Körper locker zu machen.

Neben der beschriebenen Methode des Problemangehens möchte ich Ihnen noch einen weiteren Impuls anbieten:

Wenn Sie herausgefunden haben, um was es bei Ihrem Problem eigentlich genau geht, könnten Sie eine weitere Frage mit auf den Weg nehmen. Sie lautet: „Was wäre denn am Ende meines Weges, wenn eine Lösung da wäre?"

Verinnerlichen Sie diese Frage und spazieren Sie einfach los – Ihrer Lösung entgegen, zuversichtlich, dass sie Sie erwarten wird. Auch hier gibt es keine Erfolgsgarantie – aber gute Chancen, dass sich gedanklich ein neuer Weg auftut. Mit dem Fokus auf das Hier und Jetzt lässt sich eine wohltuende Leichtigkeit erfahren. Wippenden Schrittes verbindet man sich mehr und mehr mit der Natur, dem eigenen Herz und der eigenen Seele, seiner Intuition. Mit einem Mal müssen wir uns nicht mehr zwingen, eine Lösung zu erdenken. Wir können die Lösung mithilfe der Natur und im Einklang mit unserem Körper, unserem Geist und unserer Seele entstehen lassen, ihr entgegengehen – oder darauf vertrauen, dass sie auf uns zukommen und uns finden wird. In Gestalt von Hinweisen am Wegesrand, zufälligen Begegnungen unterwegs oder einem Geistesblitz aus heiterem Himmel.

Falls Sie einen Aussichtspunkt in Form eines Turms, einer Anhöhe, eines Berges oder einer Aussichtsplattform in Ihrer Nähe haben, könnten Sie Ihren Spaziergang auch mit dem Aufstieg in luftigere Höhen beginnen. Wir überwinden einen Höhenunterschied und der Weg dorthin, vielleicht über eine Treppe, wird zum Ort des Übergangs. Mit dem Hinaufsteigen verändert sich unser Standpunkt, unsere Sichtweise und unsere Wahrnehmung. Wir gewinnen Überblick.

„Alle Hindernisse und Schwierigkeiten sind Stufen, auf denen wir in die Höhe steigen."

(Friedrich Wilhelm Nietzsche, Philologe)

Ideen für einen Spaziergang „Ein Problem angehen"

Bevor Sie losgehen, beantworten Sie folgende Frage: „Um was *geht* es bei meinem Problem eigentlich genau?" Begeben Sie sich dann auf Ihren Spaziergang, ohne dabei besonders konzentriert an Ihr Problem zu denken. Lassen Sie Ihren Gedanken freien Lauf. Nehmen Sie Schreibzeug mit, um unterwegs etwas notieren zu können. Auf den Gebrauch elektronischer Geräte sollten Sie unterwegs verzichten. Nehmen Sie sich jeweils am Ende Ihres Spaziergangs Zeit, um Ihre Gedanken zu reflektieren. Vielleicht haben Sie bereits eine Idee, was nun ein möglicher erster Schritt bei der Problemlösung sein könnte. Notieren Sie diesen und schlafen Sie eine Nacht drüber. Seien Sie auch gefasst darauf, dass aus dem Nichts weitere Gedanken aufsteigen werden. Wenn Ihnen eine Ihrer Ideen am nächsten Morgen noch immer zusagt, starten Sie mit der Umsetzung.

Falls Sie mit der Problemlösung noch keinen Schritt weitergekommen sind, nehmen Sie es gelassen. Gut Ding will Weile haben, gute Lösungen müssen reifen. Unternehmen Sie einen weiteren Spaziergang wie oben beschrieben. Nehmen Sie dieses Mal die folgende Frage mit auf Ihren Weg: „Was wäre denn am Ende meines Weges, wenn eine Lösung da wäre?"

Auch wenn sich so rasch keine überzeugende Lösung einstellen will, halten Sie an Ihrer Spazier-Routine fest und bleiben Sie ruhig und zuversichtlich. Ihr Körper und Ihr Geist werden es Ihnen danken.

Anmerkung 1: Wenn keine Lösung in Sicht ist

Für manche Probleme gibt es keine naheliegenden Lösungen. Wenn wir durch ein Problem sehr aufgewühlt sind, können wir durch das Spazierengehen aber immerhin unsere innere Ruhe wiedergewinnen. Wenn wir uns vollkommen auf das Gehen konzentrieren, hört das Gedankenkreisen auf. Die Konzentration auf die Bewegung und den Atem helfen, das destruktive, unerfreuliche Denken zu unterbrechen. Wir kommen zur Ruhe. Einatmen, ausatmen und schlichtes Gehen im Hier und Jetzt beruhigen den Gedankensturm – wenigstens für eine Weile.

Anmerkung 2: Mit sich selbst als gute Freundin unterwegs

Wenn sich kaum eine Lösung abzeichnet, hier ein weiterer Gedanke: Seien Sie sich auf Ihrem Spaziergang selbst eine gute Freundin / ein guter Freund, die / der Ihnen beisteht. Klingt seltsam? Machen wir uns einmal klar, mit wie viel Empathie und Wohlwollen wir uns um Freunde mit Problemen kümmern. Viele Menschen können selbst Fremden ein besserer Freund sein als sich selbst. Aber wir alle besitzen zum Glück die Voraussetzungen dafür, eine Freundschaft zu pflegen. Nun müssen wir sie nur noch auf uns selbst anwenden: Was würde eine gute Freundin / ein guter Freund tun, wenn Sie ein Problem hätten?

- Uns und unser Problem ernst nehmen und es nicht verharmlosen.
- Uns nicht verurteilen.
- Uns nehmen, wie wir sind – mit allen Ecken und Kanten.
- Uns auf unserem Weg ermutigen.
- Uns Mut zusprechen.
- Uns nicht verlassen, wenn es schwierig wird oder wenn wir versagt haben, im Wissen, dass Scheitern zum Menschsein gehört.
- Uns Zeit lassen.
- Mit uns etwas Schönes unternehmen, wenn sich in der Problemlösung noch immer nichts getan hat.

Vielleicht stellen Sie sich beim nächsten Problem-Spaziergang vor, Sie würden von sich selbst als guter Freund oder als gute Freundin begleitet. Sie werden gestärkt zurückkommen.

Anmerkung 3: Professionelle „Geh-Spräche"

Falls Sie sich beraten lassen möchten oder selbst beraten: Vieles spricht dafür, das Beratungs-, Coaching- oder Therapiegespräch nach draußen zu verlegen. Dahinter steckt die Idee des Reframings: Wechseln wir den Rahmen, werden neue Optionen möglich. Dass man sich dabei nicht ansieht, wie sonst, wenn man sich in einem Besprechungszimmer gegenübersitzt, sondern gemeinsam in eine Richtung schaut und geht, wirkt sich positiv auf eine offene Gesprächsatmosphäre aus. Steht eine intensive Arbeit an, sollte man an einem ruhigen Ort spazieren, denn auf öffentlichen Flächen ist man selten ungestört. Der Ortswechsel ist ein Geschenk, sowohl für die Klienten als auch für die Beratenden selbst.

Anmerkung 4: Gelassenheit

Mit diesem Ihnen gewiss bekannten Gelassenheitsgebet im Hinterkopf, vermutlich vom US-amerikanischen Theologen Reinhold Niebuhr[132] verfasst, lässt es sich im Problemfall auf dem Weg zu Klarheit ebenfalls hilfreich spazieren:

> „Gott, gib mir die Gelassenheit, Dinge hinzunehmen, die ich nicht ändern kann,
> den Mut, Dinge zu ändern, die ich ändern kann,
> und die Weisheit, das eine vom anderen zu unterscheiden."

8.7 Die kürzeste Reise der Welt: einmal um den Block

„Wandern ist eine Tätigkeit der Beine – und ein Zustand der Seele."

(Josef Hofmiller, deutscher Schriftsteller)

Ein Spaziergang ist in gewisser Weise die kleinste Form von Reise, die wir je unternehmen können. Er ist die Miniaturausgabe einer Urlaubsreise und steht zu den großen Ferien in Beziehung wie ein kleines Appetithäppchen zu einem mehrgängigen Abendessen. Die Absicht, während der Runde um den Block einen klaren Kopf zu bekommen, und die Gewissheit, dass Alltag und „lärmender" Überfluss nicht das Maß aller Dinge sein können, lassen viele von uns regelmäßig die eigenen vier Wände verlassen.

Doch selbst, wenn es sich nur um eine neuneinhalbminütige Auszeit im Stadtviertel oder ein paar Momente in der nahe gelegenen Grünanlage handelt, ist ein Spaziergang bereits eine Reise, bei der viele der großen Themen des Reisens präsent sind.

Das Bedürfnis, einen Spaziergang zu machen, erwächst aus der gleichen Motivation wie die Sehnsucht, in ein anderes Land zu reisen: mit dem Wunsch, unseren Geist neu zu beleben. Wenn wir zu lange wie festgewurzelt an einem Ort verharren, kommen wir manchmal nicht mehr weiter, werden müde, genervt, haben genug von allem oder einfach nur schlechte Laune. Wir haben zu lange auf den Bildschirm gestarrt, sind sehr geduldig am Esstisch gesessen, haben den umfangreichen Ausführungen der Kolleginnen und Kollegen im Meeting unsere volle Aufmerksamkeit geschenkt, sind ohne nennenswerten Fortschritt auf die gleichen inneren Hindernisse gestoßen, erleben Dichtestress, Verstimmtheit oder eine leichte Form von Platzangst.

Es zieht uns nach draußen. Wir sehnen uns nach Tapetenwechsel, nach Frischluft und Bewegung für unsere eingerosteten Glieder. Wir wollen Abstand, kurz aus dem Alltag aussteigen, mal eben verschwinden. Manche verschwinden in solchen Momenten an den Kaffeeautomaten, in die Raucherecke oder hinter die WC-Tür. Als Alternative hierzu bietet sich die kürzeste Reise der Welt an: ein Mini-Spaziergang.

Ich praktiziere Mini-Auszeiten gern und regelmäßig während intensiver Arbeitsphasen oder sich länger hinziehender sozialer Anlässe. Die Kaffeepausen im Rahmen von Workshops lassen sich hierfür hervorragend nutzen. Nicht immer erwartet mich eine so bezaubernde Umgebung wie die eines von mir sehr geschätzten Tagungsortes: ein Park mit altem Baumbestand und unmittelbarem Zugang zum Starnberger See. Selbst im „größten liegenden Hochhaus der Welt"[133] im Frankfurter Flughafen lassen sich diese Miniaturreisen realisieren.

Kaum sind wir draußen, spüren wir eine neue Lebensqualität: Luftveränderung, das laute (dem städtischen Lärm angepasste) Gezwitscher zweier miteinander kommunizierender Amseln, ein Sonnenstrahl, der sich durch die Wolkendecke kämpft, der Strom des Nachmittagsverkehrs, der Anblick einer Linde, die Auslagen des Kiosks.

Wenn wir an einem Lebensmittelgeschäft vorüberspazieren, malen wir uns vielleicht aus, was es heute zum Abendessen geben könnte, erinnern uns aber plötzlich daran, dass wir ja eigentlich kürzertreten wollten und eh noch zu arbeiten haben. Ein Teil unserer Innenwelt fühlt sich möglicherweise erschöpft und abgestumpft an. Auch Angst könnte da sein, Gewissenbisse. Einige unserer tiefsten Empfindungen, mit denen wir uns eigentlich auseinandersetzen müssten, haben einen potenziell störenden Charakter, weil sie unser derzeitiges Lebenskonzept empfindlich stören könnten. Deshalb schenken wir ihnen keine Aufmerksamkeit. Eine innere Zensur findet statt. Sie blockiert Fortschritte, die wir machen könnten, wenn wir uns selbst einmal genau zuhören würden. Gewisse Ideen, gewisse Gefühle sind für unser Leben wichtig und interessant, auch wenn sie eine deutliche Bedrohung für den aktuellen kurzfristigen Frieden darstellen. Ein Spaziergang hilft dabei, diese inneren Blockaden zu lösen. Während wir gehen, ist der Verstand schon bald nicht mehr so stark auf der Hut. Die rhythmische Bewegung eines leichten Schrittes hilft, uns von den Spurrillen unserer aktuellen Themen zu trennen, und erlaubt es uns, unbeschwerter durch die ausgewählten Regionen unserer inneren Landschaft zu wandern. Themen, zu denen wir den Kontakt verloren hatten – ein seltsamer Traum, den wir kürzlich hatten, unsere Kindheit, eine Freundin, die wir seit Jahren nicht mehr gesehen haben, die Schulzeit, eine große Aufgabe, die wir immer übernehmen wollten, – kommen uns ins Bewusstsein. Physisch gesehen gehen wir vielleicht nur eine kurze Wegtrecke, aber wir durchqueren einen Hektar mentales Territorium.

Kurze Zeit später sind wir wieder zu Hause oder am Arbeitsplatz. Vielleicht hat sogar niemand bemerkt, dass wir überhaupt mal kurz weg waren. Diese Mini-Auszeit gehört nur uns allein, eine kurze Reise mit uns selbst und zu uns selbst. Wir haben uns auf subtile Weise gewandelt: zu einer etwas vollständigeren, visionäreren, mutigeren und fantasievolleren Version der Person, die wir waren, bevor wir auf die Spazierreise gingen.

Ideen für einen Spaziergang „Die kürzeste Reise der Welt: einmal um den Block“

„Ich bin dann mal kurz draußen!“ – ein guter Satz, den Ihr Umfeld und Sie selbst häufiger hören sollten.

- Welche Gedanken und Ideen schweben bei Ihren Mini-Spaziergängen immer wieder durch Ihr Bewusstsein? Notieren Sie sie anschließend und vergleichen Sie sie mit früheren Notizen. Vielleicht zeigen sich wichtige Themen, die Sie in Ihr Leben lassen möchten.
- Erkunden Sie doch einmal, wann und in welchen Situationen Ihr Körper und Ihr Geist eine Auszeit benötigen. An was merken Sie, dass Sie mini-Timeout-reif sind? Erfasst Sie die Lust auf etwas Süßes oder auf einen Koffein-Kick? Auf Nikotin oder ein Schläfchen? Mit was stillen Sie gewöhnlich diese Bedürfnisse? Als Alternative könnten Sie sich einen kurzen Spaziergang gönnen.
- Vielleicht thematisieren Sie dies auch einmal an Ihrem Arbeitsplatz: Ungesunde Raucherpausen werden von den meisten Betrieben geduldet und gelten als Arbeitszeit, ebenso das Anstehen am Kaffeeautomaten. Ich plädiere dafür, dass HR-Abteilungen und Führungskräfte den Mini-Spaziergang als Arbeitszeit anerkennen, denn er wird sich positiv auf die Mitarbeiterzufriedenheit, -gesundheit und die Arbeitsleistung auswirken.
- Wenn sich ein Gespräch am Familientisch oder eine Verhandlung in einer kritischen Phase befindet und sich die Fronten verhärten, bewährt sich ein Mini-Spaziergang ganz besonders! Gesprächspause einlegen und ab nach draußen. Dies hat so manch einen schon vor verbalen Eskalationen und einem Scherbenhaufen bewahrt.

8.8 Eine andere Welt: im Zauber der Nacht

„Bei Tage ist es kinderleicht, die Dinge nüchtern und unsentimental zu sehen. Nachts ist das eine ganz andere Geschichte.“

(Ernest Hemingway, US-amerikanischen Schriftsteller des 20. Jahrhunderts)

Das Dunkel der Nacht löst viele Gefühle und Erinnerungen aus. Ich staune jedes Mal, wie sich die mir vertraute Natur rund um unser kleines Ferienhaus in den Bergen Graubündens bei Nacht verändert. Der am Tag lichtdurchflutete Nadelwald oder die glitzernden Schneeflächen wirken in der Nacht geheimnisvoll und manchmal auch beklemmend und furchteinflößend. Je weniger wir mit unserem Sehsinn wahrnehmen und je unklarer die Umrisse werden, umso unsicherer werden wir. Deshalb machen wir gerne die Nacht zum Tag, erleuchten unsere Dörfer und Städte und versuchen so, unsere Angst vor der Dunkelheit zu vertreiben.

Rund um unser Ferienhäuschen gibt es kaum zivilisationsbedingte nächtliche Beleuchtung, außer, wenn unsere Nachbarn da sind. Den sanften Lichterschein durchs benachbarte Fenster erlebe ich immer als sehr beruhigend. Doch wenn ich allein bin und die Nacht ihr pechschwarzes Tuch ausbreitet, werde ich ab und an mit meinen Ängsten konfrontiert. Was ist es denn, was uns Menschen vor der Nacht ängstigt, fragte neulich meine Tochter. Gefährliche Tiere, die auf Beutejagd sind? Wohl kaum mehr. Einbrecher, die ihr Unwesen treiben? Die Angst vor Überbekanntem, Unsichtbaren? Die Erinnerung an Sagen, Märchen und Horrorgeschichten, die wir uns erzählen und die unsere Fantasie anregen? Das Dunkel der Nacht erinnert uns auch an den Tod, der mit Dunkelheit in Verbindung gebracht wird. Denn wenn die Sonne untergeht, stirbt der Tag. Die Nacht lässt uns an die dunklen Seiten in jedem von uns denken, die Schattenseiten, die im Unbewussten schlummern und die niemand gerne sieht.

Dabei unterschätzen wir die Wirkung eines nächtlichen Spaziergangs. Denn Hör- und Tastsinn kompensieren die fehlende Orientierung durch den Sehsinn, sodass ein eigenartiges, faszinierendes Daseinsgefühl entsteht. Plötzlich raschelt und knackt es überall, der Wind rauscht in den Bäumen, der Wald scheint lebendiger denn je, unsere Sinne sind geschärft, wir sind wachsam.
Ungewohnt ist das, denn die wenigsten von uns unternehmen regelmäßig nächtliche Spaziergänge außerhalb der beleuchteten Städte in der Natur. Die meisten nachtaktiven Tiere sind uns fremd, außer vielleicht Nachbars Katze auf Beutezug. Sobald wir Vertrauen gefasst haben, dass Angst und Anspannung meist unbegründet sind, zieht uns ein nächtlicher Spaziergang als intensive Erfahrung in seinen Bann. Haben Sie schon einmal den nahezu lautlosen Flug einer Fledermaus beobachtet? Oder dem Ruf einer Eule gelauscht?

Einer der schönsten nächtlichen Spaziergänge ist wohl einer unter dem wolkenlosen Sternenhimmel, wie wir ihn am besten zwischen abnehmendem Halbmond und Neumond erleben können. Wenn Wolken den Himmel freigeben, lässt uns das auch im Dunkeln die Weiten des Weltalls erahnen. Dieses Erlebnis kann zu einem bedeutungsvollen Perspektivwechsel führen, denn Probleme und das Kreisen um sich selbst werden angesichts der Unendlichkeit des Weltalls unbedeutend. Ideal sind auch die Tage um den Vollmond, um einen nächtlichen Spaziergang zu unternehmen. Auch in einer Stadt kann ein nächtlicher Spaziergang eine schöne und einzigartige Erfahrung mit neuen Entdeckungen sein: „Ich liebe es, nachts durch eine Stadt zu gehen, all die Lichter, die Gestalten, man spürt immer wieder etwas Neues auf. Orte und Menschen in anderem Licht", schrieb mir ein guter Bekannter, selbst ein „Streuner" und Flaneur. Die Straßen sind nachts leerer und ruhiger als tagsüber, nur wenige Menschen sind unterwegs, nächtliche Geräusche strömen gedämpft aus Häusern und Bars, die unterschiedlichen Lichter der schlafenden Stadt sind zu bewundern, zuweilen Tiere, ein Stadtfuchs oder ein Igel – die Stadt wird nachts zu einem anderen Wesen, das sich spazierend zu erleben lohnt.

Ideen für einen Spaziergang „Der Zauber der Nacht"

Warum Sie diesen Spaziergang unternehmen sollten? Weil ein Spaziergang im Dunkel der Nacht eine gänzlich neue oder zumindest ungewohnte Erfahrung sein kann. Weil er vielleicht die spannenden Nachtwanderungen aus der Jugendzeit wiederaufleben lässt. Weil ein nächtlicher Spaziergang mit anderen Menschen ein Gefühl von Verbundenheit entstehen lässt. Weil mit dem Erfahren der Dunkelheit auch zum Tageslicht eine neue Beziehung entsteht.

Welcher Ort eignet sich für einen Nachtspaziergang? Ein Gebiet, das Sie bei Tageslicht bereits erkundet haben, sodass schlecht erkennbare Gefahrenquellen ausgeschlossen werden können. Geeignet sind beleuchtungsferne Gebiete, bei denen man nach ca. 15 Minuten Fußweg an einen sicheren Ort gelangt, der z. B. auch vor Gewitter geschützt ist. Nehmen Sie ausreichend warme Kleidung, gutes Schuhwerk, eine Taschen- oder Stirnlampe sowie zur Sicherheit ein Handy mit.

Unternehmen Sie Ihren ersten nächtlichen Spaziergang zu zweit oder in einer Gruppe. Wenn Sie sich an das nächtliche Spazieren gewöhnt haben und sich sicher fühlen, können Sie auch allein losziehen. Wenn Sie möchten, können Sie den Weg mit Fackeln, Windlichtern oder der Taschenlampe beleuchten. Wechseln Sie zwischen den unterschiedlichen Lichtquellen, um ihre unterschiedliche Wirkung zu erleben. Löschen Sie auch einmal alle Lichter. Beobachten Sie, wie sich Ihre Sinneswahrnehmungen unterwegs verändern, insbesondere das Sehen, Hören und Tasten. Wenn Sie gemeinsam unterwegs sind, wechseln Sie ab mit dem Austauschen Ihrer Gedanken und dem gemeinsamen Erlebnis der nächtlichen Stille.

Nach rund 40 Minuten haben sich unsere Augen maximal an die Dunkelheit gewöhnt. So lange sollte deshalb ein nächtlicher Spaziergang mindestens dauern, damit wir in den vollen Genuss kommen. Seien Sie darauf vorbereitet, dass Spaziergänge im Dunklen bei Ihnen und anderen zu ungewöhnlichen Erlebnissen führen können. Sicherheit sollte daher oberste Priorität haben, außerdem genügend Raum, um die Erlebnisse miteinander zu besprechen.

8.9 Unten ohne: barfuß unterwegs

„Die Natur muss gefühlt werden."

(Alexander von Humboldt, deutscher Naturforscher)

Die ersten Jahre, nachdem er laufen gelernt hatte, war unser Sohn meist barfuß oder zumindest strümpfig unterwegs. Auch den Weg zu seinem Freund auf der gegenüberliegenden Straßenseite absolvierte er bevorzugt ohne Schuhe, selbst bei Schneematsch. Die Bitten von uns Erwachsenen, doch wenigstens im Winter kurz in die Stiefel zu schlüpfen, hörte er meist schon nicht mehr. Unser Sohn ist mit dem Drang, barfuß zu laufen, instinktiv seiner Natur gefolgt. Für Kinderfüße – und auch für Erwachsenenfüße – gibt es nichts Besseres.

Es macht einen großen Unterschied, ob wir beschuht oder barfuß spazieren gehen. Die nackte Erde kann einladend freundlich als federnd, warm und weich oder abweisend feindlich als hart, kalt und spröde wahrgenommen werden. Feste Schuhe halten uns zur Welt auf Distanz. Sie beeinflussen je nach Schuhwerk und Sohlenbeschaffenheit unsere Beziehung zu ihr: Vergleichen Sie einmal, wie sich Ihre Beziehung zur Welt je nach Schuh (vom Flipflop bis zum Bergschuh), den Sie tragen, verändert.

Unsere beiden Füße sind das Fundament unseres Körpers. Beim Gehen müssen sie das Zwei- bis Dreifache des Körpergewichts tragen und verschiedene Funktionen erfüllen: Sie federn den Auftritt ab, halten das Gleichgewicht, gleichen Bodenunebenheiten aus und sorgen für eine dynamische Fortbewegung. 26 Knochen, rund 20 Muskeln und über 100 Sehnen und Bänder machen den am stärksten belasteten Körperteil funktionsfähig. Mit ihren rund 30.000 Nervenendigungen ist die Fußsohle auch ein hoch entwickeltes Tastorgan. Aus Erzählungen meiner Eltern weiß ich, dass es noch Mitte des 20. Jahrhunderts vor allem in der Landbevölkerung Europas üblich war, dass die Kinder im Sommer barfuß gingen. Meistens aus finanziellen Gründen, da Schuhe zu teuer waren und deshalb für besondere Anlässe geschont wurden. Der angenehme Nebeneffekt des Barfußlaufens war die Förderung der allgemeinen Gesundheit – im Speziellen der Fußgesundheit. An den Sohlen konnte sich nicht nur eine widerstandsfähige Hornhaut, sondern auch eine gesunde Fußstellung entwickeln.

Heutzutage sind Barfußläufer die seltene Ausnahme. Im Spätsommer 2018 durfte ich im Rahmen des Geburtstagsfestes meiner Schwester im Karwendelgebirge am Ursprung der Isar eine Barfußläuferin persönlich kennenlernen. Ihr weicher, anmutiger Gang fiel mir sofort auf und sie erzählte mir von ihrer Passion, sich so häufig wie möglich barfuß fortzubewegen, und zwar nicht nur in der Natur, sondern auch in ihrer Heimatstadt München. Sie sei glücklich über ihre gesunden, kräftigen Füße und ihre beweglichen Muskeln und Sehnen. Rücken-, Hüft- oder Knieprobleme kenne sie keine. Tatsächlich müssen sich die Füße ohne die schützende Schuhsohle beim Gehen ständig an die Unebenheiten im Boden anpassen. Die stützenden Muskeln werden dadurch permanent beansprucht und entsprechend ausgebildet und gestärkt. Diese Muskeln sind wichtig, weil sie das Quer- und Längsgewölbe an der Fussunterseite tragen. Verkümmern die Muskeln, weil man ständig Schuhe anzieht, kann sich das Gewölbe absenken.[134] Die Folge sind Fehlstellungen. Barfußlaufen ist daher die beste Vorsorge gegen Senk-, Spreiz- und Plattfüße. Je weniger Bänder, Sehnen und Muskeln belastet werden, desto eher bilden sie sich also zurück. Barfusslaufen hilft, diesen Gefahren zu entkommen, und fördert zudem auch eine gesunde Zehenstellung.

Das jahrelange Tragen von Schuhen hat uns darin trainiert, zuerst die Ferse aufzusetzen, was den Gelenken eine starke Aufprallbelastung zumutet. Barfußgehen dagegen stellt unser natürliches Gangbild, den Ballengang, wieder her. „Dabei stellen sich vergessene Körperempfindungen, die ein Wohlbefinden auslösen, wieder ein."[135] Fast automatisch setzen Barfußläufer den Fuß nicht mit der Ferse auf (Hackengang), sondern verteilen das Gewicht gleichmäßiger auf den Vor- und Mittelfuß (Ballengang). Das schont den ganzen Knochenbau und im Besonderen die Gelenke und den Rücken.

Menschen, die viel barfuß laufen, sieht man schon optisch, an ihrem Gang, die gesunden Füße an – die Barfußläuferin an der Isarquelle war ein eindrucksvoller Beweis hierfür. Ein anderer war der kraftvolle Führer einer sommerlichen Wattwanderung von der Insel Föhr nach Amrum, von dem ich echtes Vertrauen im meine Füße lernte: Nach vielen Stunden zu Fuß durch Sand, Wasser und Schalen von Meerestieren befanden sich meine Füße ohne minimalste Verletzung im Top-Zustand. Regelmäßige Barfußgänger berichten von einem stärkeren Immunsystem mit weniger Infekten. Dies hängt mit der Massage der Fußreflexzonen und der verbesserten Durchblutung zusammen. Die Zehntausenden Nervenenden im Fuß liefern unserem Gehirn Informationen über die Bodenbeschaffenheit. Bewegt sich der Mensch ohne Schuhe, wirkt sich die Stimulation an den Fußsohlen positiv auf die inneren Organe aus und auch die Abwehrkräfte sowie das Herz-Kreislauf-System profitieren davon.

Wenn Sie beim Lesen Lust bekommen haben, ab sofort öfter mal die Schuhe auszuziehen, sollten Sie Ihre Füße zuerst langsam ans Barfußlaufen gewöhnen. Anfänger sollten nur so viel barfuß laufen, wie es der persönliche Wohlfühlfaktor erlaubt. Sobald man sich nicht mehr wohlfühlt, schmerzende oder müde Füße bekommt, ist es Zeit, die Schuhe wieder anzuziehen. Die Hornhaut und auch die vernachlässigten Muskeln müssen Zeit haben, sich aufzubauen. Ideal sind für Barfuß-Einsteiger Waldböden, Wiesen, Moose oder Sand. Aber auch auf Teer lassen sich kürzere Strecken als Anfänger durchaus bewältigen. Newcomer können sich auch erst einmal auf einem der vielen speziell eingerichteten Barfußpfade (Adressen finden Sie im Internet) versuchen.

Ideen für einen Spaziergang „Unten ohne – barfuß unterwegs“

Das Schöne am Barfußgehen ist, dass es uns hilft, im Hier und Jetzt zu sein, im Moment zu leben. Wenn wir barfuß unterwegs sind, denken wir weniger daran, was war und was später geschehen wird. Wenn Sie barfuß sind, fühlen Sie sich leicht und werden weniger von Alltagssorgen belastet. Diese Leichtigkeit ist ein wunderbar erfrischendes, befreiendes, zuweilen berauschendes Gefühl. Sie werden Spaß und Vergnügen erleben: Den Boden unter den Füßen zu spüren ist unvergleichlich – kühl, warm, strukturiert, weich, glatt, rau. Mit Schuhen werden Sie diese Empfindungen nie haben. Wenn Sie barfuß spazieren gehen, wird sich Ihr Bewusstsein für die Natur und die Umgebung deutlich verbessern. Sie werden Dinge erkennen, spüren und sehen, die Sie sonst nicht gesehen hätten. Wer barfuß läuft, läuft bewusster.

Welche Böden sind geeignet? In der Natur eine weiche, vielleicht etwas moosbedeckte Wiese oder ein Sandboden. In der Stadt ein glatter Stein- oder Teerboden. Später bieten sich Barfußpfade, Barfußparks oder der Wald an.

Starten Sie mit einem zehnminütigen Spaziergang und steigern Sie die Dauer nach Lust und Laune. Setzen Sie die ersten Schritte sehr achtsam und versuchen Sie, gelassen und entspannt zu bleiben. Spüren Sie, wie intensiv die erste Begegnung mit dem Boden sein kann. Sobald Sie die ersten Schritte gehen, werden Sie beim Aufsetzen der nackten Fußsohlen die unterschiedliche Beschaffenheit des Bodens wahrnehmen. Das sind Ihre Füße vielleicht nicht gewohnt. Kühle, Feuchtigkeit, spitze Steinchen oder Holzstücke können zunächst unangenehm sein und wehtun. Wenn Sie diesen Empfindungen nachspüren, werden Sie feststellen, dass Sie allein durch das Anspannen der Fußsohle aus Vorsicht angesichts des ungewohnten Untergrundes den Schmerz selbst mit verursachen. Versuchen Sie, ganz entspannt zu atmen, Ihren gesamten Körper locker zu lassen und die angespannte Fußmuskulatur zu lösen. Beim Barfußgehen sind wir ungeschützt und spüren unmittelbar unsere Verletzlichkeit. Je mehr wir uns vor Verletzungen fürchten, umso wichtiger wird es, Weichheit zuzulassen. Mit etwas Mut, Geduld und Übung werden Sie das Barfußspazieren bald in vollen Zügen und mit allen Sinnen genießen können.

Falls Ihre Füße schmerzen oder Sie kleine Verletzungen entdecken, müssen Sie bis zum nächsten Barfußspaziergang selbstverständlich warten, bis Ihre Füße wieder vollständig geheilt sind. Vielleicht fühlen Sie sich anfänglich ohne Schuhe ein bisschen nackt und unwohl. Denn ein Barfußspaziergänger entspricht nicht unbedingt der gesellschaftlichen Norm, außer vielleicht am Strand, im See- oder Freibad. Doch das muss Sie nicht stören, im Gegenteil: Wenn andere Menschen sehen, dass Sie barfuß unterwegs sind, kann auch sie das für einen Moment glücklich machen oder zumindest überraschen. Wer weiß, mit wem Sie auf diese Weise so alles ins Gespräch kommen …!

Wer seine Füße schützen möchte und trotzdem auf das Erlebnis des gefühlvollen Auftretens nicht verzichten will, dem seien Barfußschuhe empfohlen: Diese sind so gestaltet, dass sie das Barfußgehen nachempfinden und sich wie eine zweite Haut dem Fuß anpassen. Sie sind in vielen Sportgeschäften zu finden.

Übrigens: Eine Mittagspause ohne Schuhe fühlt sich an wie ein Kurzurlaub!

8.10 Das Leben würdigen: auf dem Friedhof

„Zeit ist überhaupt nicht kostbar, denn sie ist eine Illusion. Was dir so kostbar erscheint, ist nicht die Zeit, sondern der einzige Punkt, der außerhalb der Zeit liegt: das Jetzt. Das allerdings ist kostbar. Je mehr du dich auf die Zeit konzentrierst, auf Vergangenheit und Zukunft, desto mehr verpasst du das Jetzt, das Kostbarste, was es gibt.“[136]

(Eckhart Tolle, spiritueller Lehrer und Autor)

Wir wissen es, aber denken nicht oft daran oder versuchen es sogar zu verdrängen: Unsere letzte Station ist der Friedhof. Weshalb vergessen wir im Tagesgeschäft, dass das Leben im Hier und Jetzt stattfindet und nicht unendlich ist? Ein Spaziergang über den Friedhof kann uns verwandeln. Friedhöfe sind auf der ganzen Welt fester Bestandteil der Geschichte und heilige, kraftvolle Orte. Sie als einen Ort für einen Spaziergang und vielleicht sogar als Inspirationsquelle zu nutzen ist nicht neu. In Indien gingen Yogis bereits vor Tausenden von Jahren zu Plätzen, an denen die toten Körper der Menschen verbrannt wurden. Dies diente ihnen als eine Art Mahnung und Erinnerung an ihre eigene Sterblichkeit.

Das ist der Grund, warum ich Friedhöfe nicht nur zum Gedenken an Verstorbene besuche, sondern auch als Ort der Besinnung und der Reflexion. Man spürt, wenn man durch diese Gärten und Wälder der Engel streift, dass es neben den Toten vor allem auch um Stille, um Achtsamkeit, um Natur und darum geht, sich Zeit für die existenziellen Fragen des Lebens zu nehmen und Antworten darauf zu finden. In unserer optimierten Welt haben wir unsere Vergänglichkeit, das Sterben und den Tod, nahezu unsichtbar werden lassen. Die Unfähigkeit, mit Schmerz und Trauer umzugehen, ist gewachsen. Sich an die eigene Sterblichkeit zu erinnern kann dem Leben neuen Sinn geben, weil es uns daran erinnert, dass wir nur dieses eine haben.

Der Gedanke daran wird noch unmittelbarer erlebbar, wenn wir über den Friedhof zwischen den Gräbern der Verstorbenen umherspazieren – fast so, als befänden wir uns direkt unter ihnen.

Wenn ich Friedhöfe besuche, dann wird mir immer wieder bewusst, dass mein Leben irgendwann zu Ende sein wird. Diese Gewissheit löst in mir zuweilen Angst oder Traurigkeit aus, doch zumeist Dankbarkeit für das Leben, Motivation und Ansporn. Auf dem Friedhof fühle ich mich eingeladen zum Sinnieren über die eigene Endlichkeit, die angesichts der vielen Blumen auf den Gräbern, den im Wind rauschenden Bäumen und den begrünten Hecken, die unzähligen Vögeln Unterschlupf bieten, mit einer ungeahnten Leichtigkeit betrachtet werden kann. Der Gedanke an die eigene Vergänglichkeit eröffnet neue Perspektiven. Wir schätzen den Wert des eigenen Lebens mehr und beginnen darüber nachzudenken, was im Leben wirklich zählt. Dinge, die wir bisher für selbstverständlich gehalten haben, werden plötzlich wertvoller und kostbarer.

Ein Friedhof kann für uns Lebende zu einem Raum der Selbstfindung werden, zu einem Ort der Meditation und des Nachdenkens, zum Ort der Ermutigung zu einem bewussten Leben im Angesicht des Todes. Kränze am Grab sind mit ihrer Ringform ein Symbol für die Unendlichkeit des Seins und die Gemeinschaft aller Trauernden. Wenn wir über den Friedhof spazieren und lesen, was auf den Grabsteinen steht, erfahren wir vieles. Vor allem werden wir uns bewusst, wie viele Menschen vor uns ihr Leben gelebt haben. Wir können die Namen der Verstorbenen lesen und ihre Lebensdaten, und schon stehen wir in Verbindung. Wie lange hat diese Frau, dieser Mann gelebt? Wie viel Glück hatte sie oder hatte er? Nur wenige Personen hatten das Privileg, ein langes Leben zu führen. Manche lebten vielleicht nur vierzig Jahre, manche gar nur dreißig, sind an Krankheiten, die heute heilbar sind, gestorben oder im Krieg gefallen. Diese Menschen haben vermutlich nicht erwartet, nur ein solch kurzes Leben zu führen – sie hatten vielleicht große Pläne für ihr Leben und wollten Dinge tun, zu denen sie schlussendlich nicht mehr gekommen sind.

Für mich sind Spaziergänge auf dem Friedhof immer eine Aufforderung, dankbar zu sein und das Leben in Gänze auszukosten. Keiner von uns weiß, wie viel Zeit uns selbst oder geliebten Menschen um uns herum noch bleibt. Es wäre traurig, eines Tages auf das Leben zurückzublicken und zu bedauern, dass wir nicht so gelebt haben, wie wir es uns eigentlich gewünscht hätten, und dass wir anders gelebt hätten, wenn wir nur realisiert hätten, wie kurz das Leben ist. Zwei schöne Lebensziele wären:

- So zu leben, dass wir mit Würde und ohne Bedauern von dieser Welt gehen können, auch wenn es früher wäre als erwartet.
- So zu sprechen, dass zwischen uns und den Menschen, die uns viel bedeuten, nichts Wichtiges, Unausgesprochenes und Ungeklärtes stehen bliebe.

Auch wenn es manchmal schwierig ist, einen Traum zu verwirklichen, und es so aussieht, als würden wir unser Ziel nicht erreichen können, ist es doch besser, es trotzdem zu versuchen, auch wenn wir das Risiko in Kauf nehmen müssen, zu scheitern. Dann werden wir diese Welt eines Tages zufrieden und erfüllt verlassen in dem Wissen, dass wir zumindest unser Bestes gegeben haben, um unseren Traum zu realisieren. Denn wir sind nur vorübergehend hier. Wir sollten bewusster, bescheidener, respektvoller und ein Stück demütiger sein angesichts der Ewigkeit. Im Angesicht der Endlichkeit unserer kurzen Existenz gelingt es leichter, unser Leben und das Leben unserer Mitmenschen zu verbessern.

Ideen für einen Spaziergang „Das Leben würdigen – auf dem Friedhof"

Besuchen Sie einen Friedhof nicht nur, um Gräber lieber Verstorbener zu pflegen. Spazieren Sie über einen Friedhof, diesen inspirativen, kraftvollen Platz, und schauen Sie, was er für Sie tut. Sie werden an die grundlegende Tatsache erinnert, dass das irdische Leben nicht ewig ist. Ich bin mir sicher, dass Ihnen das zugutekommt und Sie einen Nutzen für sich ganz persönlich daraus ziehen können.

Ich möchte Ihnen einen Rundgang vorschlagen, an dessen Ende Sie wieder an Ihren Ausgangspunkt zurückkehren. Der Kreis, den Sie spazierend beschreiben, steht als Symbol für Unendlichkeit, für Verbundenheit und für ein zyklisches Zeitmodell. Das zyklische Zeitverständnis geht von einer universalen Wiederkehr von Ereignissen aus und ist überwiegend in asiatischen Kulturen anzutreffen. Ereignisse kehren in unterschiedlichen Zeitabständen wieder (z. B. Tag und Nacht oder die Jahreszeiten). Auch das menschliche Dasein verläuft zyklisch, bestehend aus Geburt, Tod und Wiedergeburt: „Buddha lehrte, dass jeder von uns seit Millionen von Zeitaltern immer wieder in verschiedenen Daseinsbereichen wiedergeboren wird."[137] Die menschliche Geburt gilt als ein außergewöhnliches Ereignis: „Sie haben eine sehr seltene Gelegenheit erhalten – kostbar wie ein seltener Diamant!" Im ewigen Kreislauf findet durch Wiederholung im Laufe der Zeit Weiterentwicklung statt – sofern wir die Gelegenheit dazu nutzen. Das in unserer westlichen Kultur vorherrschende lineare Zeitverständnis, bei dem Ereignisse verstreichen und sich nicht wiederholen, definiert Zeit als fortschreitenden Strom, der Anfang und Ende beinhaltet. Am Ende des Lebens steht der Tod, im christlichen Glauben stellt dieser einen Übergang ins ewige Leben dar.

Beide Zeitkonzepte beinhalten den Aspekt der Vergänglichkeit, bei dem früher oder später alles dahinscheiden wird. Wir wissen nicht, wann die Stunde unseres Todes gekommen sein wird. Jetzt, in diesem Moment, da Sie diese Zeilen lesen, leben Sie. Deshalb sind Sie eingeladen, jetzt bewusst und gut zu leben. Wenn wir so verfahren, werden wir zum Zeitpunkt unseres Todes keinen Anlass haben, Versäumtes zu bedauern.

Auf Ihren Rundgang über den Friedhof können Sie eine der folgenden Fragen (oder auch eine andere) mitnehmen:

- Was geht wirklich vor sich?
- Was fange ich mit meinem Leben an?
- Erreiche ich mit meinem Leben etwas, was, auf Dauer gesehen, von Wert ist?

Inspirierend kann es außerdem sein, einen Spaziergang zu Grabstätten von Persönlichkeiten zu machen, die wir nicht persönlich kannten, mit denen wir uns aber verbunden fühlen. Der Besuch des Grabes eines für uns wichtigen Menschen, der vielleicht starb, als man selbst noch gar nicht geboren war, lässt für Momente des Sinnierens einen Eindruck der Verbundenheit und das Auflösen der Zeit entstehen.

In vielen Städten werden auch geführte Spaziergänge über Friedhöfe angeboten. Dass wir Trauernde auf unseren Spaziergängen nicht stören, ist eine Selbstverständlichkeit, soll aber aus Mitgefühl und Respekt gleichwohl erwähnt werden.

8.11 Der Eintönigkeit zum Trotz: Nicht-Orte beschreiten

„Achtsames Gehen bedeutet, einfach zu gehen und sich dabei jedes Schrittes und Atemzuges bewusst zu sein. Das können wir sogar zwischen beruflichen Terminen oder auf dem Parkplatz eines Supermarktes tun.“[138]

(Thich Nhat Hanh, buddhistischer Mönch)

Der Begriff „Nicht-Ort“ (franz. *non-lieu*) stammt aus der postmodernen Anthropologie. Der Pariser Ethnologe Marc Augé hat ihn eingeführt, um damit Orte zu kennzeichnen, denen „es vor allem an etwas mangelt – Identität, Relation, Geschichte. Ein Ort der Anonymität, der Einsamkeit, der Entwurzelung.“[139] Orte wie Fabrikareale, Parkhäuser oder lange Gänge in einem Bürokomplex können damit gemeint sein.

Ich widme mich ganz bewusst dem Gehen an Nicht-Orten, und zwar aus zwei Gründen:

- Erstens damit es gelingt, den Aufenthalt an solchen zuweilen ungastlichen Nicht-Orten mithilfe eines Spaziergangs angenehmer zu gestalten und damit unser Wohlbefinden zu steigern.
- Zweitens damit wir mit unserem Spaziergang einen kleinen Beitrag dazu leisten können, dass Nicht-Orte eine zusätzliche Nutzung erfahren und ein klein wenig menschlicher werden.

Shopping-Center und die dazugehörigen Parkplätze, Bahnhöfe oder Flughäfen sind nicht unbedingt Orte, an die man zuerst im Zusammenhang mit unserem Thema Spazierengehen denkt. Wie viele andere Menschen in der modernen, globalen Welt

auch halte ich mich oft an solchen Orten, insbesondere an Bahnhöfen und Flughäfen, auf. Häufig erfasst mich dort ein dumpfes Gefühl der inneren Leere, und mein ganzes Streben zielt darauf ab, diese Orte so rasch wie möglich wieder zu verlassen. Doch selbst solche tendenziell lebensunfreundlichen Orte können unter bestimmten Bedingungen zu Oasen der Resonanz werden. Erfreut entdeckte ich in dem kleinen Büchlein *Einfach Gehen*[140] des bekannten Zen-Meisters Thich Nhat Hanh einen kurzen Text mit der Überschrift „Am Flughafen gehen". Dieser Text inspirierte mich, gezielt über Spaziergänge an sogenannten Nicht-Orten zu schreiben.

Augé weist darauf hin, dass ein Ort nicht per se *ist,* sondern gebildet wird: „Sobald Individuen zusammenkommen, bringen sie Soziales hervor und erzeugen Orte."[141] Hier setzt die Chance des Gehens im Raum als urmenschliche Bewegungsform an: Auch an Nicht-Orten können sich Menschen bewegen, sich begegnen und sich finden. Einander oder sich selbst. So können wir aus einem Nicht-Ort einen glücklichen Ort machen. Thich Nhat Hanh schreibt:

> „Wenn ich zum Flughafen muss, komme ich gern so früh an, dass ich noch vor dem Abflug Gehmeditation machen kann. Es ist schon dreißig Jahre her, da ging ich auf diese Weise im Flughafengebäude von Honolulu. Jemand kam auf mich zu und fragte: ‚Wer sind Sie? Was ist Ihre spirituelle Tradition?' Ich fragte: ‚Warum wollen Sie das wissen?' Und er antwortete: ‚Weil ich sehe, dass Sie sich so ganz anders bewegen als andere. Es wirkt so friedlich und entspannt.' Er kam einfach wegen meiner Art zu gehen zu mir. … Mit jedem Ihrer Schritte können Sie inneren Frieden schaffen und anderen Menschen eine Freude bereiten."[142]

Ich selber übe mich zu verschiedenen Gelegenheiten im meditativen Gehen nach Thich Nhat Hanh. An einem ruhigen und angenehmen Ort gelingt das natürlich um ein Vielfaches besser als in einer energetisch aufgeheizten Umgebung. Doch praktiziere ich diese Art des Gehens auch mehr und mehr an Nicht-Orten, wo der Aufenthalt für mich oft herausfordernd und deprimierend ist. Mal gelingt mir dies besser, mal weniger gut, aber es bringt mir jedes Mal etwas. Ein meditativer Spaziergang an einem Nicht-Ort setzt auf jeden Fall einen echten Kontrapunkt zu Anonymität und Verlorensein und bringt einen zuverlässig wieder zu sich zurück. Vielleicht sehen wir bald mehr äußerlich und innerlich entspannte Menschen an Nicht-Orten. Eine schöne Vorstellung.

Ideen für einen Spaziergang
„Der Eintönigkeit zum Trotz – Nicht-Orte beschreiten“

Der Besuch von Nicht-Orten liegt nicht immer im eigenen Ermessen. Oftmals sind es berufliche Verpflichtungen oder auch wichtige familiäre Termine, die uns zum Bahnhof oder auf den Flughafen führen. Doch selbst an Nicht-Orten können Sie eine gute und bereichernde Zeit verbringen und mögliche Wartezeiten sinnvoll nutzen, ohne gleich wieder zu Laptop oder Handy zu greifen oder Frustkäufen nachzugehen. Ein meditativer Spaziergang hilft Ihnen, zurück ins Hier und Jetzt zu gelangen. Dies kann gerade an Orten der Geschwindigkeit wie Bahnhöfen oder Flughäfen wohltuend sein. Erleben Sie, wie es sich anfühlt, einen bewussten Kontrapunkt im beschleunigten Umfeld zu setzen.

Halten Sie es wie Tich Nhat Hanh und kommen Sie ein wenig früher am Flughafen, Bahnhof oder am Nicht-Ort Ihrer Wahl an. Erledigen Sie all Ihre Verpflichtungen, bevor Sie Ihren meditativen Spaziergang beginnen. Wählen Sie einen Ort, an dem Sie selbst nicht zum Hindernis für andere werden, aber auch von anderen nicht behindert werden. „Heben Sie Ihren Fuß. Atmen Sie ein. Setzen Sie den Fuß vor sich auf den Boden auf. Zuerst die Ferse, dann die Zehen. Atmen Sie aus. Spüren Sie, wie Ihre Füße fest auf der Erde stehen. Sie sind bereits angekommen.“[143] Wenn Sie den Ballengang praktizieren möchten, berühren Sie den Boden zuerst mit den Zehen, dann mit dem Mittelfuß und schließlich mit der Ferse. Probieren Sie aus, welche Gangart Ihnen mehr entspricht. „Kommen Sie beim Gehen mit jedem Schritt an. Das ist Gehmeditation. Das ist schon alles.“[144]

Einen meditativen Spaziergang sollten wir nicht zielgerichtet, sondern absichtslos unternehmen. So kann er seine energiegebende und befreiende Wirkung entfalten. Das Schöne am meditativen Gehen ist, dass wir es leicht in unseren normalen Alltag integrieren können, zum Beispiel indem wir eine Treppe achtsam hinaufgehen und Stufe für Stufe mit derselben Achtsamkeit wieder hinuntergehen. Wir können zu jeder Zeit und an fast jedem Ort gehen und meditieren, ob drinnen oder draußen.

8.12 In Klangräumen: Tönen, Rhythmen und Geräuschen lauschen

„Der aufmerksame Spaziergänger dringt langsam durch sein Zuhören in verschiedene Kreise ein, mit jedem Moment betritt er neue Klanguniversen, die die Dichte der Stille bevölkern."[145]

(David Le Breton, französischer Anthropologe und Soziologe)

Paul Jandls Essay *Ruhe bitte!* beginnt mit den folgenden Zeilen:

> „Was soll man von einer Schöpfung halten, die mit einem Knall beginnt? Ein Knistern hätte es doch auch getan, ein Rascheln vielleicht. Oder ein zartes Knarren. Es ginge anders zu in der Welt, wenn man von einem *Urknistern* sprechen könnte. Es wäre leiser in ihr. Schon aus Respekt davor, woher das alles kommt."[146]

Und so wollen wir uns auf diesem Spaziergang den Geräuschen und Klängen zuwenden, denen wir unterwegs begegnen. Denn einen Spaziergang in vollkommener Stille gibt es nicht auf dieser Welt. Irgendetwas tönt immer, und sei es „nur" der eigene Atem. Dennoch stelle ich beim Spazieren fest, dass bei mir nicht der Hörsinn der aktivste ist, sondern der Sehsinn. Wie ist es bei Ihnen?

Es macht einen gewaltigen Unterschied aus, ob wir in der Natur oder in städtischem Umfeld unterwegs sind. Von allen natürlichen Klängen mögen wir diejenigen besonders gern, die wir auch dann erkennen können, wenn sie in unterschiedlichen Lautstärken oder Geschwindigkeiten auftreten: Das Rascheln der Blätter eines Baumes, das Gurgeln von fließendem Wasser, Vogelgezwitscher, Meeresrauschen. Unter anderem wegen der Naturgeräusche können wir draußen so gut entspannen. In der Stadt hingegen sind wir darauf gefasst, von funktionalen Geräuschen, z. B. von Motoren oder Baustellen, bombardiert zu werden.

Das menschliche Ohr ist ständig geöffnet, es hat keine Lider wie unsere Augen, um die äußeren Reize einmal auszublenden, außer wir halten uns die Ohren zu oder verschließen sie mit einem Gehörschutz. Aber selbst dann dringen noch viele Töne ein. Auf den Morgenspaziergängen mit unseren Patienten fokussieren wir uns manchmal aufs Lauschen. Einige beginnen dann bald, das Gehörte zu benennen, um sich gegenseitig an den Hörerlebnissen teilhaben zu lassen: das Knirschen der Steinchen unter der Schuhsohle, das Dröhnen des Flugzeugs beim Landeanflug auf den Flughafen Kloten, das Bellen eines Hundes. Schon dem Ton einen Namen zu geben kann die Art und Weise, wie wir ihn erleben – ob angenehm oder unangenehm –, verändern: „Hunde-Guten-Morgen" oder „Gekläffe", „Fluglärm" oder „das Summen der Motoren". Tatsächlich führt das Benennen eines Tones manchmal dazu, dass das Lauscherlebnis endet, weil es uns davon abhält, kontinuierlich hinzuhören und die wahre Natur des Geräusches, seinen Ton, sein Klingen, seinen Rhythmus zu erkunden. Ähnlich wie beim Städtetrip: Wir sehen auf dem Rundgang ein Bauwerk, werfen einen Blick in den Reiseführer oder auf die App und – schwupps – benennen es, ziehen weiter und wenden uns der nächsten Sehenswürdigkeit auf der Liste zu. Klar ist es nicht einfach, ein Geräusch zu beschreiben, ohne seinen Namen „Es ist eine Kohlmeise!" oder seine Quelle „Es kommt aus der Hecke!" zu nennen. Doch man könnte auch sagen „Es ist ein Zi-zi-bä-zi-zi-bä-zi-zi-bä!". Es bereitet großes Vergnügen, während eines Spaziergangs in die Töne ihrer selbst willen hineinzuhören und sie jenseits ihrer Quellen und ihrer Namen aufzunehmen. Töne sammeln wie Muscheln am Strand.

Je nach Tages- und Jahreszeit verändert sich unsere Schallwahrnehmung. Wenn im Winter alles von Schnee bedeckt ist, wird es merklich stiller. Der Schnee schluckt den Lärm und lässt uns nahe Geräusche, wie das Quietschen unserer Winterstiefel – umso intensiver wahrnehmen. Ein früher Morgen klingt gefühlt klarer als der Rest des Tages, ein Sommernachmittag im schwülen Sonnenflimmer dagegen abgedämpft und diffuser. Die meisten Vögel hören wir in der Morgen- und Abenddämmerung singen. Der Autolärm der Durchgangsstraße ist an Werktagen penetranter als am Wochenende. Jeder Spaziergang hat seinen ganz eigentümlichen Klang, je nachdem, zu welcher Zeit wir ihn unternehmen. Auch jeder Ort hat seinen akustischen Fingerabdruck: die Fußgängerzone mit ihrem Sprach- und Stimmengewirr, den automatischen Türen, Belüftungsanlagen, dem Absatzgeklapper, Kindergeschrei und scheppernden Rollkoffern klingt anders als das Zürcher Niederdorf oder die Promenade am Seeufer. Wir alle sind unweigerlich Experten für die Geräusche unserer vertrauten Umgebung. Und doch verfügen wir nicht über genügend Aufmerksamkeit, um jeden Ton zu registrieren, und nicht über genügend Begriffe, um jedes Geräusch zu benennen.

Einer meiner Lieblingsspaziergänge führt an einem Kinderspielplatz mit Schaukel vorbei. Das Quietschen der Aufhängung, wenn die Schaukel sich in Bewegung setzt, löst sofort klare Erinnerungen und Empfindungen aus: Erinnerungen an meine Schaukel aus Kindertagen, die mein Vater an der Teppichstange vor unserem Haus angebracht hatte, und das Kribbeln in den Fußsohlen, wenn ich mich bei angehaltenem Atem für den Absprung vom Schaukelbrett zurück auf die Erde vorbereitete. Kurze Reisen in die Vergangenheit, Erinnerungen an die Geräusche von damals, die wie ein Echo in unser Bewusstsein drängen.

Apropos Echo: Nehmen Sie doch einmal die Echo-Fähigkeit der Orte, die Sie beim Spazieren durchschreiten, wahr. Der Klangraum einer kopfsteingepflasterten engen Gasse in einer Altstadt ist ein völlig anderer als der einer breiten Fußgängerzone. Ein

Schulhof klingt anders als eine Parkanlage. Dies hat mit den Ausmaßen des Raumes zu tun, den seitlichen Begrenzungen, den Objekten darin, der Bodenbeschaffenheit und den Oberflächen. Manche Orte laden uns gerade dazu ein, selbst Töne von uns zu geben und zu lauschen, wie diese vom umgebenden Raum reflektiert und verwandelt werden. Meinen Kindern machte es immer Riesenspaß, unheimliches Geistergeheule von sich zu geben, wenn wir durch die unbeleuchtete Fußgängerunterführung am Flussufer der Sihl mussten, deren Wände das Geheule noch schauerlicher werden ließen. Nicht umsonst wählen Ad-hoc-Sänger gerne ein frei zugängliches Altstadt-Gewölbe (alternativ die Dusche mit entsprechender Badezimmer-Akustik) für ihre Klänge. Zwei Menschen, die unterwegs diskret etwas besprechen möchten, spazieren lieber durch den schalldämpfenden Park mit dem plätschernden Wasser des Brunnens.

So manch einer möchte lieber nicht hören, was um ihn herum so alles tönt, sondern bevorzugt es, mit Ohrstöpseln oder Kopfhörern unterwegs zu sein. Auch das können Erlebnisse der besonderen Art sein: Spaziergänge mit Soundtrack! Dann werden die funktionalen Geräusche ersetzt durch solche, die eigentlich nichts mit der Umgebung zu tun haben: Wie unterschiedlich fühlt sich ein Spaziergang mit einem Klavierkonzert von Mozart, „Strawberry Swing“ von Coldplay oder der Filmmusik von Supermann an. Dann kann es passieren, dass wir zu Figuren unseres eigenen Films werden und sogar unsere Bewegungen entsprechend anpassen. Wir bekommen nicht mehr wirklich mit, was um uns herum passiert, sondern werden zu Beobachtenden mit eigenem Sound, die sich doch mitten durch die reale Welt hindurchbewegen.

Wir Menschen sind unterschiedlich geräuschempfindlich. Ich bin in dieser Hinsicht eher sensibel. Wenn ich mich beim Spazieren durch den Lärm beeinträchtigt fühle, hilft es mir, mir klarzumachen, dass die meisten Geräusche „einfach so“ entstehen, ohne Zielgerichtetheit und nicht, um mich explizit zu stören. Ein Hund bellt, weil er seinen Job gut macht, ein Kind schreit, damit seine Grundbedürfnisse befriedigt werden können, die Straßenbahn kreischt aufgrund ihrer Bauart, die Fliegen brummen wegen ihres Flügelschlages und der Autoreifen ratscht am Bordstein wegen der Reibung der unterschiedlichen Materialien. Und so verwandeln sich störende Laute in die typische Klangkomposition meiner Umgebung, in der ich mich gerade bewege. Darin ist jeder Ton einmalig und gehört in diesem Moment dazu, auch wenn er zuweilen nervenaufreibend ist.

Ideen für einen Spaziergang „In Klangräumen: Tönen, Rhythmen und Geräuschen lauschen"

Sie können diesen Spaziergang allein oder zu zweit unternehmen und sich unterwegs darüber austauschen. Spazieren Sie los und konzentrieren Sie sich unterwegs wahlweise auf einen der folgenden Fokusse:

- Benennen Sie all das, was sie hören.
- Versuchen Sie, die Quelle der Geräusche zu identifizieren.
- Versuchen Sie, verschiedene Töne und Geräusche zu imitieren.
- Welche Töne und Geräusche in welcher Lautstärke gefallen Ihnen und welche nicht?
- Welche Geräusche lösen bei Ihnen welche Gefühle aus (z. B. Kinderlachen – Freude, Presslufthammer – Ärger, Rabengekrächze – Trauer)?
- Welche Geräusche rufen welche Erinnerungen in Ihnen wach?
- Nehmen Sie wahr, wie ein Ort in seiner Gesamtheit inklusive den ganz nahen und den fernen Geräuschen klingt.
- Lauschen Sie auf den Wiederhall z. B. Ihrer Schritte oder Ihrer Stimme an unterschiedlichen Orten.
- Wie verändert sich Ihr Hören, wenn Sie die Augen schließen? (Oftmals sind wir erst dann mit dem Hörergebnis zufrieden, wenn wir wissen, was es mit der Schallquelle tatsächlich auf sich hat.)
- Wie klingen Morgen und Abend, Mittag und Nacht, die Jahreszeiten und Temperaturen?
- Welche Geräusche können Sie sogar mit Ihrem Körper wahrnehmen, z. B. das Wummern der Eisenbahn oder das Dröhnen eines Nebelhorns?
- Denken Sie bei den Geräuschen, die Sie hören, einmal darüber nach, welche im Fortschreiten der Zeit schon bald verändert oder verschwunden sein werden. (Aus Arbeitszimmern ist kein Schreibmaschinengeklapper mehr zu hören; Elektrofahrzeuge werden röhrende Dieselmotoren ersetzen).
- Wie verändert sich Ihr Spaziergang, wenn Sie für eine Weile die Ohren, z. B. mit einem Gehörschutz, verschließen – und sie dann wieder öffnen?
- Gehen Sie mit unterschiedlicher Hintergrundmusik (Kopfhörer) spazieren.
- Anstatt Fotos zu machen, fertigen Sie doch einmal eine Tonaufnahme Ihres Spaziergangs an, z. B. mit der Aufnahmefunktion Ihres Smartphones. Vergleichen Sie zu Hause die Aufnahme mit Ihrer tatsächlichen Wahrnehmung.

Die oben beschriebenen Vorschläge eignen sich für viele unterschiedliche Spaziergänge in der Natur und in der Stadt, an fremden Orten oder in vertrautem Umfeld. Experimentieren Sie immer mal wieder damit und laden Sie Töne, Klänge und Geräusche in Ihr Bewusstsein ein.

Was wäre ein Spaziergang ohne die Stimmen und den Anblick unserer Vögel? Aus Respekt für die Natur kommt ein Teil des Erlöses aus diesem Buch dem Verein Jordsand (www.jordsand.de) zugute, der sich seit 1907 dem Natur- und Vogelschutz widmet und wertvolle Beiträge für einheimische Vögel und Zugvögel leistet.

8.13 Poesie der Straße: das Flanieren

„Flanieren ist wie Onlinesurfen, nur besser."[147]

(Lucie Machac, Journalistin)

Ein Flaneur hat Zeit. Gehören Sie zur Spezies der waschechten Flaneure (vom Französischen *flaner* – „umherstreifen, umherschlendern") oder würden sich als eine Passante (französisch für „Spaziergängerin") bezeichnen? Das Wort „flanieren" übt auf viele Menschen eine große Faszination aus, vielleicht gerade deshalb, weil es einen Zeitüberfluss im geschäftigen Stadtgewimmel suggeriert.

Ich mag es, mich den Anziehungskräften einer Großstadt zu überlassen. Es vitalisiert mich bereits nach zehn Minuten des Unterwegsseins. Die Stadt ist in meinen Augen mehr als anonymer Arbeitsplatz und Konsumtempel, nämlich eine faszinierende Quelle der Inspiration.

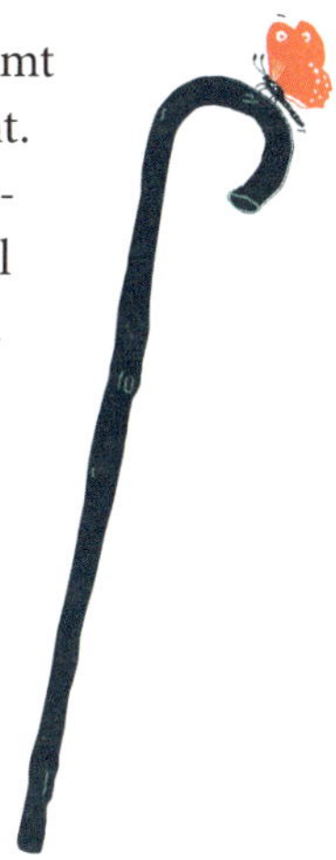

In meiner Familie existiert glücklicherweise ein waschechter Flaneur samt Spazierstocksammlung, der dieser Passion seit seinen Jugendjahren frönt. Zwar flaniert er weder in London, Paris oder Berlin, den eigentlichen Urzellen des Flanierens, sondern in der ältesten Stadt der Schweiz mit viel Italianità, nämlich in Chur (zumeist ohne Spazierstock). Er weihte mich eines dunklen, eiskalten Januarabends bei einem Glas Rotwein in diese Daseinsform ein. Ein Flaneur lässt sich mit wachem Geist durch die Straßen einer Stadt treiben, ohne Plan und ohne Ziel. Er ist damit ein Seelenverwandter des Umherstreunenden mit dem Unterschied, dass für seine Streifzüge ausschließlich die Stadt reserviert ist. Als stiller Beobachter und Genießer ist er allein unterwegs, aber jede zufällige Begegnung ist ihm willkommen, denn er sammelt Impressionen. „Er geht ‚auf dem Asphalt botanisieren', lauert Geschichten und Orten auf, stets auf der Suche nach Kuriositäten."[148] Der französische Dichter und Dandy Charles Baudelaire etablierte diesen lässigen Spaziergänger als literarisches Sujet des 19. Jahrhunderts, inspiriert durch Edgar Allen Poe und dessen merkwürdige Geschichte *„Der Mann in der Menge"*, die 1840 erschien.

Der Flaneur ist ein Individuum inmitten der Menschenmenge, das in das facettenreiche Großstadtleben mit all seinen Geräuschen, Düften und Farben eintaucht. Er sammelt Porträts von Bewohnern, Touristen, Passanten, Kellnern oder Ladenbesitzern. Sich treiben lassend hält er nicht inne, obwohl er nur sehr langsam unterwegs ist, grüßt hier und da und grüßt zurück. Er versteht sich als Intellektueller, vielleicht auch als Künstler. Seine scharfsinnigen, manchmal auch spöttischen, betont gleichgültigen oder melancholischen Reflexionen gewinnt er aus kleinen Beobachtungen, wobei man ihm nicht ansieht, dass er beobachtet. Er hat eine Unzahl unterschiedlicher Wege zu unterschiedlichen Tages- und Nachzeiten beschritten, wobei er Orte, die ihm Unbehagen bereiten (z. B. Gebiete mit unansehnlicher baulicher Gestaltung oder Einkaufszentren) tunlichst meidet, da sie ihn in trübe Stimmung ob ihrer Durchschnittlichkeit versetzen würden. Magnetisch wirkt so manches Café, so manche Bar oder so mancher Platz, die allesamt mit der persönlichen Geschichte verbunden sind oder zu kleinen Mosaikstücken der Lebensgeschichte werden. Er ist sich und seinen Gewohnheiten treu. Gerade deshalb erlaubt er sich, sich flanierend der Unverbindlichkeit hinzugeben, indem er sich nach einem Abendessen im vertrauten Kreis nach draußen begibt und sich durch verschiedene Atmosphären treiben lässt wie auf Wellen. Er lässt das eine hinter sich, spürt dem Erlebten sinnierend nach, um bald wieder in die nächste Stimmung einzutauchen. So ist er „das genaue Gegenteil des wunderbaren Henri Calets, der auf der Suche nach fallen gelassenem Kleingeld die Augen starr auf den Rinnstein gerichtet hat und der offensichtlich der Einzige ist, der fündig wird und sich selbst dazu beglückwünscht …“[149] Calet-Typen sind heutzutage in allen Städten der Welt zu finden, nur dass sie jetzt nicht mehr auf den Rinnstein starren, sondern auf ihr Smartphone.

Moderne Flaneure haben für großstädtische Überheblichkeit nichts übrig. Vielmehr hat Beobachten, Entdecken und sogar Gestalten des urbanen Lebens eine große Bedeutung für sie. So ist es kein Zufall, dass unser Familien-Flaneur seit Jahrzehnten in der Politik aktiv ist. Andere moderne Flaneure schwärmen ganz in der Tradition der Stadtliteraten des 19. Jahrhunderts aus, um auf ihren Spaziergängen urbanes „Strandgut“ zu sammeln und es bloggend und postend als Bild und Text in die ganze Welt hinauszutragen.

Möglicherweise wird man aber auch radikaler, wenn man flaniert. Oder traurig. Oder zornig. Denn man ist unmittelbar mit Schattenseiten konfrontiert, die man nicht sehen würde, wäre man per Auto oder dem öffentlichen Verkehr unterwegs. Man sieht selbst in der reichen Schweiz Obdachlose, sozial Randständige, Sucht, Armut und Einsamkeit. Wenn man zu Fuß unterwegs ist, könnte man zwar wegschauen oder die Straßenseite wechseln. Doch die Schattenseiten bleiben mit all ihren Fragezeichen.

Ideen für einen Spaziergang „Poesie der Straße – das Flanieren“

Flanieren ist eine besondere Art der Muße. Es fördert Ihr Beobachtungsvermögen und Ihre Kreativität. Außerdem dehnt sich subjektiv empfunden die Zeit aus – der Flaneur hat Zeit. Wenn Sie Spaß daran haben, kleiden Sie sich besonders elegant, vielleicht sogar mit Hut, aber achten Sie auf bequeme Schuhe. Sie können einen traditionellen Spazierstock, einen Regenschirm oder im Sommer einen Sonnenschirm mit sich nehmen. So ausgerüstet stellen Sie sich innerlich ein auf kleine Genüsse und Amüsement. Spazieren Sie leichten Schrittes in aufrechter Haltung los. Lassen Sie sich treiben, hierhin und dorthin, folgen sie der natürlichen Anziehungskraft um sich herum und sammeln sie wachen Blicks Impressionen. Bleiben Sie stehen, wenn Sie Lust haben, beobachten Sie, grüßen Sie Menschen und wechseln Sie ein paar Worte. Vielleicht haben Sie Lust, sich in ein Straßencafé zu setzen oder zu einem Kiosk zu gehen. Verlassen Sie Orte bewusst und nehmen dabei wahr, wie sich die Geräusche entfernen, während sie weitergehen. Lassen Sie andere Orte oder Menschen auf sich zukommen oder gehen Sie Ihnen entgegen, mit wachen Sinnen für Schönes, Kurioses oder was Ihnen sonst noch begegnet.

Es kann ein ganz besonderes Erlebnis sein, zur Rushhour zu flanieren. Seien Sie aber darauf gefasst, dass Sie der eine oder andere genervte Blick oder sogar ein Rempler trifft.

Obwohl ich mich bislang mit ortsgebundenen Empfehlungen zurückgehalten habe, möchte ich hier doch eine anbieten – nämlich in Paris, der Heimat der Flânerie: Dort können Sie sich auf die Spuren Guillaume Apollinaires begeben und insbesondere dem Spazierweg von der ehemaligen Gare d'Orsay (heute Musée d'Orsay) zum Pont Saint-Michel folgen, den er in seinem Büchlein *Flaneur in Paris* wie folgt beschrieben hat: „Es gibt auf der ganzen Welt bestimmt keinen reizvolleren, keinen angenehmeren Spaziergang.“[150]

8.14 Zu zweit: miteinander unterwegs

„Die gemeinsame Bewegung könnte als Mittel zur Beseitigung von Streitereien und Konflikten dienen.“[151]

(Christine Webb, Forscherin)

Wenn ich an meine Zeit als Jugendliche zurückdenke, so war dies die Frage aller Fragen: „Willst du mit mir gehen?“ Mit 14 oder 15 Jahren wurde sie mir erstmals ins Ohr geflüstert von meinem immerhin vier Jahre älteren Nachbarn. Dieser Altersunterschied allein machte ihn ungemein anziehend. Wir befanden uns in diesem Moment in einem nach frischen Beton riechenden, feuchten Rohbau eines neu entstehenden Mehrfamilienhauses in unserem Wohngebiet, den wir mit der damaligen Clique

eingehend erforschten – in einem dunklen Zimmer, wahrscheinlich ein künftiges Badezimmer ohne Fenster. Ich weiß nicht genau, was Jugendliche heute sagen, wenn sie ihre Zuneigung ausdrücken möchten und mit Schmetterlingen im Bauch das Einverständnis für eine Beziehung mit mehr Verbindlichkeit erfragen wollen.

Eine schöne Filmszene als Inspiration zum Gehen zu zweit stammt aus der Dramakomödie „Carrie Pilbie“: Es geht um die 19-jährige und hochintelligente Carrie, die Harvard erfolgreich absolviert hat und plötzlich keine Ahnung mehr hat, was sie überhaupt mit ihrem Leben anstellen soll, und wie es funktioniert, Kontakt mit fremden Menschen aufzunehmen. Ihr Nachbar versucht, sich der introvertierten jungen Frau zu nähern. Nach mehreren erfolglosen Anläufen gelingt es ihm, sie mit der Frage „Gehen wir ein Stück?“ am Heiligabend für einen gemeinsamen Spaziergang zu gewinnen. Während des Spazierens entwickelt sich ein Gespräch, durch das es Carrie gelingt, endlich wieder mit jemandem in Verbindung zu treten.

Spazieren verbindet

Mir gefällt diese etwas aus der Mode geratene Frage „Willst du mit mir gehen?“ für den Beginn einer romantischen Beziehung bis heute ausgesprochen gut. Denn das gemeinsame Gehen drückt für mich eine erstrebenswerte Form der Beziehung aus: Miteinander spazieren in gleicher Richtung bietet Gesprächen einen Rahmen und eröffnet beiläufig allerlei Möglichkeiten. Man bewegt sich gemeinsam in eine Richtung und ist dabei doch ganz bei sich selbst mit seiner individuellen Wahrnehmung inmitten der Welt. So manche opfern, sobald sie eine Beziehung eingegangen sind, das Personalpronomen „ich“ zugunsten von „wir“: „Wir haben …“, „Wir machen …“, „Wir wollen …“. Dabei riskieren sie, mit ihrem Partner zusammenzuwachsen, anstatt mit ihm zusammen zu wachsen. Gemeinsames Spazieren ist wie Frischluftzufuhr: Es verhindert, dass die Luft zwischen zwei Menschen knapp wird, dass wir kurzsichtig werden und die Perspektive verlieren. Jeder hat beim Gehen seinen Raum bei gemeinsamer Zielrichtung. Man macht Bekanntschaft mit den Wahrnehmungen des anderen, ohne dass man die eigenen aufgibt. Das gilt sowohl für enge und über viele Jahre oder Jahrzehnte

dauernde Beziehungen als auch für flüchtige oder berufsbedingte: Gemeinsam einen Weg als temporäre Weggefährten beschritten zu haben schafft eine einmalige Verbindung. Ich kann mich gut an einen gemeinsamen Weg durch Zürich mit einem Vorgesetzten erinnern, dem ich nie ganz traute und zu dem die Beziehung bis zu meiner Kündigung schwierig blieb. Oder an den mit einer Mitarbeiterin inmitten einer schwierigen Teamsituation in der Mittagspause: Beide sind mir in guter Erinnerung. Bei beiden stellte sich eine Verbundenheit ein, die sich am Sitzungstisch in dieser Qualität und Unbeschwertheit nie ergeben hätte. Mit anderen spazieren zu gehen ist höchstwahrscheinlich ein bislang unterschätztes und dadurch viel zu wenig genutztes Hilfsmittel mit friedenstiftendem Potenzial zur Pflege von sozialen Beziehungen, Freundschaften und Lebensgemeinschaften.

Spazieren macht locker

Im Gehen spricht es sich anders als im Sitzen. Irgendwie entspannter und lockerer. Da liegt der Gedanke nahe, öfter mal ein Gespräch mit einem Spaziergang zu verbinden, ob privat oder auch beruflich. Öffentliche Gesprächsrunden und Diskussionsveranstaltungen werden vielerorts in Form von Spaziergängen durchgeführt, beispielsweise initiiert von Bürgerinitiativen oder Stadtverwaltungen, wenn städtebauliche Veränderungen anstehen.

Das Ergebnis vieler solcher Spaziergänge hält uns ironischerweise im Umkehrzug genau vom Spazierengehen ab: Gewiefte Geschäftsleute wie die Tech-Tüftler Steve Jobs, Mark Zuckerberg oder Jeff Bezos unternahmen lange Spaziergänge, ob allein oder mit anderen, als *strolling meetings,* um sich neue Ideen auszudenken.

> „Kann man sich eine absurdere Situation vorstellen? Im Silicon Valley konzentrieren ein paar Köpfe ihre Kreativität beim Spazieren – um danach die ganze Welt an irgendeinen Bildschirm zu fesseln. Ehe uns die professionellen Stroller weiter vom menschlichen Weg abbringen und uns vollends ins Sitzpolster drücken, sollten wir ganz einfach: gehen.“[152]

Damit der Fortschritt uns und unsere Beziehungen nicht zum Stillstand bringt.

Spazieren gibt Gesprächen einen Rahmen

Selten sonst ergeben sich Gelegenheiten, bei denen man über einen längeren Zeitraum hinweg mit einem anderen Menschen eine intensive und zugleich leichte Zeit verbringen kann. Wo sonst haben wir die Ruhe, den Freiraum und zugleich den geschützten Rahmen, uns einander zu widmen, wenn nicht bei einem gemeinsamen Spaziergang? Und dabei muss man nicht erst einen Tisch in einem Restaurant oder einen Besprechungsraum reservieren oder sonstige verpflichtende Vorbereitungen treffen. Man geht einfach zusammen eine Runde. Dabei entsteht vielleicht ein tiefgründiges Gespräch. Vielleicht schlendert man aber auch nur zu zweit durch die Gegend, unterhält sich über Gott und die Welt, erzählt sich lustige Geschichten, lacht miteinander und ist einfach gemeinsam unterwegs. Man tauscht Beobachtungen aus und entdeckt durch den anderen Neues. Man amüsiert sich gemeinsam oder streitet. Man geht schweigend nebeneinander her, ohne dass das Schweigen unangenehm ist. Man geht gemeinsam einen Weg und erreicht zusammen das Ziel.

Zusammenhalt und Zusammengehörigkeitsgefühl können flüchtig sein, aber in der Zeit des gemeinsamen Spaziergangs Seite an Seite sind sie Realität. Unterwegs hat man sich ein Stück weit besser kennengelernt und vielleicht sogar neue Facetten oder Perspektiven entdecken können. Man schwelgt in Erinnerungen, schmiedet Zukunftspläne und ist dabei ganz in der Gegenwart unterwegs. Die Eindrücke aus der Umgebung mischen sich beständig in die Gedankengänge und lassen so ein ganz einzigartiges Bild entstehen, in dem der andere vorkommt.

Um neue Perspektiven zu gewinnen, müssen wir einfach aufstehen

Spaziergänge zu zweit schärfen das Bewusstsein für die Einzigartigkeit der Situation, jeder Begegnung und jedes Moments. Für eine bestimmte Zeit treffen zwei Welten, zwei Sichtweisen, zwei Realitäten aufeinander. Sich dem auszusetzen ist für beide Seiten ein Sich-Hinausbewegen aus dem bereits Bekannten. Wohin gehen wir, worüber sprechen wir, welche Gedanken entstehen dabei und in welchem Zusammenhang steht das alles zueinander? Es ist spannend, dass genau dieser Ort, genau diese Zeit, genau dieser Moment und genau dieses Gegenüber etwas in Gang setzen, was unter anderen Umständen ganz anders aussehen würde. Je nach Situation erreichen bestimmte Gedanken, Überlegungen, Worte und Gefühle einen bestimmten Reifegrad. Plötzlich ergibt etwas Sinn, plötzlich kann man etwas formulieren, was schon lange da war. Plötzlich wird es möglich, den Ratschlag des anderen in Erwägung zu ziehen und sich nicht mehr nur aus Prinzip davor zu verschließen.

Gemeinsames Spazieren ermöglicht es, zusammen zu sein, eben weil man nicht muss. Jederzeit könnte sich einer der beiden Spaziergänger abwenden und in anderer Richtung von dannen ziehen (was im Streit durchaus passieren kann). Genau dieser Möglichkeitsraum der jederzeit verfügbaren Freiheit ist es, der sich beiden Gesprächspartnern anbietet. Allein die Gewissheit, ihn jederzeit nutzen zu können, entspannt. Bei schwierigen Gesprächen bin ich sehr dankbar für diese Optionen: mich entfernen zu können, wenn das Besprochene zu intensiv geworden ist, oder miteinander weiterzugehen, ohne viel zu sagen, Dinge erst einmal wirken zu lassen. Solche Situationen sind in einem geschlossenen Raum von Angesicht zu Angesicht oft unangenehmer. Der freie Raum und die Öffentlichkeit werden zum geschützten

Raum, ganz anders als die eigenen vier Wände, wo die Luft angesichts der Probleme schon einmal eng und stickig werden kann.

Zwei Gesprächspartner je auf zwei Füßen führen andere Dialoge

Ist es die Dyade unserer beiden sich synchron bewegenden Füße, diese Zweierbeziehung, die den Dialog, also das Gespräch zu zweit begünstigen? Martin Buber, der jüdische Religionsphilosoph und „Vater“ des Dialogs (1878–1965), befasste sich in seiner Arbeit intensiv mit Fragen zwischenmenschlicher Beziehungen, den Möglichkeiten des Gesprächs, der Begegnung zwischen dem „Ich und Du“. Er stellt oberflächlichen Unterhaltungen die Qualitäten eines echten Dialogs gegenüber, in dem sich Menschen vom „Scheinenwollen“ frei machen.[153] Jeder, der schon einmal nach einem nutzlosen Gespräch verärgert und frustriert zurückgeblieben ist, sehnt sich nach diesen vier Qualitäten:

1. Respektiert werden,
2. gehört und verstanden werden,
3. sich selbst ausdrücken können und
4. auch einmal aushalten können, dass es keine sofortige Lösung gibt, also Meinungen „in der Schwebe halten“[154].

Hierin liegt die unterstützende Kraft des gemeinsamen Spazierens: Beim Gehen fließen die Gedanken, sich auszudrücken fällt deshalb leichter. Jeder geht für sich, erlebt sich als Individuum in der Welt und kann aus diesem Selbstbewusstsein heraus den anderen in seiner Einzigartigkeit respektieren. Im Unterwegssein kann es einfacher gelingen, Dinge in der Schwebe, in Bewegung zu belassen. Denn wir haben Zeit.

Unterwegs sein ermöglicht, die Richtung des Denkens zu ändern

Die Meinung eines Andersdenkenden nicht nur zu tolerieren, sondern respektvoll mit ihr umzugehen, bedarf einer radikalen Abkehr von der eigenen Profilierung. Sprechen und Zuhören können sich sehr verändern, wenn es nicht mehr in erster Linie um das eigene „In-Erscheinung-Treten“ geht. Spazieren findet inmitten anderer Erscheinungsformen statt, die Umgebung allein relativiert die eigene Position. Es geht im Dialog weniger um die Frage von richtig und falsch, sondern um unterschiedliche mentale Modelle und individuell geprägte Sichtweisen, die wir im Laufe unseres Lebens entwickelt haben. „Warum siehst du das so?“ Glücklicherweise verfügen wir nicht nur über die Fähigkeit, die Welt sensorisch, emotional und rational zu erfassen, sondern auch über die Möglichkeit, diese Wahrnehmung zu verändern. Wir können Dinge verändern, indem wir unsere Sicht darauf verändern. Dies kann einfacher gelingen, wenn wir in Bewegung sind und uns gegenseitig erzählen, was wir sehen. Aristoteles war zum Beispiel dafür bekannt, dass er im Gehen dachte und lehrte. Seine Schule in Athen wurde die Schule der „Peripatetiker" („Peripatos" = Wandelhalle) genannt. Das Gehen erleichterte seinen Schülern das Lernen. In Bewegung ist es leichter, sich für neue Sichtweisen zu öffnen.

Ideen für einen Spaziergang „Zu zweit – gemeinsam unterwegs"

Es macht Freude, gemeinsam spazieren zu gehen: Man tauscht sich aus und teilt Wahrnehmungen miteinander. Dabei werden Sie viel erfahren – über sich selbst und über Ihre Begleitung.

Variante 1: ein Ort, den Ihre Begleitung gut kennt

Lassen Sie sich einen neuen Weg zeigen! Unterwegs mit offenem Herzen wird sich ein neues Stück Welt erschließen. Fragen Sie Ihre Begleitung, was ihr an diesem Ort so gut gefällt oder weniger gut gefällt, wie sie „auf den Weg gekommen ist" und was sie mit ihm verbindet. Und hören Sie aufmerksam zu.

Variante 2: ein Ort, den Sie beide gut kennen

Dieser Spaziergang eignet sich gut, wenn sie ein (gewichtiges, schwieriges, emotionales) Thema miteinander besprechen wollen. Oder wenn Sie sich einfach nur miteinander entspannen wollen, beispielsweise abends, in einer Pause oder am Wochenende. Bei einem bekannten Weg müssen Sie sich nicht neu orientieren, was Ihre Aufmerksamkeit abziehen würde. Fruchtbar ist es, wenn sich Fragen wie „Wie siehst du das?", geduldiges Zuhören, Schweigen, gemeinsames Teilen von Eindrücken und Genießen miteinander abwechseln. Vergleichen Sie auch einmal Gespräche im Sitzen mit Gesprächen während eines Spaziergangs. Was fällt Ihnen auf?

Variante 3: ein gänzlich neuer Ort

Dieser Spaziergang schafft ein gemeinsames Erlebnis, das nur Sie miteinander teilen und das Sie einander näherbringen wird. Sie entdecken etwas zusammen, was Sie sich gemeinsam erschließen und was Ihnen anschließend als Erinnerungsschatz mit dieser Person gehört.

Variante 4: um den Arbeitsplatz herum

Ob mit dem Kollegen, der Chefin, dem Geschäftspartner oder dem Team: Ein gemeinsamer Spaziergang schafft Verbindung, entspannt und lässt neue Ideen entstehen.

Lassen Sie Ihr Handy in der Tasche oder noch besser: Nehmen sie es erst gar nicht mit. Denn kaum etwas ist frustrierender als ein Spazierpartner, der mit seinen Gedanken ganz woanders ist oder dessen Aufmerksamkeit von einem eingehenden Anruf vollständig absorbiert wird.

8.15 Innere Ruhe: einfach gehen

„Auch in deiner Nähe warten leise Wohlfühlorte, wo Denken leichter, klarer, milder wird."

(Markus P. Baumeler, Autor)

Manchmal suchen wir inmitten der Hektik des Alltags die Stille und wünschen uns ein eher nach innen gewandtes Gehen, das uns beruhigt. Wenn wir uns dann aufmachen zu einem Spaziergang und den Ärger vom Arbeitsplatz oder eine private Enttäuschung mitnehmen, können wir uns trotz des Bemühens nicht so richtig an den prächtigen Farben der Natur erfreuen. Die Blumen am Wegesrand, die es zu entdecken gäbe, nehmen wir in unserer Niedergeschlagenheit gar nicht wahr. Zur Ruhe kommen wir erst recht nicht. Dafür kreisen die Gedanken um die schwierige Kollegin, ungelöste Probleme oder den unaufmerksamen Partner. Vielleicht ärgern wir uns aber auch über die kühle Witterung oder das falsche Schuhwerk. Es braucht Zeit, bis sich solche Gedanken langsam verabschieden.

Es kommt nicht so sehr auf die äußeren Umstände an, sondern vielmehr auf das, was wir innerlich daraus machen. Die äußeren Umstände können wir häufig kaum beeinflussen. Aber in welcher Gestimmtheit und Bewusstheit wir unterwegs sind und wie unsere Beziehung zur Umgebung ist, liegt bei uns selbst. Erst wenn Außenwelt und Innenwelt zusammenkommen und Gleichklang entsteht, erleben wir Sinn und Bedeutung: Wenn wir versuchen, die Natur in ihrer Wesensart, in ihrer Lebendigkeit und in ihrem Rhythmus (Außenwelt) in uns aufzunehmen, um innerlich daran zu reifen, erkennen wir, dass die einzige Konstante die kontinuierliche Veränderung ist. Im Rhythmus der Schritte können wir Außen- und Innenwelt miteinander synchronisieren. Wenn mich während eines Spaziergangs die unerfreulichen Gedanken zu lange begleiten, habe ich für mich zwei Strategien entwickelt: Erstens, und sofern es mein Tagesprogramm erlaubt, verlängere ich den Spaziergang auf mindestens eine Stunde. Zweitens versuche ich, willentlich aus dem Gedankenkarussell auszusteigen. Drei Schritte aus der Zen-Meditation können dabei helfen, einen Spaziergang zu unternehmen und dabei innere Ruhe zu erfahren, unabhängig von äußeren Umständen:

1. **Wahrnehmen, was ist und wie es ist.** Dies gelingt beim Herumspazieren ohne festes Ziel. Es geht darum, einfach nur wahrzunehmen, was man sieht, was auf einen zukommt und was sich zeigt, ohne zu werten. Nichts tritt zwischen den Spaziergänger und die Umgebung. Es gibt keine Voreingenommenheit, keine Absichten, kein zu erreichendes Ziel. Vielmehr sind wir in voller Offenheit unterwegs. Wir sehen, was ist und wie es ist, anstatt nur das zu sehen, was „man gesehen haben muss" oder was „sehenswürdig" ist.

2. **Annehmen, was ist und wie es ist.** Wenn wir versuchen, das, was beim Gehen um uns herum ist, anzunehmen, kann zwischen dem Spaziergänger und seiner Umgebung Harmonie entstehen. Voraussetzung hierfür ist, dass wir ohne bestimmte Erwartungen unterwegs sind. Wem das gelingt, wird sich nicht mehr von Regen oder Herbstnebel die Laune verderben lassen, sondern offen sein für das besondere Farbenspiel. Insbesondere unerwartete Situationen, wie ein Wetterumschwung, ein gesperrter Weg oder eine steile Stelle, können, wenn wir uns auf sie einlassen, zu einem intensiveren Erlebnis oder gar Glücksgefühl führen. Wir werden ein Stück weit unabhängiger von äußeren Umständen. Es bedeutet auch, nicht sofort zu überlegen, wie wir etwas verändern oder lösen könnten, sondern erst einmal die Situation anzunehmen.
3. **Schätzen, was ist und wie es ist.** Hierbei geht es nicht um „positive thinking" oder die rosarote Brille. Es geht um die Wertschätzung dessen, was gerade ist und uns umgibt. Wenn wir in den beiden Schritten zuvor echtes Sehen und Annehmen geübt haben, werden wir es auch als das, was es ist, schätzen. Was wir gut kennen, lieben wir. Was wir lieben, macht uns glücklich.

Spazieren eröffnet uns die Möglichkeit, das Gepäck des Alltags wenigstens temporär beiseitezulegen. Das schließt auch die vielen Hightech- und Luxusartikel ein, die uns umgeben. Wir legen ab und reduzieren uns auf das Wesentliche. Wie viel bräuchten wir zum Leben, wenn wir all das, was wir mit uns nehmen könnten, in der Umhängetasche oder im Rucksack auf dem Rücken tragen müssten?

Wie beschrieben, ist das Gehen die ursprünglichste und natürlichste Form der Fortbewegung. Hilfsmittel braucht es keine. Das Gefühl von Unabhängigkeit und Eigenständigkeit stellt sich unwillkürlich ein, weil wir aus eigener Kraft vorankommen. Bereits nach kurzer Zeit verfallen wir in eine Art Trance, bei der Körper und Geist in einen ähnlich getakteten Bewegungsrhythmus kommen und die unangestrengte gleichmäßige Bewegung Denkprozesse erleichtert. Ein Gefühl des Losgelöstseins, zugleich der Verbundenheit mit der Umgebung und Harmonie mit sich selbst sind die Folge. Der Meditationslehrer Peter Wild beschreibt diesen besonderen Zustand wie folgt:

> „Ich erlebe mich als äußerst gesammelt, ganz bei mir und gleichzeitig ansprechbar und offen für den Reichtum der Umgebung, durch die ich gehe. Pflanzen, Blumen, Sträucher, Bäume, Gräser, Tiere, die auftauchen, Vögel mit ihren Bewegungen und ihrem Gesang, Menschen, denen ich begegne, die Luftströmungen, die mich berühren, die Orte mit ihren Bauten, Straßen und Wegen, mit ihrer Geschichte, all das strömt auf mich zu und teilt sich mir mit. Im Gehen gehe ich in der Wahrnehmung auf."[155]

Damit würde sich auch die Sinnsuche erübrigen, die uns, so scheint es, umso mehr umtreibt, je mehr wir sitzen. Die elementare Raumerfahrung ist den meisten von uns inzwischen abhandengekommen. Der moderne Mensch sucht überall nach Sinn. Doch gibt es ihn denn überhaupt und hat es ihn je gegeben? Oder ist es nicht eher unserer christlich abendländischen Kultur geschuldet, dass wir alle mit einer Sinnerwartung durchs Leben gehen und damit ewig scheitern? Ob Spazieren Sinn macht, wird jeder ganz persönlich für sich selbst zu beantworten haben. Vielleicht braucht es diesen Sinn aber überhaupt nicht. Aufgrund dieses sinnlichen Draußenseins, einer durchaus sinnenhaften Art des Daseins mitten im Leben.

Ideen für einen Spaziergang „Innere Ruhe – einfach gehen"

Vielleicht mögen Sie diese drei Impulse mit auf Ihren Weg nehmen:

- Wahrnehmen, was ist und wie es ist: Nehmen Sie sich Zeit und genießen Sie jeden einzelnen Schritt.
- Annehmen, was ist und wie es ist: Wir müssen negative Gefühle nicht loswerden. Stattdessen sagen wir innerlich Ja zu dem, was jetzt gerade ist.
- Schätzen, was jetzt gerade ist und wie es jetzt gerade ist.

Wenn sich das Gedankenkarussell nicht beruhigen will, geben Sie nicht auf. Konzentrieren Sie sich einfach auf Ihren Atem. Gehen Sie Schritt für Schritt für Schritt für Schritt …

Variante: Sinnlicher achtsamer Spaziergang (circa 30 Minuten)

- Einige Momente stillstehen und über die Fußsohle Kontakt mit dem Boden aufnehmen.
- Gewicht ganz leicht nach hinten auf die Fersen verlagern, nach vorne auf die Zehen und schließlich in einem Halbkreis über die Außenkante der Fußsohle von vorn nach hinten und zurück abrollen.
- Wahrnehmen, wo diese kleine Bewegung sonst noch im Körper zu spüren ist.
- Einen bewussten ersten Schritt machen.
- Langsam und bewusst ins Gehen kommen und fühlen, wie sich das Gleichgewicht verlagert.
- Weitergehen und bei der Wahrnehmung des Bewegungsablaufs bleiben.
- Im Atemrhythmus gehen und wahrnehmen, wie viele Schritte Sie in einer Ausatmung und in einer Einatmung gehen.
- Wahrnehmen, wie Sie heute gehen (Tempo, Körperhaltung, Knie, Becken, Wirbelsäule, Schultern, Arme, Hände, Finger, Hals, Kopf, Mund, Stirne, Gesicht).
- Die Aufmerksamkeit auf den Tastsinn richten: Wie fühlen sich der Untergrund, die Reibung der Kleidung auf der Haut, Luftzug, Temperaturunterschiede etc. an?
- Die Aufmerksamkeit auf den Geruchssinn richten: Welche unterschiedlichen Gerüche und Düfte umgeben mich?

- Die Aufmerksamkeit auf den Hörsinn richten: Welche Geräusche und Töne in der Nähe und in der Ferne kann ich wahrnehmen?
- Die Aufmerksamkeit auf den Sehsinn richten: Welche Farben, Formen und Strukturen hält die Umgebung für mich bereit?
- Sich auf den gegenwärtigen Moment einlassen, Gedanken wie Wolken ziehen lassen und sich wieder dem gegenwärtigen Moment zuwenden.

Ein achtsamer Spaziergang ist, als ob man sein Umfeld zum ersten Mal im Leben betrachten würde. Er bringt uns die Fähigkeit zu staunen zurück, entspannt, reduziert Stress und steigert das Wohlbefinden.

8.16 Sammeln: vom Glück, fündig zu werden

„Wer einmal sich selbst gefunden hat, kann nichts auf dieser Welt mehr verlieren."

(Stefan Zweig, Autor)

Was haben Sie beim Spazieren schon alles gesammelt und mit nach Hause gebracht? Blumen, eine Vogelfeder, einen speziell gewachsenen Ast? Einen besonders schönen Stein oder eine glatte glänzende Kastanie, die Ihnen in der Jackentasche als Handschmeichler diente? Eichhörnchen und Bienen sind für ihren Sammelfleiß bekannt, um nicht auf das karge Angebot der Wintermonate angewiesen zu sein. Nicht anders verhalten wir Menschen uns, wenn wir Vorräte anlegen und dafür Nahrungsmittel konservieren und einlagern. Das Jagen und Sammeln steckt tief in uns. Von allen menschlichen Motiven gibt es kaum eins, das nicht seine zentrale Ursache im Sammeln hat. Sehen wir uns dazu die menschlichen Grundbedürfnisse an, die alle etwas mit Sammeln zu tun haben: Wärme (Feuerholz), Behausung (Baumaterial), Ernährung (Wasser und Nahrung). Aber auch Individualbedürfnisse, wie z. B. das Bedürfnis nach Anerkennung und Zugehörigkeit, werden durch Sammeln befriedigt, etwa durch schöne Kleidung, Autos oder Selfies, die auf Instagram gepostet werden. Das Faible für Handtaschen so mancher Frau dient (un-)bewusst vielleicht dazu, die gesammelte Beute stilvoll nach Hause zu transportieren. Die Menschheit hätte nicht überlebt, ohne zu sammeln. Sammeln ist eine urmenschliche Tätigkeit, die uns vor die Haustür bzw. den Höhleneingang trieb und dem Nahrungserwerb diente.

Wir sammeln nicht nur Nahrungsmittel und Dinge des täglichen Bedarfs, sondern auch eine Vielzahl an Kulturgütern und Naturgegenständen: Bücher, Kunstobjekte, Tiere, Pflanzen, technische Instrumente, Haushaltsgegenstände und vieles mehr. Anders als Nahrungsmittel werden viele dieser Objekte nicht im herkömmlichen Sinne verbraucht und konsumiert, sondern zum Beispiel in Museen und Bibliotheken aufbewahrt und als Wissensspeicher genutzt. Als Bestandteil des kulturellen Lebens sind sie mitunter „Zeitzeugen“ und schaffen eine Form der Kontinuität. Sie zeigen Entwicklungen auf und verknüpfen so die Gegenwart mit der Vergangenheit.

Durch das Sammeln persönlicher Erfahrungen erhalten Menschen erst eine Orientierung darüber, was richtig oder falsch, gefährlich oder ungefährlich, positiv oder negativ ist. Wir erinnern uns an positive und negative Episoden in unserem Leben, an Vorkommnisse, die man selbst erlebt oder bei anderen beobachtet hat, und auf diesen Erinnerungen basierend treffen wir Entscheidungen in der Gegenwart.

Sammeln dient ganz unterschiedlichen Motiven: Man verspricht sich dadurch finanzielle, materielle und andere Vorteile. Sammeln kann aber auch ein Zeichen von Ängsten sein, die damit kompensiert werden sollen, so etwa bei Menschen, die in der Kindheit Mangelerlebnisse hatten, zum Beispiel in der Nachkriegszeit. Sammeln kann auch eine Flucht bedeuten. Vor allem, wenn man sich in der komplexen realen Welt nicht behaupten kann. Das Versinken in seine Sammelleidenschaft ist wie eine Insel, auf die man sich zurückziehen kann. Ein weiteres Sammelmotiv sind Neugier und Wissensdurst Auch spielen Spaß und Freude eine zentrale Rolle.

Sammeln verstärkt die selektive Wahrnehmung beim Suchen und Auswählen und kann in einen kreativen Prozess münden, wenn aus dem Sammelgut etwas kleines oder großes Neues entsteht. Hier nur ein paar wenige willkürlich gewählte Beispiele, die diesen Zusammenhang verdeutlichen: Auf der Nordseeinsel Sylt kann man Treibholzkunst[156] bewundern, die aus gesammeltem Strandgut gefertigt wurde. Die eigentümliche Poesie verlorener und gesammelter Einkaufszettel findet man auf Instagram[157]. Eine Schweizer Künstlerin[158] sammelt Wasser (z. B. aus verschiedenen Seen) und fertigt mit diesem die Farben für ihren künstlerischen Schaffensprozess. In essbaren Wildpflanzenparks (EWILPA)[159] kann man spazieren und sich sein Abendessen zusammensammeln.

Sammeln kann ein Gefühl von Zufriedenheit oder gar reinem Glück hervorrufen. Ich erinnere mich an Streifzüge durch den lichten Frühlingswald mit Eltern und Schwester, um Maiglöckchen zu suchen, an die Freude, ein besonders schön gewachsenes Exemplar mit vielen duftenden weißen Blüten ganz allein gefunden zu haben und es den anderen zeigen zu können. An das geduldige und ausdauernde Suchen kostbarer, köstlicher Steinpilze und Schirmlinge im Herbstwald oder an das Muschelsuchen während langer Spaziergänge am Meer. Die gefundenen Schätze erinnerten zu Hause noch lange an die Ferien.

Ideen für einen Spaziergang „Sammeln – vom Glück, fündig zu werden“

Nachfolgend möchte ich Ihnen ein paar Ideen zur Auswahl, was man auf dem nächsten Spaziergang so alles „jagen und sammeln“ könnte, mitgeben:

Essbares

- Beeren (Fastfood für unterwegs)
- Nüsse (als Wintervorrat)
- Wildkräuter (z. B. für Bärlauchpesto oder Sauerampfersalat)
- Pilze (z. B. für eine leckere Pilzpfanne, Risotto oder zum Trocknen)
- Baumfrüchte wie Kastanien, Bucheckern, Eicheln (für heiße Maroni oder als Handschmeichler in der Hosentasche)
- Wildgemüse (z. B. für wilden Spargel mit zerlassener Butter)
- Holunder (z. B. für Holundersirup)
- Hagebutten (z. B. für Hagebuttentee)
- Arzneipflanzen (z. B. für Ringelblumensalbe)

Schönes

- Blumen (Blumenstrauß, getrocknete Blüten)
- Blätter (in einer Bodenvase, gepresst auf Briefen und Grußkarten, als Collage)
- Gräser (in der Vase, als Geschenkverpackung)
- Mineralien
- Steine (um Steinmännchen zu bauen, als Briefbeschwerer, mit Buch oder im Museum die Steine bestimmen, Beet- oder Wegumrandungen, als Glücksbringer, auf Gräbern)
- Zapfen, Rinde, Moos (Adventskranz, Schiffchen basteln)
- Vogelfedern (hinter den Spiegel klemmen)
- Schneckenhäuser (für Blumengestecke)

Am Meer

- Strandgut
- Muscheln (als Schmuckstück fürs Handgelenk, um Hals oder Fuß, in Gläser oder Vasen als Dekoration, als Seifenschale)
- Treibholz (auf die Fensterbank, bemalen, als Kerzenleuchter oder Garderobenhaken)
- Treibglas (Mosaik)
- Sand (in Gläsern, Vasen, Reagenzgläsern)

Überall

- Müll (entsorgen)
- Plastik (Container)
- Schritte

Und außerdem …

- Zettel, die andere verloren haben
- Tote Insekten
- Vogellaute und andere (Natur-)Geräusche (können mit der Aufnahmefunktion des Handys festgehalten werden)
- Zeichnungen oder Bilder (vor Ort produziert)
- Fotos (z. B. ein besonderes Foto pro Spaziergang)
- Begegnungen
- Schriftzüge

Lehrreich und hochinteressant sind auch Sammelspaziergänge mit Profis, z. B. einem Pilzexperten oder der Wildkräuterfrau.

Spazieren Sie an Orten, die sich zum Sammeln anbieten oder von denen Sie wissen, dass Sie fündig werden könnten, z. B. Wälder, Wiesen, Strand, aber auch die Stadt – je nachdem, was Sie sammeln möchten. Nehmen Sie unbedingt eine Tasche, einen Korb, einen Rucksack oder sonst etwas zum Transportieren mit. Je nachdem, was Sie sammeln möchten, benötigen Sie auch ein Messer, eine Schere, Handschuhe oder sonstiges Werkzeug.

Halten Sie die Naturschutzregeln, insbesondere für geschützte Pflanzen, ein.

Sammelspaziergänge sind auch für Kinder toll, selbst für solche, die sich gewöhnlich nicht so rasch für einen Spaziergang begeistern lassen. Übrigens können sich Erwachsene auch wunderbar von Kindern leiten lassen auf ihren Spaziergängen, denn Kinderaugen sind nicht nur geübt im Entdecken von Details. *Was* sie in gewöhnlichen Dingen sehen, wird Sie überraschen: Da kann zum Beispiel aus einem umgestürzten Baum ein Krokodil mit weit aufgerissenem Maul werden und aus einem Blütenkelch eine klitzekleine Elfe. Lassen Sie sich verzaubern beim Sammeln von Bildern, die nur Kinderaugen sehen.

8.17 Wenn es mal nicht so gut geht: Schritt für Schritt zurück ins Leben

„Der Weg wird dich tragen, wie schwer du auch bist."

(Altes Sprichwort)

Seelische Tiefs haben ganz unterschiedliche Auslöser und können jeden treffen. Entscheidend dafür, wie solch ein Tief erlebt und durchlebt wird, ist nicht so sehr die Situation selbst oder der Auslöser an sich, sondern das subjektive Empfinden. Wenn wir das Gefühl haben, dass uns die Hilfsmittel oder die Kraft, die zur Bewältigung des Tiefs notwendig wären, fehlen, erleben wir einen Tiefpunkt umso belastender. Menschen unterscheiden sich voneinander in der Art und Weise, wie sie mit seelischen Tiefs umgehen. In diesem Zusammenhang wird oft von Resilienz[160] als Erfolgsfaktor gesprochen: Resilienz als Stress-Widerstands-Kraft wird als Fähigkeit beschrieben, Krisen und belastende Lebensumstände erfolgreich zu bewältigen und sogar noch gestärkt aus ihnen hervorzugehen. Die Ursachen unterschiedlicher Resilienz liegen im sogenannten Kohärenzsinn[161]. Er umfasst folgende drei Bereiche:

1. **Verstehen** – äußere und innere Reize werden als verständlich eingeschätzt.
2. **Kontrolle** – äußere und innere Reize werden als kontrollierbar eingeschätzt.
3. **Sinnhaftigkeit** – die Anforderungen des Lebens werden als emotional erfüllend und sinnvoll eingeschätzt.

Eine starke Ausprägung des Kohärenzsinns geht mit langfristig besserer Gesundheit einher.

Spazierengehen als Ressource

Ein wichtiger Faktor für Resilienz ist der Zugang zu den eigenen, bereits vorhandenen Ressourcen. Ressourcen sind all diejenigen Hilfsmittel, aus denen wir im Krisenfall Kraft schöpfen können. Der Zugang zu Ressourcen geht in Krisenzeiten oft verloren oder ist verschüttet, weil negative Gefühle wie Hilflosigkeit und Überforderung dominieren. Leider werden Ressourcen, die in solchen Momenten helfen können, in *normalen* Zeiten wenig gepflegt, weil alles irgendwie von selber läuft. Um sich für schwierige Zeiten zu wappnen, ist es daher hilfreich, sich immer wieder die eigenen Ressourcen vor Augen zu führen, um diesen Zugang gut zu „bahnen", also im Gehirn zu programmieren, damit er auch in Krisenzeiten abgerufen werden kann. Es geht darum, ähnlich wie Eichhörnchen es in ihren Wintervorbereitungen tun, sich in guten Zeiten für schlechte Zeiten einen Vorrat an hilfreichen Strategien zurechtzulegen und dafür zu sorgen, dass man sie nicht vergisst, sondern im Ernstfall parat hat. Dies kann sich stärkend auf den oben beschriebenen Kohärenzsinn auswirken, da man seine Spaziergänge „im Griff hat“, sie kontrollieren kann.

Spaziergänge, insbesondere an als schön bewerteten Orten, können sich in der Krise als äußerst hilfreiche Ressource herausstellen. Weil sie so einfach umzusetzen sind, ist die Hemmschwelle nicht so hoch, sich zu einem Spaziergang aufzuraffen. Von der Bewegung profitiert nicht nur der Körper. Das mit Selbstwirksamkeit beschriebene Gefühl, aus Resignation und Passivität wieder herauszufinden und aktiv zu werden, kann als lindernd und heilsam erlebt werden. Der israelische Schriftstellers David Grossman sagte in einem Interview einmal: „Wer geht, der löst sich aus der Erstarrung. Er flieht davor, eingefroren zu werden in seinem Zorn oder seinem Schmerz. Er verschafft sich Abstand. Er versichert sich des eigenen Körpers. Er geht.“[162]

Für die meisten Patientinnen und Patienten der psychiatrischen Klinik, in der ich tätig bin, zählt Spazierengehen zu den beliebten Aktivitäten, die merklich guttun. Anfangs vielleicht mit unterstützender Begleitung, nach der Stabilisation auch allein. So kann es hilfreich sein, sich in *guten* Zeiten einen „Vorrat an Spaziergängen“ anzulegen, auf die man in dunkleren Zeiten zurückgreifen kann. Wie genau könnte das aussehen? Eine Möglichkeit wäre, folgende Satzanfänge zu ergänzen und diesen selbst verfassten Text an schlechten Tagen durchzulesen:

- Beim Spazierengehen fühle ich mich wohl, weil …
- Wenn ich unterwegs bin, genieße ich …
- Ich freue mich, wenn …
- Ich bin dankbar dafür, dass …
- Ein schöner Spaziergang, an den ich mich gern erinnere …
- Eine Herausforderung, die ich unterwegs gut gemeistert habe, war …
- Ich hätte vor Freude die ganze Welt umarmen können, als …

Der Maler Henri Matisse soll gesagt haben: „Es gibt überall Blumen für den, der sie sehen will.“ Wir können versuchen, gerade auch an schlechten Tagen unsere Sinne zu öffnen für die wunderbaren Dinge um uns herum. Es gibt sie. Ganz bestimmt.

Regelmäßige moderate Bewegung hilft dem Körper durch die Krise

Die psychologische Forschung der letzten Jahre hat in diversen Untersuchungen zeigen können, dass ein bedeutender Zusammenhang zwischen seelischer und körperlicher Gesundheit besteht. Der enge kausale Zusammenhang zwischen chronischem Stress und Depressionen ist übereinstimmend anerkannt.[163]

Insbesondere bei Menschen, die an einer Depression leiden, stellte man ein erhöhtes Risiko für das metabolische Syndrom (das Zusammentreffen mehrerer Risikofaktoren für Herz-Kreislauf-Erkrankungen und Diabetes wie Übergewicht, Bluthochdruck, schlechte Fettwerte im Blut und hoher Blutzucker)[164] fest. Dieser Zusammenhang erklärt sich einerseits dadurch, dass depressive Personen in der Regel kaum Energie haben, um einen gesunden, aktiven Lebensstil zu pflegen. So werden beispielsweise Hobbys und Interessen vernachlässigt oder Mahlzeiten ausgelassen. Auch die ehemals tägliche Routine, in der Aktivitäten wie Fahrrad fahren, spazieren gehen, einkaufen oder den Hund ausführen eingebunden waren, kann plötzlich zu einer belastenden und überfordernden Qual werden. Andererseits kann das Vorhandensein einer Herz-Kreislauf-Erkrankung einen negativen Einfluss auf die Psyche haben und das Risiko einer Depression erhöhen. Schätzungsweise bis zu 20 der Personen, die einen Herzinfarkt erleiden, erkranken im Anschluss daran an einer Depression[165].

Eine Studie[166] aus Deutschland konnte zudem zeigen, dass Menschen mit einer Depression eine deutlich niedrigere aerobe Kapazität (maximale Sauerstoffaufnahme der Zellen durch das Einatmen) haben. Das bedeutet, dass die Fähigkeit, eine körperlich anstrengende Leistung über einen längeren Zeitraum aufrechtzuerhalten, weniger stark ausgeprägt ist als bei Personen, die nicht depressiv sind. Bereits ein mittelintensiv betriebenes Bewegungsprogramm, beispielsweise durch regelmäßiges flottes Spazieren (laufen ohne schnaufen), verbessert die Stimmung von Menschen mit einer Depression.[167] Ein sechswöchiges Programm, bei dem die depressiven Patienten dreimal in der Woche ein 45-minütiges Ergometer-Training absolvierten, reichte aus, um die aerobe Leistungsfähigkeit deutlich zu steigern. Mit sportlicher Tätigkeit als Bewegungstherapie können bei Depression zudem vergleichbare Resultate erzielt werden wie mit Antidepressiva oder mit einer Psychotherapie. Gezeigt werden konnte außerdem, dass die Bewegungstherapie den jeweiligen Kontrollgruppen bezüglich der Reduktion der depressiven Symptomatik überlegen ist.[168]

Aufgrund des oben genannten Zusammenhangs zwischen Depression und Herzkreislauf-Erkrankungen liegt es demnach auf der Hand, Bewegung standardmäßig in Therapiepläne zu integrieren. In Kurzform bedeutet das: Rein in die Spazierschuhe – raus aus dem körperlich-seelischen Tief.

Spazieren schützt vor Depression

Bereits eine Stunde Spazieren pro Woche zeigt einen vorbeugenden Effekt bei Depression. Dies konnte in einer Langzeitstudie[169] mit 34.000 Probanden in Norwegen gezeigt werden. Auch bei Menschen, die bereits an einer Depression erkrankt sind, wirken sich Spaziergänge förderlich aus: Nicht nur die Stimmung verbessert sich, sondern auch der innere Antrieb[170].

Bewegung und Sport haben sogar kurzfristig einen positiven Effekt auf unser psychisches Wohlbefinden. Körperliche Aktivität kurbelt die Hirnchemie an, vermutlich die Produktion von Noradrenalin und Serotonin[171]. Diese Hormone sorgen dafür, dass wir uns gut und zufrieden fühlen. Ein solch zufriedener und ausgeglichener Gefühlszustand ist für depressive Patienten häufig unvorstellbar. Und doch ist er auch für sie in gewissen Maßen zu erreichen.

Abgeraten wird allerdings davon, Sport und Bewegung als Therapieersatz für psychische Erkrankungen zu betrachten. Eine Depression ist eine ernst zu nehmende und häufig chronisch verlaufende Erkrankung. Regelmäßige Bewegung und Sport dienen als sinnvolle Ergänzungen zu einer umfassenden psychotherapeutischen und ggf. medikamentösen Behandlung, sollten aber keineswegs als Allheilmittel betrachtet werden. Und doch sind bei allen psychischen Erkrankungen das Augenmerk auf eine gesunde Lebensführung und Regelmäßigkeit, insbesondere durch Bewegung, Schlaf, Ernährung, positive Aktivitäten und das Einhalten adäquater Ruhephasen zu richten. Spaziergänge, entweder begleitet oder allein, können hierbei sowohl die gewünschte Bewegung bewirken als auch ein positives Erlebnis vermitteln.

Schon moderates Training genügt: Drei Einheiten à 30 Minuten pro Woche zeigen einen antidepressiven Effekt[172]. Spazieren kann gerade in Krisenzeiten intensiveren Bewegungsarten, beispielsweise dem Joggen, überlegen sein, da die innere Hürde, die es zu überwinden gilt, kleiner ist und somit der Erfolg machbarer. Auch gelingt es besser, dranzubleiben, und das ist wichtig: Denn nur bei regelmäßiger körperlicher Aktivität entfaltet sich die rückfallvorbeugende Wirkung bei Depression[173]. Das bedeutet: Spazieren wir weiter – auch wenn es bereits ein bisschen besser geht.

Das Labyrinth als Symbol des Lebensweges

Eine andere Möglichkeit, damit klarzukommen, dass kein Leben auf einer geraden Linie verläuft, könnte die Auseinandersetzung mit einem uralten Menschheitssymbol sein: dem Labyrinth. Oftmals wird das Labyrinth mit einem Irrgarten verwechselt. Im Vergleich zum Irrgarten, dessen Wege in Sackgassen enden können, gibt es im Labyrinth nur einen einzigen Weg, der immer zur Mitte und auch wieder hinausführt. Auf verschlungenen Wegen und mit abrupten Wendungen gelangen wir nach einer Zeit, die sich meist länger als erwartet anfühlt, in die geheimnisvolle Mitte. Wer sich auf den Weg in einem Labyrinth einlässt, dem werden die Zusammenhänge der großen Lebensthemen deutlich: „Dem Pfad des Labyrinths zu folgen heißt: aufbrechen und loslassen, Wendungen annehmen, die Erkenntnisse der Mitte gewinnen und den Weg heraus zu entdecken."[174]

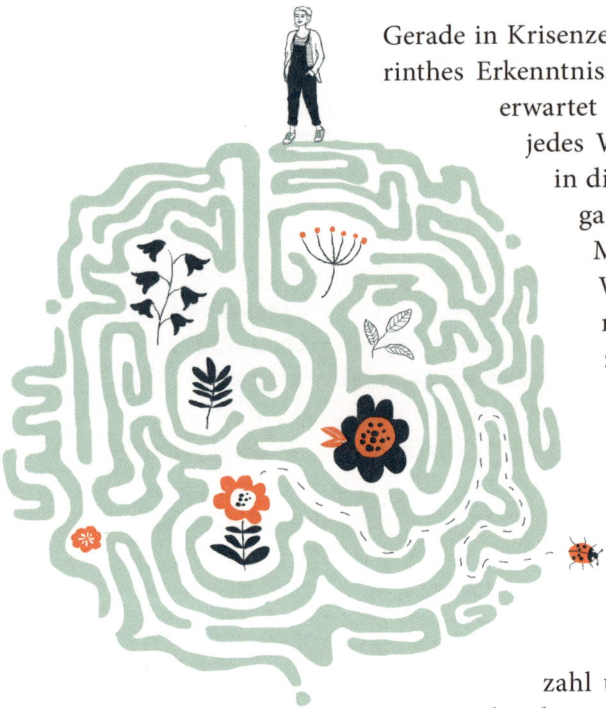

Gerade in Krisenzeiten können sich im Erleben eines Labyrinthes Erkenntnisse einstellen, die man so deutlich nicht erwartet hätte. Im Labyrinth ist jede Wendung, jedes Wegstück notwendig. Dabei führt nichts in die Irre, auch nicht der beschwerliche Weg ganz außen am Rand, weit weg von der Mitte, der unendlich lang zu sein scheint. Wenn wir es schaffen, unseren Lebensweg nicht als Irrgarten, sondern als Labyrinth zu betrachten, können wir erkennen, dass er uns mit all seinen Wendungen und Durststrecken schließlich ans Ziel bringt. Im hinteren Teil dieses Buches finden Sie unter dem Abschnitt „Spaziergänge durchs Netz" (Seite 185) eine Liste mit Links zu begehbaren Labyrinthen. Im deutschsprachigen Raum lädt eine erstaunlich große Anzahl unterschiedlichster Labyrinthe dazu ein, beschritten zu werden. Vielleicht finden Sie eines ganz in Ihrer Nähe und begeben sich auf einen Spaziergang der ganz besonderen Art, einen Spaziergang zu sich selbst.

Ideen, wie man sich in einer Krise zu regelmäßigem Spazieren aufraffen kann

- Sich bewusst machen, dass schon die moderate Bewegung während eines Spaziergangs an der frischen Luft hilft.
- Die ideale Tageszeit austesten: Sind Sie eine Lerche (schon bei Morgengrauen putzmunter) oder eine Eule (abends lange leistungsfähig)?
- Nicht mit zu hohen Erwartungen an sich selbst und den Spaziergang herangehen – ihn einfach auf sich zukommen lassen.
- Wäre eine Begleitungsperson hilfreich? Wenn ja, wer könnte das sein?
- Wäre vielleicht eine Gruppe hilfreich? Wenn ja, wo könnten Sie sich anschließen?
- Sich verbindlich mit jemandem zum Spazieren verabreden.
- Ist der Magen genau richtig gefüllt, das heißt weder zu voll noch zu leer?
- Das Gehtempo individuell anpassen.
- Sich eine Ihnen angenehme Strecke aussuchen.
- Für adäquate Bekleidung sorgen nach dem Motto: Es gibt kein schlechtes Wetter, nur schlechte Kleidung.

- Als ideal hat sich ein 30-minütiger Spaziergang fünfmal pro Woche bewährt – aber auch, wenn es weniger ist: Jeder Schritt zählt!
- Wenn Sie Freude daran haben: Hilfsmittel einsetzen wie Schrittzähler, Pulsmesser, Kalorienzähler.
- Spazieren als Ritual fest ins Wochenprogramm integrieren, z. B. als Morgen- oder Abendspaziergang (siehe hierzu auch Kapitel 7 „Spektakulär unspektakulär: Spazieren als Gewohnheit“).
- Spaziertagebuch führen, Erlebnisse notieren und reflektieren, Fortschritte dokumentieren.
- Den oben erwähnten selbst verfassten Text an „schlechten Tagen“ lesen.
- Alltägliche Gänge, z. B. in die Bäckerei, nutzen, um eine Extrarunde zu gehen – man hat die Schuhe ja bereits an.
- Während des Spaziergangs ein Foto machen und es anschließend einer vertrauten Person schicken.
- Planen, sich vom Spaziergang etwas Schönes mit nach Hause zu nehmen, z. B. einen Zweig oder eine einzelne Blüte.
- Sich im Vorfeld ein Ziel setzen, z. B. bis zum Café oder zu einer bestimmten Bank zu laufen, die Ihnen gefällt.

8.18 Durch Raum und Zeit: der Unendlichkeit auf der Spur

„Die Kirche ist geschlossen, also umrunde ich sie, und als ich auf ihrer Ostseite stehe, geht hinter den Wolken und den Baumwipfeln die orangegelbe Sonnenkugel auf, die unsere Erde seit viereinhalb Milliarden mit ihrem fernen Feuer wärmt, und ich verneige mich vor ihr.“[175]

(Franz Hohler, Erzähler)

Kennen Sie die Illustration auf dem Buchdeckel der Erzählung *Der kleine Prinz* des französischen Autors Antoine de Saint-Exupéry[176]? Sie zeigt den kleinen Prinzen, mit beiden Händen in den Hosentaschen, auf seinem winzigen Planeten, genauer gesagt: dem Asteroiden B 612, stehend, der kaum größer ist als ein Wohnhaus. Mich erinnert dieses Bild daran, dass wir uns nicht in irgendeinem Vakuum bewegen, sondern uns mit beiden Beinen auf unserer wundervollen Erde befinden. Beim Spazieren sehe ich manchmal den kleinen Prinzen auf seinem Planeten vor meinem geistigen Auge und versuche, die Szenerie auf meine Welt zu übertragen. Sich über den eigenen Standort „in Raum und Zeit“ in gerade diesem Moment, in dem ich über die Erde spaziere, klar zu werden, eröffnet ungeahnte Erlebniswelten und ist ein faszinierendes Gedankenspiel für unterwegs. So können wir mit der realen Welt in Verbindung treten und von der weisen Lehrerin Natur mit ihren Kräften lernen.

Mit jedem Schritt berühren wir die Erde und es drängt sich die Frage auf, welcher Untergrund sich eigentlich unter dem Waldboden oder dem Asphalt befindet? Über was genau spazieren wir? Ein kurzer Blick auf eine geologische Karte[177] gibt Aufschluss. So befindet sich die Stadt Zürich beispielsweise im Molassebecken (Sedimente und Sedimentgestein) des Schweizer Mittellandes, das im Tertiär, also vor ca. 66 Millionen Jahren, entstand, als sich auch ein großer Teil unserer Tier- und Pflanzenwelt entwickelte. Erste Zeugnisse im Zusammenhang mit Zürich werden in das 2. Jhdt. n. Chr. datiert. Wie beeindruckend zu wissen, dass der Boden, auf dem wir spazieren, knapp 66 Millionen Jahre alt ist. Und dabei ist unsere Erde noch rund 70-mal älter als das Molassebecken, nämlich 4.6 Milliarden Jahre. Angesichts dieser zeitlichen Dimensionen erscheint die eigene Lebensspanne verschwindend klein. Auch das Bewusstsein, dass dieselbe Erde, auf der ich gerade unterwegs bin, bereits von unseren Vorfahren Tausende von Jahren zuvor begangen wurde und von unseren Nachkommen begangen werden wird, berührt mich.

Sie und ich sind jetzt da. Mit jedem einzelnen Schritt. Gerade in diesem Moment. Mit jedem Schritt berühren wir Mutter Erde, der schon so viel Schaden zugefügt wurde und die uns dennoch verlässlich trägt und Leben schenkt.

Wissen Sie, wo auf der Erdkugel Sie landen würden, wenn Sie unter Ihren Füßen senkrecht einen Tunnel durch das Erdinnere graben würden? Mit Sicherheit wäre es dort mehrere Stunden früher oder später als an dem Ort, an dem Sie gerade spazieren. Vermutlich herrscht dort eine andere Jahreszeit und es sieht vollkommen anders aus, als wir es uns im Moment vorstellen können. Und doch ist dieser Ort real, gerade in diesem Moment. Im Internet stehen mehrere interaktive Antipoden-Karten zur Verfügung, in die man den Ausgangspunkt eingibt und den exakt gegenüberliegenden Ort angezeigt bekommt. Antipode (griech. ἀντί für „gegen“ und πούς für „Fuß“, wörtlich also „Gegenfüßer“) ist nicht nur die Bezeichnung von Gebieten, die sich auf der gegenüberliegenden Seite des Planeten befinden, sondern schließt auch die Menschen, die dort leben, mit ein. Die Füße „unserer“ Antipoden sind – bildlich betrachtet – unseren Füßen zugewandt.

Im Trubel des Alltags sind wir zuweilen sehr mit uns selbst beschäftigt und haben unbewusst vielleicht verinnerlicht, dass sich die ganze Welt nur um uns dreht. An Tagen, an denen wir von Problemen scheinbar komplett vereinnahmt sind und uns als Zentrum der Welt erleben, kann es heilsam sein, sich beim Spazieren die auf uns wirkenden physikalischen Kräfte zu vergegenwärtigen:

- die Anziehungskraft der Sonne, die die Erde innerhalb eines Jahres umrundet,
- die Erdrotation, also die Drehung der Erde um die eigene Achse,
- die Schwerkraft, also die Erdanziehungskraft, sowie
- die Fliehkraft vom Erdinnern weg,
- die Anziehungskraft des Mondes, der unsere Erde in knapp 28 Tagen einmal umrundet.

Diesen fünf mächtigen Impulsen sind wir zeit unseres Lebens ausgesetzt. Sie stabilisieren, geben uns Halt und ermöglichen zugleich Bewegungsfreiheit. Mit jedem neuen Schritt kann man sich Schwer- und Fliehkraft vergegenwärtigen: Ohne Schwerkraft würden wir bodenlos durch den Raum schweben. Ohne Fliehkraft kämen wir nicht vom Fleck. Die Drehung der Erde um sich selbst lässt uns zuverlässig Tag und Nacht, hell und dunkel erleben. Und die jährliche Reise auf unserer Umlaufbahn schenkt uns den Wechsel der Jahreszeiten, das Sichtbarwerden des großen Kreislaufes von Werden, Wachsen und Vergehen. Der Mond bestimmt mit seiner Gravitationskraft die Gezeiten Ebbe und Flut. Dass diese Lebenskräfte und Kreisläufe auf unserem blauen Planeten ein Wunder sind, können wir erahnen, wenn wir das uns vertraute Sonnensystem in Relation setzen zum großen Ganzen, das unsere Erde umgibt. Dabei wissen wir nicht, wo das Zentrum des Universums ist, und doch gehen wir immer davon aus, wir selbst wären es. Der Russe Anatoli Solowjew spazierte über 82 Stunden lang (in 16 Außeneinsätzen) durch das Weltall, Michael Lopez-Alegria 67 Stunden[178]. Wie sie die Frage nach dem Mittelpunkt des Universums wohl beantworten würden?

Da das Weltraumspazieren leider nur einigen wenigen vorbehalten ist (wie gerne würde ich einen Weltraumspaziergang unternehmen!), spazieren wir gewöhnlichen Spaziergänger entweder in einer sternenklaren Nacht – oder verschaffen uns Einblicke in die Weite des Universums mithilfe des Weltraumteleskops Hubble[179]:

> „[Es] umkreist seit 24. April 1990 die Erde in etwa 600 km Höhe. Bei einer Geschwindigkeit von ca. 28.000 km/h braucht es rund 96 Minuten für einen Rundflug. Seine Aufgabe ist die Erforschung des Weltalls. Es blickt in die Vergangenheit des Universums – auf Galaxien, Sternbilder und Schwarze Löcher, die bis zu 13 Milliarden Lichtjahre entfernt liegen. Dank dem 13,1 m langen Teleskop vermuten Wissenschaftler die Existenz von 200 Milliarden Galaxien und mehr als 100 Milliarden Sonnen.“[180]

Während eines nächtlichen Spaziergangs unter dem Sternenhimmel oder beim Betrachten der Hubble-Bilder können wir uns folgende Aspekte vergegenwärtigen[181]:

- Vor etwa 13,8 Mrd. Jahren entstand das Universum durch den sogenannten Urknall. Seitdem dehnt sich unser Weltall immer weiter aus. Der in Ulm geborene Albert Einstein (1879–1955) hat dies mathematisch bewiesen und Edwin Hubble (1889–1953) mit seinem Weltraumteleskop belegt.
- Da das Universum vermutlich niemals ganz erforscht sein wird, könnte es auch unendlich groß sein. Wissenschaftlich berechnet ist bis heute nur, dass das Universum mindestens einen Durchmesser von 78 Mrd. Lichtjahren hat.

- Unsere Galaxie, die Milchstraße, ist spiralförmig und enthält vermutlich über 100 Milliarden Sonnen. Die Milchstraße ist nur eine von etwa 40 Galaxien, die zum selben Galaxiehaufen, der sogenannten Lokalen Gruppe, gehören.
- Wissenschaftler glauben, dass vermutlich mehr als 200 Milliarden Galaxien im Universum existieren. Die größten sind etwa 300.000 Lichtjahre groß und enthalten Milliarden Sterne.

Wir haben eine erste Einordnung unseres Standorts auf der Erde und im Kosmos versucht. Hier noch zwei weitere Gedanken zum Erleben von Raum:

1. *Unser Raumerlebnis ist von der Situation abhängig*

Raum und das Erleben von Raum sind ganz entscheidend von unserer Situation abhängig, in der wir diesen Raum betreten: Wenn wir abends, müde von der Arbeit, an einem Waldrand entlangspazieren, interessiert uns vermutlich wenig, wie lang der Waldrand ist. Wir sind eher darauf eingestimmt, endlich einmal tief durchzuatmen und über unseren Tag nachzudenken. Außerdem schmerzt der Nacken, weil er sich vom langen Sitzen am Schreibtisch verkrampft hat. Gedanklich sind wir vielleicht immer noch beim Disput mit der Kollegin. Kurz: Der Waldrand, der Raum, in dem wir uns bewegen, wird zur Nebensache, die Welt um uns herum wird nur noch unterbewusst wahrgenommen. Wenn wir uns in einer solchen Situation für das Raumerlebnis im Kontext der Weltordnung öffnen und uns der größeren Zusammenhänge der Welt und des Kosmos bewusst werden, wie oben beschrieben, können wir Erhabenheit erleben und damit Abstand vom Kleinklein des Alltags gewinnen.

2. *Unser Raumerlebnis ist an ein Motiv gebunden*

Der „Raum eines Spaziergangs" erscheint uns außerdem immer schon erschlossen oder vorerschlossen durch einen Zweck, ein Motiv, das wir gewählt haben. Deshalb erscheint der Raum auf uns zugeschnitten und ist nicht von uns zu trennen. Das heißt, wenn wir uns an den Waldrand begeben, um dort einen Abendspaziergang zu machen, stellen wir damit eine Feierabendsituation her, in die wir den Waldrand integrieren und worin der Waldrand zu erscheinen hat. Wir haben eine Art transzendenten, übersinnlichen Raum konstruiert und bringen diesen mit. Das bedeutet: Der schöne Waldrand ist für mich zum Entspannen und Durchatmen da, der idyllische Weg zum Gehen und die angenehme Bank, um in Ruhe die Aussicht zu genießen. Wenn sich dies aber

nicht so darstellt, z. B. weil bei der Bank eine lärmende Gruppe Jugendlicher bei lauter Musik feiert, treten wir den Rückzug an und ärgern uns. Völlig andere Situationen, aber mit demselben Waldrand, würden durch die Motive „Klassenausflug“, „Militär“, „Filmkulisse“, oder „Jagd“ entstehen.

„Ich weiß, dass das, was ich weiß, nicht alles ist“

Dies bekennt der Philosoph Richard David Precht während einer beschaulichen Wanderung mit Werner Schmidbauer[182] und weist darauf hin, dass jede der uns umgebenden Lebewesen und Lebensformen ihre ganz eigene Welt habe, zu der wir Menschen keinen Zugang hätten. Ein inspirierender Gedanke, den wir unbedingt auf unserem nächsten Spaziergang mitnehmen sollten: Das Faszinierende an Tieren sei, so Precht weiter, dass es Lebensformen und Werte in dieser Welt gäbe, die der Mensch nicht selber geschaffen hätte und die völlig unabhängig vom Menschen existierten. Ein Vogel lebe in seiner Welt. Wir Menschen seien ihm vollkommen egal, weil ja der Vogel einen ganz eigenen Kosmos habe, den wir nie ganz verstehen können, weil wir nie ganz in das Bewusstsein eines Vogelgehirns vorstoßen können. Dies gäbe ihm, Precht, ein Gefühl von Transzendenz:

> „… ich weiß natürlich, dass das, was ich mit meinem Wirbeltiergehirn begreifen kann, nur ein ganz kleiner Ausschnitt dessen ist, was es gibt und was ist. Das lässt Raum für Spiritualität … So ein Gefühl, sich im guten Sinne klein zu fühlen vor der Natur, das ist sehr stark in mir verankert.“[183]

Manche Lebewesen, so gibt Richard David Precht zu bedenken, sehen die Welt ganz anders als wir Menschen, die sehen vielleicht gar nichts und können dafür faszinierend gut hören oder verfügen über ein elektromagnetisches System wie die Haie. Oder können einen 360-Grad-Radius überschauen. Wer diesen Gedanken ernsthaft Raum gibt, wird sich beim nächsten Spaziergang durch Flora und Fauna (im positiven, transzendenten Sinne) unbedeutend fühlen.

Beim Gehen implodiert die Zeit

Ein abschließender Gedanke zum Aspekt Zeit stammt vom Philosophen, Autor und Reisejournalisten Gerhard Fitzthum, der zugleich passionierter Wanderer und Wanderführer ist: „Diese physikalische Zeit, mit der wir unsern Alltag takten, implodiert beim Wandern. Nicht bei den ersten Schritten, sondern nach und nach. Das ist ein Prozess.“[184] Neben dem Wanderer hat auch ein Spaziergänger zur Dimension Zeit eine ganz eigene Beziehung: Er lässt sich Zeit und lässt sich von der Zeit nichts nehmen. Für den Weg, den ich in einer Stunde Spaziergang zurücklege, benötige ich bequem im Auto, per Bus oder per S-Bahn nur wenige Minuten. Die Uhr ist hierfür nicht mehr das geeignete Messinstrument, denn es geht um ganz andere Parameter.

Lebenszeit kehrt nie zurück. Lebenszeit ist begrenzt. Angesichts der bisherigen 4.6 Milliarden Jahre unserer Erde erscheint unsere durchschnittliche Lebenszeit vollkommen unbedeutend. Und doch: Es ist Ihre und meine einmalige und kostbare Zeit, die mit jedem Atemzug und dem Ticken der Uhr verrinnt. Beim Spazieren stellt sich manchmal ein Gefühl der Zeitlosigkeit ein und ein tiefes Gefühl der Verbundenheit mit dem Lebendigen, der Erde, der Natur und dem Kosmos: „Der Philosoph William James nannte das Phänomen mystisches Bewusstsein, der kanadische Psychiater Richard Maurice Bucke kosmisches Bewusstsein. Sie beziehen sich auf einen Geisteszustand, der eintritt, wenn man sich mit etwas verbunden fühlt, das größer ist als man selbst."[185]

Die Schönheit und die Erhabenheit der Natur sind tröstlich und öffnen die Seele. Beim Gehen können wir spüren, wie ewig die Erde ist und wie temporär wir selbst als menschliche Wesen mit all unseren Sorgen und Nöten sind, mit all den Kriegen, die von uns ausgehen. Das Gehen ist existenziell für uns Menschen. Doch jede Generation muss diese Essenz immer wieder neu entdecken. Zu verlockend sind das behagliche Sofa und die vermeintlichen Errungenschaften, die bequemen Vereinfachungen des täglichen Lebens.

Ideen für einen Spaziergang „durch Raum und Zeit"

Unternehmen Sie diesen Spaziergang allein, zu zweit oder in einer kleinen Gruppe. Zur Vorbereitung machen Sie sich mit der Geologie und Geschichte Ihres Reviers vertraut. Unterwegs können Sie an verschiedenen Stationen folgende Fragen reflektieren:

- Mit welchem Motiv bin ich heute unterwegs?
- Auf welchem Untergrund bewege ich mich?
- Woher stammen die Gesteine in meiner Umgebung und wie alt sind sie wohl (Randsteine, Gebäude, Fassaden, Brunnen, Findlinge, Fels etc.)?
- Bestimmen Sie die Himmelsrichtungen.
- Welche Dörfer, Städte, Länder und Kontinente sind meine Nachbarn? (Drehen Sie sich hierfür einmal ganz langsam um Ihre eigene Achse.)
- An welchem Ort bin ich geboren und wo befindet sich dieser Ort von meinem Standpunkt aus gesehen?
- Was befindet sich unter mir auf der anderen Seite der Weltkugel? (Bleiben Sie hierfür einige Augenblicke still stehen.)
- Wo befindet sich unsere Erde gerade? (Ausrichtung zur Sonne, Jahreszeit, Nachbarplaneten, Sonnensystem ...)

- Wo befindet sich unser Sonnensystem und ich darin?
- Wie stelle ich mir den Kosmos und seine Dimensionen vor?
- Was bedeutet es, festen Grund unter den Füßen zu haben (im Vergleich zu Weltraumspaziergängern)?
- Inwieweit prägt die Situation gerade mein Erleben?
- Zum Schluss: Wir wandeln auf Mutter Erde. Es gibt keinen anderen Heimatplaneten für uns. Unsere Erde ist ein Nährboden, der nicht nur uns, sondern alles Leben unterstützt.

In einer sternenklaren Nacht eröffnet sich die Unendlichkeit des Alls noch eindrucksvoller als am Tag.

8.19 Urbanes Chaos: in der Stadt unterwegs

„Ich stelle mir bisweilen vor, wenn ich durch die Straßen gehe, ich sei ein Fremder, und erst dann entdecke ich, wie viel zu sehen ist, wo ich sonst achtlos vorübergehe."

(Rabindranath Tagore, bengalischer Dichter)

Rund 7,5 Milliarden Menschen leben derzeit auf der Erde, Tendenz steigend. Mehr als die Hälfte von uns wohnt in Städten. Die Verstädterung wird voraussichtlich zunehmen. Lebten um 1900 nur gerade zehn Prozent der Menschen in Städten, werden es im Jahr 2050 laut Prognosen der UNO bereits 70 Prozent sein.[186]

Ein Spaziergang im urbanen Raum hat sehr viel zu bieten: verschiedene Architekturstile, unterschiedliche Verkehrsführungen, Wohn-, Arbeits-, Kultur- und Bildungsraum, Grünflächen, Museen, öffentliche Gebäude, Baustellen, ungenutzte Flächen. Er weckt Ideen zur Stadtentwicklung, konfrontiert mit sozialen

Normen, offenbart die aktuelle Mode und ist ein Spiegel unserer Lebens- und Arbeitswelten. Die Wahrscheinlichkeit, dass Sie sich selbst, da Sie diese Zeilen lesen, in städtischem Gebiet befinden, beträgt mehr als 50 Prozent, was bedeutet, dass Sie nach diesem Kapitel einfach in die Stadt eintauchen könnten.

Unterschiedliche Geschwindigkeiten auf engstem Raum

Spazieren in der Stadt bedeutet, sich in einem reizüberfluteten und dauerbeschleunigten Umfeld langsam fortzubewegen, sich herauszunehmen, sich aber gleichzeitig auf die Dynamik und die Dichte einzulassen. Als ich von einer fünftägigen Schreibphase in einem abgeschiedenen einfachen Holzhaus in den Bündner Bergen zurück nach Zürich kam, fiel mir die Unterschiedlichkeit des Tempos ganz besonders auf. Ich war zunächst für den Rot-Grün-Takt der Fußgängerampel in meinem gleichmäßigen „Bergschritt" schlicht zu langsam, als ich eine breite, viel befahrene Straße überqueren wollte. Kurze Zeit später ertappte ich mich dabei, wie ich meinen Schritt wie von selbst zu beschleunigen begann. Mein Körper hatte auf städtischen Tempomat umgestellt. Ich hatte ein Ziel, wollte rasch von A nach B. Es wurde mir bewusst, dass ich unterwegs vor allem das Störende wahrnahm, je schneller ich ging: den Verkehrslärm, die professionelle Geschäftigkeit der an mir vorbeieilenden Passanten, die blendenden Scheinwerfer der Autos, die überfüllten Trams. Auf dem Rückweg ohne spezifisches Ziel durch die abendlichen verwinkelten Gassen des Zürcher Niederdorfs nahm ich mir Zeit und verlangsamte mein Gehtempo wieder. In dieser Langsamkeit, die meiner inneren Gestimmtheit wieder entsprach, entdeckte ich viel Neues und Schönes, Kleinigkeiten nur, aber auch Überraschendes, das sich mir beim Flanieren offenbarte. Ich spazierte an einem französischen Bistro vorbei, deren Gäste sich gerade den Klängen von Livemusik hingaben. Es machte mir Spaß, von außen hineinzuspähen und die Atmosphäre des dortigen Zusammenseins zu erahnen. Mein Blick traf sich mit dem einer mir bekannten Frau, einer Arbeitskollegin, die ich nur flüchtig kannte. Wir winkten uns zu und lachten – ein privater Moment durch die Fensterscheibe. Wäre ich weiterhin schnellen Schrittes unterwegs gewesen, hätte es diesen Moment nicht gegeben. Dabei hatte ich ganz ohne Zweck in das Bistro geschaut. Mein Flanieren erlaubte mir eine zufallsgesteuerte Wahrnehmung mit unerwartetem Glücksmoment.

Allein in der Masse

Stadt – das bedeutet auch, dass sich verschiedene, einander fremde Menschen für Sekunden begegnen, aufeinander zugehen, rechts und links aneinander vorbeigehen. In der Stadt bewegen sich Fußgänger zügig und flüssig, ohne dabei mit anderen zusammenzustoßen. Diese Bewegungsmuster, die Parallelen zu den Formationen von

Tierherden oder -schwärmen aufweisen, vollziehen wir zumeist unbewusst. Jedes Individuum versucht dabei, den Körperkontakt zum anderen zu vermeiden.

Gewollte Interaktionen, wie zum Beispiel ein direkter Blick oder gar ein Gespräch, ergeben sich kaum. Man geht sich aus dem Weg, vermeidet unbeabsichtigte Berührung oder Augenkontakt, versucht, möglichst effizient ans Ziel zu gelangen. Aber es gibt Oasen. Manche davon tauchen urplötzlich auf, wie zum Beispiel ein winziger Kiosk gleich neben der Bankfiliale, vor dem sich eine geduldig wartende Menschenschlange gebildet hat. Woher wissen all diese Menschen, dass es der Kaffee wert ist, draußen in der Kälte anzustehen? Herdeninstinkt? Viele kleine Szenen kann man beim Spazieren beobachten: Ein vom Alter gebeugtes Ehepaar, das sich sehr langsam und gegenseitig stützend über das Kopfsteinpflaster bewegt. Vier Jugendliche, die sich, freundschaftlich miteinander raufend, begrüßen. Eine Frau, die intensiv in ihrer Handtasche wühlt. Eine wartende E-Fahrradrikscha.

Sichtbarkeit und Unsichtbarkeit

Angenommen, mehrere Personen würden ein und denselben zehnminütigen städtischen Spaziergang unternehmen und anschließend darüber berichten. Wir würden höchst unterschiedliche Aussagen darüber erhalten, *was* gesehen wurde, *wie* diese Eindrücke gewirkt haben und *welche* Erkenntnisse daraus resultieren. Die Erforschung dieser Zusammenhänge bildet ein eigenständiges Forschungsgebiet: die Spaziergangswissenschaft. In den 80er-Jahren haben der Schweizer Soziologe Lucius Burckhardt und seine Frau Annemarie die Basisarbeit der Promenadologie (Spaziergangswissenschaft) begründet:

> „Die Spaziergangswissenschaft hat ihren Ursprung in den planenden Disziplinen, dem integrierten Studiengang Architektur, Stadt- und Landschaftsplanung an der Universität Kassel. Zugleich ist sie aber auch immer wieder in den Feldern der Kunst unterwegs, ohne sich dabei notwendigerweise oder zuallererst als Kunst zu erklären. Und nicht zuletzt führt sie die Behauptung Wissenschaft im Namen. Spaziergangswissenschaft liegt also oft irgendwie dazwischen."[187]

Diese Disziplin sollte Ausgangspunkt für ein neues Verständnis von Landschaft und urbanem Raum sein – für eine realistischere Haltung zur Wahrnehmung und Wirklichkeit. Damit bewegt sie sich an der Schnittstelle von Soziologie, Stadt- und Landschaftsplanung und Kunst. Ihr Forschungsgegenstand ist die Ästhetik des Raums. Reflexive Spaziergänge und ästhetische Interventionen im Raum sollen die Wahrnehmung schärfen. So soll sichtbar gemacht werden, was beispielsweise von Städtern nicht (mehr) wahrgenommen wird. Bei einem Spaziergang sind wir mit 180-Grad-Rundumsicht und Schritttempo anders im Raum unterwegs als auf dem E-Bike, hinter der Windschutzscheibe oder in der S-Bahn mit Blick auf unsere Smartphones.

Ich kann mich gut an eine Aktion aus dem Jahr 1999 in der Zürcher Innenstadt erinnern, als verschiedene Denkmäler von ihren Sockeln entfernt und in das Quartier Zürich West, dem ehemaligen Industrie- und heutigen Trendquartier, verschoben wurden. So kam die Statue des Theologen und Reformators Huldryrich Zwingli auf einem Parkplatz zu stehen. Die Aktion wollte das Fehlen der Schaustücke im Kerngebiet der Stadt sowie das Auftauchen an eigenwilligen Orten inszenieren. Zwingli auf dem Parkplatz löste teilweise entrüstete Empörung aus. Der neue Standort wurde also immerhin bemerkt. Wer seine Wahrnehmung schärft und achtsam durch den Raum spaziert, wird urteils- und kritikfähig.

Zeitoptimiert von A nach B

„Spazierengehende Menschen sind schon durch den Gebrauch ihrer Füße langsamer – und da sie gehen, weil sie Lust dazu haben, und nicht, um anzukommen, sind sie zeitlich unberechenbar."[188]

Fußgänger können sich zwar gut über Bürgersteige, Fußgängerzonen oder Fußwege bewegen, müssen sich aber doch stets den beschleunigten Verkehrsteilnehmern anpassen. Die Stadtsysteme sind darauf ausgerichtet, dass Menschen möglichst effizient und zeitoptimiert von A nach B gelangen. Städtischer Raum wird mehr und mehr funktionalisiert, da viele Menschen primär schnell unterwegs sein möchten. Mit Muße schauen wir den urbanen Raum nur selten an, außer vielleicht als Städtetourist, im Rahmen einer Stadtführung oder wenn man Freunden die eigene Stadt zeigen möchte.

Lost Places

Sogenannte Urban Explorers sind in städtischen Gebieten auf der Suche nach authentischen Orten der Zeitgeschichte unterwegs, um diese zu fotografieren oder auf andere Weise zu dokumentieren, beispielweise als Tonaufnahme so wie das Delmenhorster Soundarchiv.[189] Urban Explorer geben sich nicht mit der Oberfläche der Stadt zufrieden, sondern wollen tiefer in ihre Infrastruktur eindringen. Sie erkunden das Verborgene, beispielsweise die Kanalisation, oder verschaffen sich Zugang zu stillgelegten Industriebauten. Sie steigen auf Hochhausdächer und klettern in U-Bahn-Schächte. Ihr Motto: „Take nothing but pictures, leave nothing but footprints."[190] Spannend für sie ist das Ausfindigmachen von Lost Places, also Orten, die verlassen sind und für die sich niemand mehr interessiert. Kennen Sie selbst auch solche „Zeugen einer vergangenen Zeit"?

Eine Stadt spazierend zu erkunden erlaubt uns, neu über sie nachzudenken und an ihr teilzuhaben. Sobald wir anfangen, die Stadt neugierig und mit wacher Aufmerksamkeit zu erforschen, fühlen wir uns weniger verloren in ihr. Vielleicht entstehen aus nichtssagenden Nicht-Orten plötzlich Orte von besonderer Bedeutung, an die man immer wieder zurückkehren kann. Die Grasfläche vor dem Bürokomplex, eine Bank in der Bahnhofshalle, ein Treppenabsatz, eine Brücke, ein öffentlich zugänglicher Dachgarten auf dem ehemaligen Fabrikgebäude … Jeder Ort und jeder Weg können besondere Bedeutung bekommen, sobald auch nur ein Mensch dieses Besondere erkennt.

Schönheit auf den zweiten Blick

Um aufzublühen, müssen wir nicht gleich von der Stadt aufs Land ziehen. Eine gewaltige, auf den ersten Blick einschüchternd wirkende Hochhauswand entfaltet auf den zweiten Blick plötzlich etwas ästhetisch Schönes. Die Kraft eines mächtigen alten Baumes wird umso eindrucksvoller, je stärker der Kontrast ausfällt, zu dem er steht: Stünde er mitten in einem Wald, würden wir ihn nur zufällig entdecken. Wächst er jedoch kraftvoll und ausladend inmitten des Hofes eines Verwaltungsgebäudes, werden viele Städter ihn bemerken.

Haben Sie einmal darauf geachtet, wie viele Wildblumen Sie im Sommer in der Stadt sehen können? In Paris sind es so viele, dass die Bienen auf dem Dach der Pariser Oper[191] einen exzellenten Honig hervorbringen können.

Wer nachts durch die Stadt spazieren geht, sieht nicht nur graue Fassaden, sondern vor allem Lichter – die Straßenbeleuchtung, blinkende Reklame, Anzeigetafeln und das Licht, das durch die Fenster nach draußen dringt: verschieden große Vierecke und Rechtecke in unterschiedlichen Gelb-, Orange- und anderen Farbtönen, hinter denen alle Facetten des Lebens stattfinden. Man fragt sich, wer bloß all diese Häuser gebaut hat, all diese Objekte. Und wer da wohl wohnt oder arbeitet.

Erhellende Einsichten in der Stadt

Der Protagonist im Roman *Diese Fremdheit in mir*, geschrieben vom türkischen Literaturnobelpreisträger Orhan Pamuk, gelangt beim Gehen durch die Straßen Istanbuls zu erhellenden Einsichten und sich selbst näher:

> „Mevlut kam es so vor, als ob die Lichter und Schatten in seinem Kopf etwas mit dem Anblick der nächtlichen Stadt zu tun hatten. Und wohl deshalb ging er seit vierzig Jahren abends sein Boza verkaufen, egal, ob ihm das noch etwas einbrachte oder nicht.
>
> Nun begriff er so recht, was er all die Jahre über schon irgendwie geahnt hatte, nämlich dass er auf seinen Streifzügen durch die Stadt das Gefühl hatte, sich im eigenen Kopf zu bewegen. Wenn er mit den Mauern, den Reklamen, den Schatten, den im Dunkel kaum auszumachenden geheimnisvollen Dingen sprach, war ihm deshalb auch so, als redete er mit sich selbst."[192]

Sich Orte zu eigen machen

„Umherschweifen", „Zweckentfremdung" oder „wieder in Besitz nehmen" sind beliebte Ausdrücke der sogenannten Situationistischen Internationale (SI)[193], einer aktivistischen Organisation, die vor allem in den 1960er-Jahren aktiv war. Guy Debord, Begründer der SI und veritables *Enfant terrible,* entwickelte 1958 die Theorie des Umherschweifens: Die Situationisten unternahmen mehrtägige, kollektive Streifzüge durch Metropolen und hielten ihre Beobachtungen mündlich oder auf Stadtplänen fest. Durch Betreten, Nutzen und aktives Betrachten des urbanen Lebensraums wollten sie ein revolutionäres Bewusstsein erzeugen und die Menschen, die sie in hierarchischen Strukturen gefangen und durch die Konsumgesellschaft eingeschläfert sahen, wachrütteln. Guy Debord und seine Leute verhielten sich auf ihren Streifzügen zwar nicht immer „comme if fâut" (wie es sich gehört), da sie ihr Motto „Alles kann benutzt werden" allzu wörtlich nahmen. Dennoch sind ihre Aktionen eine Quelle der Inspiration:

Lassen Sie uns als Stadtspaziergänger umherschweifen, unsere neoliberalen Städte des 21. Jahrhunderts neu in Besitz nehmen und hierdurch beleben, vor allem auch abseits der Fußgängerzonen. Wir können eine halbe Stunde lang oder ganze Tage zu Fuß unterwegs sein, Straßenzüge erkunden, öffentliche Gebäude betreten, aus Brunnen trinken, uns in Cafés umziehen, irgendwo irgendetwas essen, auf dem Grünstreifen picknicken, einen Parkplatz temporär zum Leseplatz umfunktionieren, vor der Finanzverwaltung tanzen, Blumensamen ausstreuen. Vielleicht entstehen dabei Empfindungen von Freiheit oder Entdeckergeist, vielleicht Lust aufs Spielen oder Forschen, vielleicht auch das Gefühl von Heimat oder Entwurzelung. Vielleicht auch alles zusammen.

Ideen für Stadtspaziergänge

Nachfolgend finden Sie eine kleine Auswahl von Anregungen für besondere Stadtspaziergänge, denn der urbane Raum ist derart vielfältig, dass hier nur ein paar wenige Ideenschnipsel vorgestellt werden können:

- In nahezu jeder Stadt der Welt werden **Stadtspaziergänge unter kundiger Leitung** angeboten, darunter auch ganz besondere, wie Lärmspaziergänge in Bremen, Nachtspaziergänge in Wien, Streetart-Spaziergänge in Hamburg, Mystik-Spaziergänge in München, soziale Spaziergänge mit von Armut Betroffenen in Zürich, Spaziergänge durch die Unterwelt in Berlin, Stadionspaziergänge in Köln ... Hier lohnt es, die elektronischen Suchmaschinen zu konsultieren.

- Bitten Sie einen Fachexperten aus Ihrem Bekanntenkreis, mit Ihnen einen **fachbezogenen Spaziergang** zu unternehmen, z. B. die Ingenieurin zum Thema Brückenbau, den Landschaftsarchitekten zum Thema öffentliche Grünflächen, die Grafikdesignerin zum Thema städtische Typografie, den Psychologen zum Thema Stadtneurosen, die Köchin zum Thema Kulinarik etc.
- Unternehmen Sie einen waschechten Städtetrip in Ihrer Stadt und spazieren Sie mit den Sinnen des Touristen.
- Gehen Sie mit einem Freund, einer Arbeitskollegin, einer behinderten Person, einer älteren Person, einem Kind, einer Hundehalterin etc. spazieren und lassen Sie sich deren Lieblingsplätze mit den dazugehörigen Geschichten zeigen.
- Begleiten Sie jemanden auf dem Weg zu deren Arbeitsplatz oder auf dem Nachhauseweg und machen Sie einen Spaziergang daraus.
- Nehmen Sie den Bus oder die Straßenbahn und steigen Sie intuitiv irgendwo aus und erkunden Sie die Gegend.
- Spazieren Sie in urbanen Zwischenräumen, z. B. eng stehenden Gebäuden, durch Brückenpfeiler, an Schulhofbegrenzungen, abseits des markierten Weges im Stadtpark etc.
- Spazieren Sie durch öffentliche Gebäude, z. B. Bibliotheken, Messehallen, Ämter, Altenheime, Museen, Bahnhöfe, Kirchen, Universitäten etc.
- Spazieren Sie mit selektiver Wahrnehmung und speziellem Fokus, z. B. Graffiti, Tiere, Wildblumen, Wasser (Bewässerung und Gewässer), Plakate, Beleuchtung, Ruheoasen etc.

8.20 Ankommen: der letzte Schritt

„Selbstverständlich ist es sinnlos, unsere Schritte zum Wald zu lenken, wenn wir dort nicht wirklich ankommen. Ich bin beunruhigt, wenn ich merke, dass ich eine Meile in den Wald hineingegangen bin, ohne auch im Geist dort zu sein.“[194]

(Henry David Thoreau, Schriftsteller und Philosoph)

Am Ende eines Spaziergangs verändert sich manchmal das Tempo: Die Schritte werden schneller in freudiger Erwartung dessen, was einen am Ende erwartet, oder weil die Pflicht ruft. Die Schritte werden vielleicht auch langsamer, weil man den Wunsch verspürt, noch weiter zu spazieren und noch nicht wieder dahin zurückzukehren, von wo man kommt. Denn zu Beginn des Spaziergangs hatten wir uns ja bewusst von dem Ort, von den Menschen abgewendet, an dem bzw. bei denen wir zuvor waren. Die Abkehr war die Voraussetzung dafür, dass wir überhaupt aufbrechen konnten. Abkehr bedeutet auch Distanzierung, Bruch mit dem, was zuvor war, etwas hinter uns lassen. Ein Spaziergang ist eine kleine Reise, die uns verändert, so kurz und auf den ersten Blick unbedeutend sie auch sein mag. Wir kommen als jemand anderes zurück, als wir zuvor losgegangen sind, und müssen uns bewusst entscheiden: den

Spaziergang abzuschließen mit einem letzten Schritt, die Erlebnisse zu verarbeiten, sie dankbar zu bewahren, sie mit anderen zu teilen oder sie gleich wieder zu vergessen. Wieder zurückzukehren in unser altes Leben. Der Spaziergang gewährt uns eine kurze Auszeit, eine Zwischenzeit, die mit dem Ankommen zu Ende ist. Vielleicht schwingt bei der Rückkehr Wehmut mit. Bedauern darüber oder eine leise Angst, sich wieder dem Alltag stellen zu müssen.

Vielleicht ist auch Vorfreude da, nach einer Zwischenzeit wieder ins Gewohnte eintauchen zu können. Der Autor Peter Stamm erzählt in seinem Roman *Weit über das Land* (2017) vom Traum, das alte Leben hinter sich zu lassen und zu entfliehen, um sich noch einmal neu zu erfinden. Im Buch steht der Protagonist Thomas, getrieben von diesem Wunsch, ein anderer sein zu können, tatsächlich auf und geht. Er zögert einen Augenblick und verlässt dann seine Frau Astrid, die Kinder, sein Haus. Erst viele Jahre später, als er bereits das Rentenalter erreicht hat, kehrt er zurück. Er kommt an in seinem alten Zuhause. Dort wartet Astrid, die ihn zunächst gesucht, dann tot geglaubt und später geahnt hatte, dass er lebte. „Wie sie hatte er gewartet auf diesen Moment, diesen kurzen Augenblick des Glücks, in dem er die Hand auf die Türklinke legen und sie herunterdrücken würde. Diesen Moment, in dem die Tür sich öffnete und sie ihn sah als verschwommene Silhouette im hellen Mittagslicht."[195] Der schmerzlich-schöne Moment des Ankommens.

Innehalten und sich des Ankommens gewahr werden

Wenn wir „etwas durchgehen", meinen wir damit, etwas durchzulesen, durchzudenken oder durchzuarbeiten, und zwar mit dem Ziel, am Ende schlauer zu sein als vorher und etwas gelernt zu haben. Und in der Tat hat Gehen etwas mit Wissen zu tun, gewiss auch mit Einsicht. Deshalb hat auch der Ausgang eines Spaziergangs Bedeutung. Der letzte Schritt, das Ankommen, erlaubt uns, einen Moment innezuhalten, Eindrücke von unterwegs nochmals aufleben zu lassen und auch das Zufällige zu würdigen. Wenn wir nach einem Spaziergang an unserem Ausgangspunkt oder dem Zielort ankommen, können wir wahrnehmen, inwieweit uns der Spaziergang verändert hat. Wir haben einen Spaziergang gemacht und auch der Spaziergang hat uns „gemacht". Er hat uns bewegt und beim Wandeln gewandelt. Das Ankommen ist dabei wie das Erreichen einer Schwelle, ein Übergang von Vergangenheit in die Zukunft, ein zeitloser Raum. In diesem Raum sind wir ganz da. Wir können einen Moment stillstehen, erfüllt von den Erfahrungen der vergangenen Spazierzeit, der Kreislauf ist angeregt, der Blick hat sich erneuert, wir fühlen uns lebendig. Bald schon wandern die Gedanken in Richtung Zukunft: Was kommt jetzt? Vielleicht ein heißer Kaffee, Hausarbeit, eine Sitzung oder eben die nächste Verpflichtung des Tages. Wir verabschieden uns vom Vergangenen und gehen unseres Weges. Das Innehalten und Gewahrwerden des Ankommens nach dem Spaziergang ist eine Chance, nochmals aufzutanken mit all dem, was guttat. Um dann gestärkt seinen Weg fortzusetzen, bereit für das Nächste.

Zum Glück ist nach dem Spaziergang vor dem Spaziergang. Denn es gibt noch unendlich viele Wege durch Felder, über Straßen, im Wald, am Wiesenrand, durch Stadtgewusel oder anderen Landschaften, zu verschiedenen Tages- und Jahreszeiten zu erkunden. Doch auch, wenn wir unsere Erdkugel spazierend umrunden könnten, kämen wir irgendwann wieder am Ausgangpunkt an. Am Ende sind wir wieder da, wo wir herkamen – aber doch ganz anders innerlich aufgestellt.

Ideen für einen Spaziergang „Ankommen – der letzte Schritt“

Wählen Sie einen Weg, der für Sie Ankommen symbolisiert, beispielsweise Ihren Heimweg oder den Weg zu einem bestimmten Menschen oder einem bestimmten Ort.

- Sinnieren Sie darüber, während Sie sich Ihrem Ziel nähern, was Ankommen für Sie bedeutet.
- „Kommen Sie beim Gehen mit jedem Schritt an. Das ist Gehmeditation. Das ist schon alles.“[196]
- Am Ziel angekommen, gehen Sie einen bewussten letzten Schritt. Bleiben Sie stehen und verweilen Sie einen Moment.

„Mit dem Auto ist ja die Kunst des Ankommens abhandengekommen.“

(Erhart Kästner, Schriftsteller)

8.21 Und nun sind Sie dran!

Vielen Dank, dass Sie mich bis hierhin durch die vielfältige Welt der Spaziergänge begleitet haben. Diese Seiten gehören nun Ihnen! Hier können Sie Ihre ganz persönlichen Lieblingsspaziergänge aufschreiben. Notieren Sie Ihre Erlebnisse, Erkundungen, Gedanken, Empfindungen und Erinnerungen. Welche Spaziergänge waren oder sind für Sie ganz besonders wichtig – und warum?

***

Ihr Lieblingszitat passend zum Spaziergang:

Teil III

Spaziergangsforschung im Kleinen: Warum gehen Sie spazieren?

9. Umfrage zum Spazierengehen

Die bereits erwähnte Promenadologie (Spaziergangswissenschaft) ist eine von Lucius Burckhardt entwickelte kulturwissenschaftliche und ästhetische Methode.

> „[Es] geht (...) um die Systematik, wie man zu einem Bild von einer Stadt oder einer Landschaft kommt. Beim Spazierengehen erschaffe ich mein Bild von der Welt. Ich trete vor die Tür, gehe meinen Weg, und an verschiedenen Stellen gibt es Stationen besonderer Aufmerksamkeit. Im Nachhinein entsteht so ein Gesamtbild der Stadt oder der Landschaft, das sich enorm von dem unterscheidet, was Bücher oder andere Medien beschreiben oder was man aus Erzählungen kennt. Wenn ich mit dem Auto über die Autobahn presche oder mit dem Bus fahre oder wandere, habe ich jedes Mal eine ganz spezifische Erfahrung vom Raum, eine entsprechende Abstraktion.“
>
> (Bertram Weisshaar, Leipziger Spaziergangsforscher)[197]

Genutzt werden die Erkenntnisse von Spaziergangsforschern vor allem bei der Städteplanung. Die pragmatischen und künstlerischen Vorstellungen von Architekten sollen mit den Bedürfnissen der Bewohner in Einklang gebracht bzw. von diesen inspiriert werden.

Für dieses Buch bin ich für kurze Zeit selbst in die Rolle einer Spaziergangsforscherin geschlüpft. Anders als Promenadologen wie Burckhardt und Weisshaar habe ich bei meiner Forschung einen soziologisch-psychologischen Fokus gewählt. Mich interessierten erstens die Spaziergangsgewohnheiten der Menschen und zweitens deren Motivationen dahinter.

- *Wo und wie* spazieren Sie am liebsten?
- *Weshalb* gehen Sie spazieren?

Diese Fragen können Sie gerne für sich selbst beantworten, bevor Sie weiterlesen. Ich habe sie insgesamt 339 Menschen gestellt, darunter Familienangehörigen, Freundinnen und Freunde, Bekannten, Kolleginnen und Kollegen, Kundinnen und Kunden, Personen des Junfermann Verlags sowie Menschen aus meinem näheren und weiteren Umfeld. Mithilfe einer IT-gestützten Umfrage habe ich Daten und Informationen über Spaziergangsgewohnheiten gesammelt. Dr. phil. Cosima Locher von der Universität Basel, Fakultät für Psychologie, Klinische Psychologie und Psychotherapie, hat mich bei diesem kleinen Forschungsprojekt kompetent beraten und unterstützt. Ermöglicht wurde das Projekt von der Privatklinik Hohenegg in Meilen in der Schweiz.

Die Umfrage bestand aus insgesamt sieben Fragekomplexen mit Antworten zum Ankreuzen sowie zwei Fragen, die mit Freitext zu beantworten waren. Wenn wir uns die Antworten ansehen, ergibt sich ein sehr vielseitiges und zugleich aussagekräftiges Bild. Sie sind eingeladen, Ihre persönlichen Spaziergewohnheiten mit diesem Bild zu vergleichen und sich von den Fragen und Antworten für die Entwicklung Ihrer eigenen Routine inspirieren zu lassen.

9.1 Auswertung der demografischen Daten

Anzahl der insgesamt befragten Personen	339

Geschlecht	%
weiblich	53,1
männlich	46,9

Jahrgänge	1926 bis 2007

Alter	%
12–29 Jahre	4,8
30–49 Jahre	33,2
50–69 Jahre	57,7
70–94 Jahre	4,3

Höchste abgeschlossene Ausbildung	%
Obligatorische Schule	0,6
Sekundar-/Realschulabschluss	1,5
Matur/Abitur	6,2
Berufsausbildung	25,1
Universität/Hochschulen	66,7

Haltung während der Arbeit	**%**
mich bewegend	20,6
sitzend	74,3
stehend	5,1

Pensum	**%**
Teilzeitpensum	24,4
Vollzeitpensum	58,6
Hausfrau / -mann	2,3
in Ausbildung	3,4
nicht erwerbstätig	1,3
pensioniert	5,0
Sonstiges	5,0

Die Auswertung der demografischen Daten zeigt, dass es sich um eine Stichprobe handelt, die nicht repräsentativ ist. Folgende Daten sind besonders hervorzuheben:

- Die Geschlechterverteilung der befragten Personen ist ziemlich ausgeglichen.
- Die Mehrheit der Befragten ist mittleren Alters, während jüngere und ältere Jahrgänge in der Befragung unterrepräsentiert sind.
- Die Mehrheit der Befragten weist einen Hochschul- oder Universitätsabschluss auf.
- Damit könnte zusammenhängen, dass die Mehrheit der Befragten eine sitzende Tätigkeit ausübt.
- Die Mehrheit der Befragten absolviert ein Vollzeitpensum.

Möglicherweise könnte Spazieren für diese Personengruppe, die mehrheitlich sitzt, umso wertvoller sein!

9.2 Auswertung der Spaziergangsgewohnheiten

Gehen Sie spazieren?	%
Ja	91,4
Nein	8,6

An wie vielen Tagen gehen Sie pro Monat spazieren?	Tage pro Monat
Bandbreite	1 bis 31
Mittelwert (Durchschnitt)	11

- Die große Mehrheit der Befragten, nämlich 91 Prozent, geht spazieren und ist damit als spazierfreudig zu bezeichnen. Neun Prozent der Befragten gehen nie spazieren. Damit gehört Spazieren für einen Großteil der Befragten zum Leben dazu.
- Durchschnittlich unternehmen die Befragten elf Spaziergänge pro Monat.
- Eine genauere Datenanalyse zeigt, dass die Mehrheit der Befragten, nämlich 66 Prozent, vier- bis 15-mal pro Monat spazieren geht, fünf Prozent gehen jeden zweiten Tag spazieren und sieben Prozent gehen täglich spazieren.

Länge durchschnittlicher Spaziergang	%
Bis zu 10 Minuten	1,6
Bis zu 30 Minuten	25,5
Bis zu einer Stunde	47,4
Mehr als eine Stunde	25,5

- Fast die Hälfte der Befragten spazieren bis zu einer Stunde, ein Viertel mehr als eine Stunde und ein Viertel weniger als eine halbe Stunde.
- Die meisten Befragten, nämlich 74,5 Prozent, unternehmen demnach Spaziergänge bis zu einer Stunde.
- Unter zehn Minuten wird kaum spaziert.

Wann gehen Sie spazieren?*	%
wochentags	65,0
an Wochenenden und Feiertagen	90,0
in den Ferien	56,6

* Mehrfachnennungen waren möglich.

Am meisten wird an Wochenenden oder Feiertagen spaziert (90 %), denn dann, so könnte man interpretieren, ist es arbeitsbedingt am ehesten möglich. Unter der Woche gehen 65 Prozent spazieren und in den Ferien 50.6 Prozent. Spazieren kann damit auch als eine Art Mini-Urlaub, außerhalb der Ferienzeit bezeichnet werden, den man sich sogar während der Arbeitswoche gönnen kann.

Zu welcher Tageszeit gehen Sie spazieren?*	%
frühmorgens	22,3
vormittags	37,1
mittags	28,7
nachmittags	70,1
abends	36,8
nachts	2,9

* Mehrfachnennungen waren möglich.

Spaziert wird zu allen Tageszeiten, jedoch kaum nachts. Die bevorzugte Tageszeit ist der Nachmittag mit 70 Prozent, gefolgt vom Vormittag mit 37 Prozent, vom Abend mit fast 37 Prozent und vom frühen Morgen mit 22 Prozent.

Wie gehen Sie am liebsten oder am häufigsten spazieren?*	%
Allein	58,0
Zu zweit	67,7
Mit jemand Nahestehendem	37,4
Mit jemand Bekanntem	17,0
In einer Gruppe	9,0

* Mehrfachnennungen waren möglich.

Spazieren ist etwas ganz Privates: 58 Prozent der Befragten gehen gerne allein spazieren, 68 Prozent gerne zu zweit, 37 Prozent mit jemandem Nahestehenden, 17 Prozent mit jemandem Bekannten und nur 9 Prozent in einer Gruppe. Das lässt den Schluss zu, dass Spaziergänge bevorzugt als vertraute Unternehmung, als Rahmen für private Gespräche oder auch als Auszeit mit sich selbst genutzt werden. Als soziale Aktivität in einer Gruppen werden Spaziergänge kaum genutzt.

9.3 Lieblingsorte zum Spazieren

Sehen Sie sich die Auswahl der Orte an, die auf die Frage „Wo spazieren Sie am liebsten?" angekreuzt wurden. Wie hätten Sie geantwortet?

Wo spazieren Sie am liebsten?*	%
Im Wald	69,3
Mit Fernsicht	56,7
An einem Binnengewässer (See, Fluss)	56,7
Am Waldrand	45,8
Über freies Feld	45,1
Im Gebirge	40,6
In hügeliger Landschaft / Mittelgebirge	38,0

Wo spazieren Sie am liebsten?*	%
Am Meer	37,4
Im Zusammenhang mit natürlichen Sehenswürdigkeiten, z. B. Wasserfall	27,7
In Naturschutzgebieten / Nationalparks	24,8
In der Stadt	23,5
In Kulturlandschaften (Felder, Weiden, Obstbäume etc.)	22,9
Im Park	19,0
Im Wohngebiet	18,4
Im Zusammenhang mit kulturellen Sehenswürdigkeiten, z. B. Ruine	16,5
Am Stadtrand	10,3
In der Fussgängerzone	8,4
In der Wüste / in einer kargen Landschaft	4,2
Auf Brachland (ungenutzte Flächen)	2,6

* Mehrfachnennungen waren möglich.

Wir bevorzugen natürliche Umgebungen, am liebsten den Wald oder Orte mit guter Fernsicht, Weitblick und Wasser. Wenn wir in bebautem Gebiet spazieren gehen, dann am liebsten richtig in der Stadt. Die genaue Analyse der Orte lässt den Schluss zu, dass wir in Gebieten spazieren, die uns gerade zugänglich sind, beispielsweise auch das Wohngebiet. Viele der Befragten sind im Alpenraum zu Hause, was erklärt, dass von über 40 Prozent das Gebirge als einer der Lieblingsorte zum Spazieren gewählt wurde.

9.4 Warum gehen Sie spazieren?

Es war ein zentrales Anliegen der Umfrage, die persönlichen Motive, weshalb jemand spazieren geht, besser zu verstehen. Hierfür sollten die Befragten verschiedene Motive auf einer Skala von 1 (= trifft nicht zu) bis 5 (= trifft sehr zu) ankreuzen. Jedes der vorgegebenen Motive gehörte einer der folgenden fünf Motivkategorien an:

- Körperliches Wohlbefinden (K)
- Psychisches Wohlbefinden (Reduktion von Anspannung und Stress) (Ps)
- Problemlösung (Erkenntnisgewinn) (Pr)
- Transzendenz / Naturverbundenheit (Verbunden sein mit etwas Größerem und mit sich selbst) (T)
- Soziales Wohlbefinden (Gefühl der Verbundenheit mit anderen) (S)

Abbildung 9.1: bietet Ihnen eine Übersicht über die Gewichtung der Motivkategorien:

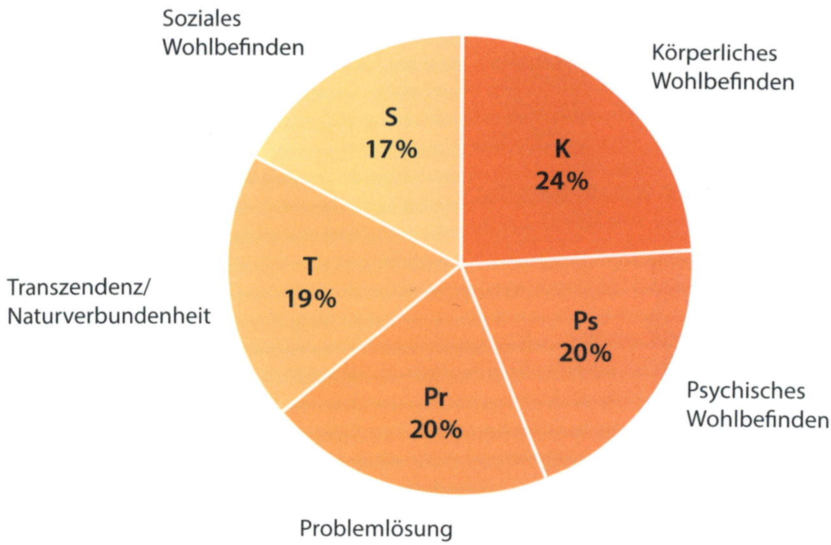

Abbildung 9.1: Motive für einen Spaziergang

Es ist sofort erkennbar, dass die fünf Motivkategorien untereinander sehr ausgeglichen sind. Aus den durchschnittlichen Nennungen pro Motiv ergeben sich folgende Bedeutungen pro Motivkategorie: Das Hauptmotiv „Körperliches Wohlbefinden" ist der häufigste Beweggrund für einen Spaziergang. Die drei Motivkategorien „Psychisches Wohlbefinden", „Problemlösung" und „Transzendenz / Naturverbundenheit" haben eine fast gleich starke Bedeutung, während „Soziales Wohlbefinden" mit 17 Prozent etwas weniger ins Gewicht fällt. Bei näherer Betrachtung lässt sich feststellen, dass die persönlichen Motive für einen Spaziergang höchst vielfältig sind.

Nachfolgend sehen Sie die vergebene Punktzahl pro Einzelmotiv in absteigender Reihenfolge:

Motiv	**Punkte**
um an der frischen Luft zu sein (K)	416
aus Freude an der Bewegung (Ps)	386
weil ich mich mit der Natur verbunden fühle (T)	385
um neue Energie zu tanken (K)	375
um etwas für meine körperliche Fitness zu tun (K)	355
um meine Gedanken im Kopf zu ordnen (Pr)	343
um Stress abzubauen (Ps)	329
um über etwas nachzudenken (Pr)	329
um meinen Gesundheitszustand zu verbessern (K)	319
um gemeinsam etwas zu erleben (S)	303
weil ich unerwartete Einsichten habe (Pr)	299
um körperlichen Beschwerden entgegenzuwirken (K)	297
um mir selbst näher zu kommen (T)	276
weil ich nach Inspiration suche (Pr)	273
um in Ruhe ein Gespräch führen zu können (S)	270
um Ärger und Gereiztheit abzubauen (Ps)	263
um Abstand von Sorgen und Problemen zu gewinnen (Ps)	261

Motiv	Punkte
um mich besser konzentrieren zu können (Pr)	258
um alleine sein zu können (T)	245
um mich mit der Schöpfung verbunden zu fühlen (T)	241
um mich von Problemen abzulenken (Ps)	218
um etwas in einer Gruppe zu unternehmen (S)	179

Im Freitextfeld, das 95-mal genutzt wurde, konnten die Befragten weitere Motive für ihre Spaziergänge nennen. Das sinnliche Erleben, das Tanken neuer Energie oder der Raum für tiefere Gespräche wurden mehrfach als Motiv ergänzt. Und schließlich geben viele weitere, zum Teil sehr persönliche Aspekte den Anstoß für einen Spaziergang.

Motiv	%
mit dem Hund	21
mit dem Baby, den Kindern oder den Enkelkindern	15
Freude, Lust, Genuss, Sinnlichkeit	7
Licht, Sonne, Energie tanken	6
wohlfühlen	6
tiefere Gespräche	4
Wind, Wetter, Jahreszeiten	3
fotografieren	3
beobachten, die Natur, auch im Kleinen kennenlernen	3
als Alternative zu Auto oder ÖV	3
aus Abenteuerlust	2
um etwas zu sammeln (Blumen, Steine, Pilze, Bärlauch, Bärlauch, Schritte, neue Erlebnisse)	2
Gespräch mit Gott, Kontakt zur Schöpfung	2

Motiv	%
Neugier, Einblicke in andere Leben	2
die einzige Aktivität, die aufgrund von Beschwerden möglich ist	2
Ausgleich der Gehirnhälften	2
Gehmeditation	1
Nacht (Sterne, Mond, Milchstraße, nachtaktive Tiere)	1
beruflich bedingt	1
Langeweile	1
Begleitung älterer Personen	1
Gegenden kennenlernen	1
in Ruhe telefonieren	1
um gar nichts zu denken / nichts zu müssen	1
rauskommen aus den vier Wänden	1
Atmung pflegen	1
Sightseeing am Wohnort und bei Städtetrips	1
damit die Landschaft etwas von mir hat	1

Was Spazierengehen sonst noch bedeuten kann, wurde in den zahlreichen Freitextantworten am Ende der Umfrage deutlich. Hier gab es mehrere sehr individuelle Interpretationen von Spazieren, woran deutlich wird, dass Spazieren auch als Metapher für die eigene Lebensart zu begreifen ist: Eine Person mit Gehbehinderung schrieb, dass sie für längere Strecken einen Rollstuhl benutze: „Das Handbike bedeutet für mich Freiheit! Ich bin ein Bewegungsmensch, liebe die Natur und den Wind in den Haaren. Die Bewegung an der frischen Luft gibt mir Energie."

Eine andere Person bevorzugt das Waldbaden, da ihr Spazieren fast schon zu schnell sei. Aus all dem wird deutlich wird, dass kein einheitliches Verständnis des Spazierens existiert, höchstens eine umschreibende Annährung an das Wesen des Spazierengehens.

Es ergibt sich ein vielschichtiges und facettenreiches Bild, was Spazieren für den einzelnen Menschen bedeuten kann. Hier eine Auswahl einiger bemerkenswerter Gedanken, die in das Freitextfeld meiner Umfrage eingetragen wurden und für die ich an dieser Stelle den Urhebern von Herzen danke. Ich habe versucht, die ausgewählten Texte acht Bereichen zuzuordnen, wohl wissend, dass die Grenzen der Zuordnung sehr fließend sind:

Spazieren als ganzheitliche Erfahrung

- „Ein Spaziergang – Wohlgefühl für die Seele!"
- „Eine Metapher des Lebens: Weg gehen, Erfahrungen machen und wieder nach Hause finden."
- „Immer gleiche Wege sensibilisieren für kleine Veränderungen. Das weckt Verständnis für Veränderung – und Gleichheit."
- „Spazieren ist Bewegung im Innen und Außen."
- „Beim Spazieren fühle ich mich am ehesten mit der Natur verbunden. Die Natur hilft mir, mich wieder zu erden."
- „Spazieren ist für mich ein natürlicher Vorgang, welcher hilft, dem Rhythmus der Natur etwas näher zu kommen."
- „Spazieren ist für mich eine schöne Möglichkeit, mich eingebettet zu fühlen in ein größeres, umfassenderes Ganzes, in dem sich mein Ich transzendieren kann und sich in seiner Begrenztheit einer wohltuenden Demut hingeben kann."

Spazieren als gutes Klima für Gespräche

- „Das Reden entsteht von selbst. Ich gehe nicht mit dem Gedanken aus dem Hause: ‚Und dann werde ich reden', sondern dies ergibt sich. Manchmal entstehen neue Gespräche, weil man etwas Neues sieht. Neugierde entsteht, man sieht Dinge, die im Alltag nicht auffallen. Ebenfalls kann ich einen Spaziergang machen, ohne etwas zu reden. Einfach die Geräusche vom Spazieren aufnehmen und, was drum herum läuft, beobachten. Nur schon die Farbenpracht, die man im Frühling sieht. Oder im Winter, wenn es kalt ist, diese verschneite Landschaft ansehen. Einen anderen Blickwinkel für das Drumherum haben, wenn man nicht im Alltag ist. Es ist herrlich."
- „Spazieren ist eine Entschleunigung, sich auf wenige Sachen zu reduzieren. Beim Spazieren zu zweit werden jedoch auch viele Alltagsprobleme besprochen, aufgefrischt und manchmal auch gelöst."
- „Psychohygiene! Und virtuelle Zeit mit Freunden, die weit weg wohnen (am Telefon)."

- „Perfekte Situation für Gespräche, in denen Konflikte oder anspruchsvolle Situationen thematisiert werden: Es gibt eine äußere Bewegung, sodass ein Stocken des Gespräches nicht unangenehm ist. Man muss sich nicht fixieren, jeder hat Freiraum. Alles fließt."

Spazieren als sinnliche Erfahrung

- „Der akustische Aspekt ist für mich beim Spazieren auch immer wichtig."
- „Die frische Luft gibt einem so viel, egal, welches Wetter gerade herrscht."
- „Es sollte auch als Genuss wahrgenommen werden. Es ist wie ein schönes Essen. Ich kann es essen oder auch bewusst genießen … Und dankbar dafür sein, dass wir uns – gerade auch als Frauen – frei bewegen können."

Spazieren als Philosophie

- „Beim Spazieren kann man sich auch mal in Träumereien verlieren und ein wenig fantasieren."
- „Ist spätestens seit Rousseau, aber eigentlich schon seit den Griechen eine philosophische Grundtätigkeit, die in Vergessenheit zu geraten scheint, da man philosophierend heute meistens irgendwo ‚drinnen sitzt'. Was zur Folge hat, dass nichts mehr beim Philosophieren ‚herauskommt'."
- „Hauptsächlich ist Spazieren Inspiration für mich!"
- „Ich liebe das Flanieren, Unterwegssein, Nachdenken, Auf-neue-Ideen-Kommen, Musik und Gespräche auf Podcast hören, einfach, weil es guttut, inspirierend ist, Bewegung bringt, eine Lebensform darstellt. Ich bin auch ein Streuner und Beobachter. Spazieren bereichert das Leben, Ähnlich wie Schreiben."

Spazieren als Lebenskunst

- „Die einzige Anforderung an mich ist es, zu gehen."
- „Ich gehe, weil ich gehe. Auch ohne Motiv."
- „Beim Gehen praktiziere ich Achtsamkeit."
- „Es geht dabei nicht so sehr darum, ein Ziel zu erreichen, sondern mehr darum, bei sich zu sein, den Körper und die Bewegung zu spüren, einfach da zu sein."
- „Ich liebe es, über weite Felder zu gehen, keine Grenzen zu sehen, es wirkt extrem befreiend. Nach einem solchen Erlebnis habe ich immer das Gefühl, nichts kann mich bremsen."
- „Spazierengehen als Erweiterung des persönlichen Reviers."

- „Die Kraft und Wirkung von Spazieren ist nicht breit bekannt und wird unterschätzt."
- „Es ist einfach, um die Ecke geht's los, jede/r kann mit. Die langsame oder schnelle Bewegung kann leicht variiert werden. Kein Sportgerät nötig. Es ist kostenlos. Ich kann jederzeit gehen, ohne es von jemandem abhängig zu machen. Es ist gut in die Freizeit integrierbar."
- „Ich finde das Sprichwort aus Italien sehr schön zum Thema: „Chi va piano va sano e va lontano" (Wer langsam geht, ist gesund und kommt weit.)"

Spazieren als Gesundheits- und Wohlfühlfaktor

- „Für mich ist es ein wunderbarer Ausgleich, außerdem liebe ich es, den Fortgang / Fortschritt der Natur zu sehen. Am liebsten machen wir beim Spazieren etwas ‚Tempo', sodass der Körper auch angesprochen wird (schwitzen). Außerdem schmeckt danach der Kaffee umso besser. :-)"
- „Eine wunderbare Art der Bewegung mit vielfachen positiven Effekten auf physischer, psychischer und energetischer Ebene. Sie macht gesund und glücklich und ist im Zeitalter des Fitnessstudios und des ambitionierten Sports völlig unterbewertet."
- „Ich gehe spazieren, um mich an der frischen Luft zu bewegen und mit meinen Gedanken und Problemen klarzukommen."
- „Wenn ich ein paar Tage nicht laufen kann (wegen Krankheit, Beruf o. Ä.), dann werde ich sehr unruhig und unzufrieden."
- „Seitdem ich das mache und mich kontrolliere, dass ich mindestens 6500 Schritte laufe, geht es mir besser."
- „Ich bin ausgeglichen, handzahm, gesünder infolge Vitamin-D-Aufnahme, kälteresistenter und habe viele soziale Kontakte geknüpft unterwegs. Alles schöne Nebenwirkungen!!"
- „Es wird zu einem Grundbedürfnis, zu gehen, wenn man es einmal gewohnt ist."
- „Idealer Ausgleich, wenn man viel drinnen ist oder sitzt. Gedankliche Freiheit oder Kopf durchlüften."

Spazieren als Beitrag zum ökologischen Fußabdruck

- „Ich denke, ich ‚spare' viel Zeit, da ich täglich etwa 30 Minuten hin und her zu und von der Arbeit zu Fuß gehen darf: Ich brauche nämlich nicht mit dem Auto kilometerweit zum Fußballplatz, Tennisplatz, Fitnesscenter etc. zu fahren, um mich dort eine Stunde voll zu verausgaben."
- „Warum in die Ferne schweifen, wenn das Gute liegt so nah!!!"

Spazieren als Achtsamkeits- und Entschleunigungspraxis

- „Ich habe gelernt zu meditieren und beim Laufen und Spazieren kann ich wunderbar atmen und loslassen und mir bewusst werden, was mir guttut und wo ich mich befinde und wie ich mich verhalten muss, damit es mir gut geht. Das Laufen mit dem kleinen Enkel (18 Monate) entschleunigt mich ungemein. Man bleibt stehen und sieht wieder Dinge, die man lange nicht mehr wahrgenommen hat, und hat einfach Zeit, zu gehen, anzuhalten, zu spüren, zu sein und zu beobachten. Ob im Wald, am See, am Fluss, in der Stadt – es ist überall anders, aber es geschieht überall dasselbe: Ich komme zur Ruhe und fühle Körper und Seele verbunden."
- „Regelmäßige Mindfulness-Spaziergänge im Berufsalltag bei mittleren oder größeren Firmen anbieten, die geeignet liegen!"
- „Entschleunigt, klärt den Kopf, gibt Energie."

Wir wollen die Forschung rund ums Thema Spazieren weiterbetreiben. Deshalb möchte ich auch Sie herzlich einladen, an der einfach auszufüllenden IT-gestützten Umfrage teilzunehmen. Zeitbedarf fürs Ausfüllen: fünf Minuten. Den Fragebogen finden Sie in der Mediathek zum Titel unter ↗ http://www.junfermann.de oder auf meiner Website unter ↗ http://www.sabineclaus.ch (unter „Links"). Dort werden die Ergebnisse auch einmal jährlich aktualisiert.

10. Last but not least: Spaziergänge durchs Netz

Falls Sie einen Ihrer nächsten realen Spaziergänge in Ruhe vorbereiten möchten oder auf der Suche nach neuen Spazierideen sind, finden Sie hier eine Linkliste zu inspirierenden Orten, Initiativen und Unternehmungen (Stand 2019):

Kunstspaziergänge

↗ http://www.mitue.de
↗ http://www.cultcomm.ch
↗ http://www.belvedere.at
↗ http://www.akademielandpartie.de

Streetart

↗ http://www.hackenteer.com

Waldspaziergänge

↗ http://www.lfi.ch
↗ http://www.wegwandern.ch

Stadtentdeckungen

↗ http://www.talk-walks.net

Landart

↗ http://www.streuwerk.ch

Barfußpfade

↗ http://www.barfusspark.info

Naturparks

↗ http://www.naturpark.de
↗ http://www.nationalpark.ch
↗ http://www.naturparke.at

Naturschutz

↗ http://www.deutschewildtierstiftung.de
↗ http://www.birdlife.ch
↗ http://www.jordsand.de
↗ http://www.nabu.de
↗ http://www.naturschutzbund.at
↗ http://www.nachhaltigkeit.info

Berge

↗ http://www.alpenverein.de
↗ http://www.alpenverein.at
↗ http://www.sac-cas.ch

Meditationswege

↗ http://www.camino-europe.eu
↗ http://www.jakobsweg.ch/de/eu/ch/

Labyrinthe

↗ http://www.labyrinth-international.org
↗ http://www.begehbare-labyrinthe.de
↗ http://www.labyrinthe.at

Denkengehen (umweltliches Pilgern)

↗ http://www.denkweg.net
↗ http://www.atelier-latent.de

Promenadologie

↗ http://www.spaziergangswissenschaft.de

Dank

Mein Dank gilt Prof. Dr. med. Stefan Büchi, ärztlicher Direktor der Privatklinik Hohenegg in Meilen, für die Ermutigung zu diesem Buch sowie Dr. phil. Cosima Locher, Universität Basel und wissenschaftliche Mitarbeiterin der Privatklinik Hohenegg, für die erstklassige Unterstützung bei der Erstellung und Auswertung der Umfrage. Außerdem danke ich den Patientinnen und Patienten in der Privatklinik Hohenegg, die ich auf unseren Morgenspaziergängen bei Wind und Wetter begleiten durfte. Herzlich danken möchte ich allen, die mit ihrer Zeit und ihrem Interesse an meiner privaten Spazier-Umfrage teilgenommen und ihre Gedanken mit mir geteilt haben. Ein Dankeschön an die Teilnehmerinnen und Teilnehmer von Workshops, Beratung und Coaching für ihre konstruktiven Rückmeldungen und Anregungen aufgrund unserer Spazier-Erfahrungen. Einen besonderen Dank an Giulia, Emilio, Gitti, Kristin und Annette, außerdem an Ruedi Brenner, Bruno Claus, Dr. med. Sebastian Haas, Katharina Geiger, Rolf Murbach und Dr. med. Adrian Suter. Ich danke herzlich meinem Mann Ivo, der ein neugieriger und kritischer Gesprächspartner und Erstleser war – und der froh ist, dass wir nun wieder öfter zusammen spazieren gehen können. Zu guter Letzt gilt mein Dank meiner engagierten und wohlwollend-kritischen Lektorin Katharina Arnold und dem Team vom Junfermann Verlag für die gute Zusammenarbeit, der Fotografin Annika List für ihren spontanen Einsatz in der Mittagspause sowie der Grafikerin Britta Rungwerth für ihre kreative und erfrischende Arbeit. – Übrigens: „Eine Linie ist ein Punkt, der spazieren geht." (Paul Klee, Maler)

In dankbarem Gedenken an meinen Vater.

Literatur und Anmerkungen

1 Peter Handke (2002): *Über die Dörfer*. Suhrkamp.

2 Robert Walser (2018): *Der Spaziergang*. Insel Verlag, S. 7.

3 Honoré de Balzac (1853): „Theorie de la démarche". Einzusehen unter: ↗ https://archive.org/details/thoriedeladm00balz/page/38 (letzter Aufruf am 21.05.2019; Übersetzung aus dem Französischen: Sabine Claus).

4 Ebenda.

5 R. Balchin, Jani Linde, Dee Blackhurst, Laurie Rauch & Georg Schönbächler (2016): „Sweating away depression? The impact of intensive exercise on depression". *Journal of Affective Disorders* 200, 218–221.

6 Bertram Weisshaar (2013): Mit Herumlaufen allein ist es nicht getan. In ders. (Hrsg.), *Spaziergangswissenschaft in der Praxis. Formate in Bewegung*. Jovis, S. 12.

7 Christoph Simon (2018): *Spaziergänger Zbinden*. Unionsverlag, S. 26.

8 Rainer Brämer, Wanderforschung.de 05/2008. Einzusehen unter: ↗ https://www.wanderforschung.de/files/wandef1212466131.pdf (letzter Zugriff am 18.06.2019).

9 Franz Hohler (2014): *Spaziergänge*. Random House, S. 63.

10 Lucius Burckhardt (2006): *Warum ist Landschaft schön? Die Spaziergangswissenschaft*. Martin Schmitz Verlag, S. 329 f.

11 Henry David Thoreau (2004): *Vom Spazieren*. Diogenes, S. 18.

12 Thich Nhat Hanh (2015): *Einfach Gehen*. O. W. Barth, S. 17.

13 Willigis Jäger (1999): *Geh den inneren Weg. Texte der Achtsamkeit und Kontemplation*. Herder, S. 149.

14 Peter Fischli & David Weiss (2007): *Findet mich das Glück?*. Verlag der Buchhandlung Walther König, S. 1.

15 Ebenda.

16 David Le Breton (2015): *Lob des Gehens*. Matthes & Seitz, S. 13.

17 Zitat von Henry David Thoreau. Einzusehen unter ↗ http://www.aphorismen.de/suche?text=Spaziergang (letzter Aufruf am 18.06.2019).

18 Zitat von Søren Kierkegaard. Einzusehen unter https://schwindkomminikation.de/philomag-sonderheft-wandern/ (letzter Aufruf am 18.06.2019).

19 Franz Hohler (2013): *Spaziergänge*. Btb Verlag.

20 Tomas Espedal (2017): *Gehen: Oder die Kunst, ein wildes und poetisches Leben zu führen*. Matthes & Seitz, S. 8.

21 Hartmut Rosa (2016): *Resonanz. Eine Soziologie der Weltbeziehung*, Suhrkamp, S. 148 f.

22 Ronald Wright (2006): *Eine kurze Geschichte des Fortschritts*, Rowohlt, S. 23.

23 Peter Christian Aichelburg unter: ↗ http://www.science-blog.at/2012/08/das-element-zufall-in-der-evolution/ (letzter Aufruf am 18.06.2019).

24 Alice Roberts (2019): *Spiel des Lebens. Wie der Mensch die Natur und sich selbst zähmte*. Wissenschaftliche Buchgesellschaft, S. 311.

25 Wikipeida, Stichwort „Lucy". Einzusehen unter https://de.wikipedia.org/wiki/Lucy (letzter Aufruf am 18.06.2019).

26 S. K. S. Thorpe, R. L. Holder & R. H. Crompton (2007): „Origin of Human Bipedalism as an Adaptation for Locomotion on Flixible Branches". *Science*, Bd. 316, 1328.

27 Richard E. Learky (1996): *The Origin of Humankind*. Basic Books.

28 Gerhard Roth (2003): *Fühlen, Denken, Handeln. Wie das Gehirn unser Verhalten steuert*. Suhrkamp, S. 76–77.

29 Martin Paetsch (2013): „Der beste Läufer der Welt". *GEO kompakt* Nr. 34, S. 36.

30 Detlev Ganten, Thilo Spahl & Thomas Deichmann, T. (2009): *Die Steinzeit steckt uns in den Knochen. Gesundheit als Erbe der Evolution*. Piper, S. 84 f.

31 Venus von Willendorf. Einzusehen unter: ↗ http://www.willendorf.info/Info%20Dateien/info_jungsteinzeit.htm (letzter Aufruf am 19.06.2019).

32 Joseph K. Pickrell, Nick Patterson, Chiara Barbieri, Falko Berthold, Linda Gerlach, Tom Güldemann, Blesswell Kure, Sununguko Wata Mpoloka, Hirosi Nakagawa, Christfried Naumann, Mark Lipson, Po-Ru Loh, Joseph Lachance, Joanna Mountain, Carlos D. Bustamante, Bonnie Berger, Sarah A. Tishkoff, Brenna M. Henn, Mark Stoneking, David Reich & Brigitte Pakendorf (2012): „The genetic prehistory of southern Africa". *Nature Communications* 3, 1143.

33 Martin Zimmermann (2019): *Die seltsamsten Orte der Antike. Gespensterhäuser, hängende Gärten und die Enden der Welt*. C. H. Beck, S. 153–154.

34 Johann-Günther König (2013): *Zu Fuß. Eine Geschichte des Gehens*. Reclam, S. 108.

35 Zitat nach der Übertragung von A. Wellmann (1991): *Der Spaziergang. Stationen eines poetischen Codes*. Königshausen u. Neumann, S. 54.

36 „Die industrielle Revolution". *GEO Epoche Kollektion*, 16.08.2017, S. 190.

37 Ebenda, S. 191.

38 Die erste Hochbahn Deutschlands wurde 1901 in Wuppertal, die erste U-Bahn 1902 in Berlin eröffnet. Vergl. ↗ https://de.wikipedia.org/wiki/U-Bahn (letzter Aufruf am 18.06.2019).

39 Wikipedia, Stichwort „Schweizer Alpen-Club". Einzusehen unter https//de.wikipedia.org/wiki/Schweizer-Alpen-Club (letzter Aufruf am 21.04.2019).

40 Website des Akademischen Sportverbands Zürich (ASVZ): ↗ http://www.asvz.ch (letzter Aufruf am 21.04.2019).

41 Rainer Maria Rilke (2012): *Du musst dein Leben ändern: Über das Leben*. Insel Verlag, S. 23.

42 Wortbedeutung.info unter ↗ https://www.wortbedeutung.info/Sport/ (letzter Aufruf am 30.05.2019).

43 Olympic.org unter ↗ https://www.olympic.org/athletics/20km-race-walk-women (letzter Aufruf am 18.06.2019).

44 Valentin Samson (2017): „Wird Schach doch noch olympisch?". Einzusehen unter ↗ https://de.chessbase.com/post/wird-schach-doch-noch-olympisch (letzter Aufruf am 18.06.2019).

45 Paul T. Williams & Paul. D. Thompson (2013): „Walking versus Running for Hypertension, Cholesterol, and Diabetes Mellitus Risk Reduction". *Arteriosclerosis, Thrombosis, and Vascular Biology*, 4 April 2013, 33:1085–1091.

46 Daytraining unter ↗ https://www.daytraining.de/fitness/kalorienverbrauch/ (letzter Aufruf am 18.06.2019).

47 World Health Organization: *Global Recommendations on Physical Activity for Health*. Einzusehen unter: ↗ http://www.who.int/dietphysicalactivity/factsheet_recommendations/en/ (letzter Aufruf am 23.07.2019).

48 Jörg Blech (2015): „Zum Laufen geboren". *Spiegel Wissen* 2/2015, S. 19.

49 Starret Kelly & Cordozza Glen (2016): *Sitzen ist das neue Rauchen. Das Trainingsprogramm, um lebensstilbedingten Haltungsschäden vorzubeugen und unsere natürliche Mobilität zurückzugewinnen*. Riva.

50 Jörg Blech (2015): „Zum Laufen geboren". *Spiegel Wissen* 2/2015, Hamburg, S. 19.

51 C. Song, H. Ikei & Y. Miyazaki (2015): „Elucidation of a Physiological Adjustment Effect in a Forest Environment. A Pilot Study". *International Journal of Environmental Research and Public Health*, 12, 4247–4255.

52 Franz Hohler (2014): *Spaziergänge*. Random House, S. 8.

53 Alexandra Rigos (2008): „Evolution des Gehirns". *Geo kompakt*. Einzusehen unter: ↗ https://www.geo.de/natur/tierwelt/7222-rtkl-das-gehirn-evolution-des-gehirns (letzter Aufruf am 18.06.2019).

54 Gerhard Roth (2003): *Fühlen, Denken, Handeln. Wie das Gehirn unser Verhalten steuert.* Suhrkamp, S. 186.
55 Tobias Hürter (2017): „So kommen Sie weiter!". *Zeit online.* Einzusehen unter ↗ https://www.zeit.de/zeit-wissen/2017/03/gehen-intelligenz-evolution-geist-spazierengehen-denken (letzter Aufruf am 18.06.2019).
56 Patrick Süßkind (1990): *Die Taube.* Diogenes, S. 86.
57 Aphorismen.de unter ↗ https://www.aphorismen.de/suche?f_rubrik=Aphorismen&f_autor=3217_Jean-Jacques+Rousseau&f_thema=Denken (letzter Aufruf am 18.06.2019).
58 Jean-Jacques Rousseau (2003): *Träumereien eines einsamen Spaziergängers.* Reclam, S. 19.
59 Gunther Schmid (2012): *Liebesaffären zwischen Problem und Lösung. Hypnosystemisches Arbeiten in schwierigen Kontexten.* Carl-Auer, S. 75.
60 F. Strack, L. L. Martin & S. Stepper (1988): „Inhibiting and facilitating conditions of the human smile: A nonobstrusive test on the facial feedback hypothesis". *Journal of Personality and Social Psychology*, 54, 768–77.
61 Christian Wolf (2019): „Intelligenz braucht einen Körper". *Spektrum.* Einzusehen unter: ↗ https://www.spektrum.de/news/intelligenz-braucht-einen-koerper/1574354 (letzter Aufruf am 18.06.2019).
62 Tobias Hürter (2018): „So kommen Sie weiter!" *Zeit online* Einzusehen unter: ↗ https://www.zeit.de/zeit-wissen/2017/03/gehen-intelligenz-evolution-geist-spazierengehen-denken/seite-3 (letzter Aufruf am 18.06.2019).
63 Ze'ev Rosenkranz (2005): *Einstein. Privat und ganz persönlich.* NZZ Libro, S. 33.
64 M. Oppezzo & D. L. Schwartz (2014): „Give Your Ideas Some Legs: The Positive Effect of Walkingon Creative Thinking". *Journal of Experimental Psychology Learning, Memory, and Cognition*, 40(4), 1142–1152.
65 Ebenda.
66 Chun-Yu Kuo & Yei-Yu Yeh (2016): „Sensorimotor-conceptual integration in free walking enhances divergent thinking for young and older adults". *Frontiers in Psychology*, 13 October 2016.
67 Manuela Macedonia (2018): *Beweg dich! Und dein Gehirn sagt danke. Wie wir schlauer werden, besser denken und uns vor Demenz schützen.* Brandstätter, S. 21 f.
68 Bertram Weiss (2013): „Der Lohn der Anstrengung". *GEO kompakt,* Nr. 34, S. 27.
69 S. Kaplan (1995): „The restorative benefits of nature: Toward an integrative framework". *Journal of Environmental Psychology*, 15(3), 169–182.
70 C. Voelckler-Rhage (2013): *Gehirntraining durch Bewegung.* Meyer & Meyer.
71 E. W. Griffin, S. Mullally, C. Foley, S. A. Warmington, S. M. O'Mara & A. M. Kelly (2011): „Aerobic exercise improves hippocampal function and increases BDNF in the serum of young adult males". *Physiology & Behavior*, 104(5), 934–941.
72 B. Winter, C. Breitenstein, F. C. Mooren, K. Voelker, M. Fobker, A. Lechtermann, K. Krueger, A. Fromme, C. Korsukewitz, A. Floel & S. Knecht (2007): „High impact running improves learning". *Neurobiology of Learning and Memory*, 87(4), 597–609.
73 Ebenda, S. 27.
74 Hermann Bahr (2013): *Das Hermann-Bahr-Buch.* Unikum, S. 76.
75 Hiroko Ochiai, Harumi Ikei, Chorong Song, Maiko Kobayashi, Takashi Miura, Takahide Kagawa, Qing Li, Shigeyoshi Kumeda, Michiko Imai & Yoshifumi Miyazaki (2015): „Physiological and psychological effects of a forest therapy program on middle-aged females". *International Journal of Environmental Research and Public Health*,12(12), 15222–15232.
76 P. Thaller & T. Schulz, (2018): *Outdoor against Cancer. Wie Bewegung und Sport in der Natur im Kampf gegen Krebs wirken.* Kailash, S. 132.
77 Jeffrey Conrath Miller & Zlatan Krizan (2016): „Walking facilitates positive affect (even when expecting the opposite)". *Emotion*, 16(5):775-785.

78 Neal Lathia, Neal Lathia, Gillian M. Sandstrom, Cecilia Mascolo & Peter J. Rentfrow (2017): „Happier people live more active lives: Using smartphones to link happiness an physical activity". *PLOS ONE*, 4/2017.

79 G. Delli Paoli, A. L. Smith & M. B. Pontifex (2017): „Does walking mitigate affective and cognitive responses to social exclusion?". *Journal of Sport & Exercise Psychology*, 39(2):97–108.

80 J. H. Riskind & C. C. Gotay (1982): „Physical Posture: Could It Have Regulatory or Feedback Effects on Motivation and Emotion?". *Motivation and Emotion*, 1982.

81 K. J. Wyles, M. P. White, C. Hattam, S. Pahl, H. King & M. Austen (2017): „Are Some Natural Environments More Psychologically Beneficial Than Others? The Importance of Type and Quality on Connectedness to Nature and Psychological Restoration". *Environment and Behavior*, 51(2), 111–143.

82 Andrea Abraham, Kathrin Sommerhalder, Heinz Bolliger-Salzmann & Thomas Abel (2007): *Landschaft und Gesundheit. Das Potenzial einer Verbindung zweier Konzepte.* Universität Bern.

83 Peter Aeschlimann (2019): „Mehr Wald im Spital, bitte!". *Beobachter online*. Einzusehen unter: ↗ https://www.beobachter.ch/gesellschaft/gesundheitswesen-mehr-wald-im-spital-bitte (letzter Aufruf am 18.06.2019).

84 D. Franklin (2012): „How Hospital Gardens Help Patients Heal. Hospital gardens turn out to have medical benefits". *Scientific American*, 1.3.2012. Einzusehen unter: ↗ https://www.scientificamerican.com/article/nature-that-nurtures/?redirect=1 (letzter Aufruf am 18.06.2019).

85 M. Nieuwenhuis, C. Knight, T. Postmes & S. A: Haslam (2014). „The relative benefits of green versus lean office space: Three field experiments". *Journal of Experimental Psychology*, 20(3), 199–214.

86 Kristine Engemann, Carsten B. Pedersen, Lars Arge, Constantinos Tsirogiannis, Preben B. Mortensen & Jens Svenning (2019): „Residential green space in childhood is associated with lower risk of psychiatric disorders from adolescence into adulthood". *PNAS* 116(11), 5188–5193.

87 N. E. Klepeis, W. C. Nelson, W. R. Ott, J. P. Robinson, A. M. Tsang, P. Switzer, J. V. Behar, S. C. Hern, W. H. Engelmann (2001): „The National Human Activity Pattern Survey (NHAPS): a resource for assessing exposure to environmental pollutants". *Journal of Exposure Science & Environmental Epidemiology*, 11, 231–252.

88 J. Barton, R. Hine & J. Pretty (2009): „The health benefits of walking in greenspaces of high natural and heritage value". *Journal of Integrative Environmental Sciences*, 6(4), 261–278.

89 Martha C. Nussbaum (1998): *Gerechtigkeit oder: Das gute Leben*. Frankfurt/M., S. 201.

90 G. N. Bratman, C. G. Daily, B. J. Levy & J. J. Gross (2015): „The benefits of nature experience: Improved affect and cognition". *Landscape and Urban Planning* 138, 41–50.

91 L. Mealy & P. Theis (1995): „The relationship between mood and preferences among natural landscapes: An evolutionary perspective". *Ethology and Sociobiology*, 16(3), 247–256.

92 K. J. Wyles, M. P. White, C. Hattam, S. Pahl, H. King & M. Austen (2019): „Are Some Natural Environments More Psychologically Beneficial Than Others? The Importance of Type and Quality on Connectedness to Nature and Psychological Restoration". *Environment and Behavior*, 51(2) 111–143.

93 Vergl. hierzu: Simone Einzmann (2018): „Typfrage. Fünf Landschaftsformen und wie sie auf uns wirken". *Psychologie Heute compact* 54: Natur & Psyche., S. 21.

94 Birgit Schönberger (2018): „Die Heilsame Wirkung des Waldes". *Psychologie Heute compact*, 54, S.80 f.

95 Rainer Stadler (2017): „Wir fühlen uns wohl, wenn eine Landschaft überschaubar ist". *Süddeutsche Zeitung Magazin* vom 06.04.2017.

96 Vergl. B. B. Mandelbrot (1993): *The Fractal Geometry of Nature.* Spektrum Akademischer Verlag, und M. Emmer (1993): *The Visual Mind: Art and Mathematics.* MIT Press.

97 C. M. Hägerhall, T. Purcell & R. Taylor (2004): „Fractal Dimension of Landscape Silhouette Outlines as a Predictor of Landscape Preference". *Journal of Environmental Psychology*, 24(2), 247–255.

98 Goodreads, John Muir unter: www.goodreads.com/author/quotes/5297.John_Muir (letzter Aufruf am 18.06.2019; Übersetzung: Sabine Claus).

99 Albert Camus (1982): *Der Fremde*. Rowohlt, S. 122.

100 Jean Chalon (1995): *Alexandra David-Néel. Das Wagnis eines ungewöhnlichen Lebens*. Ullstein, S. 161.

101 Ebenda, S. 314.

102 Dalai Lama (1992): *Das Buch der Freiheit. Die Autobiographie des Friedensnobelpreisträgers*. Bastei Lübbe, S. 54.

103 Volker Michels (Hrsg.) (1987): *Hesse. Sein Leben in Bildern und Texten*. Insel Verlag, S. 169.

104 Ebenda, S. 188.

105 Ebenda, S. 191.

106 Immanuel Kant (2018): *Über Pädagogik*. Forgotten Books, S. 54.

107 Barbara Thoma (2013): *Selma Lagerlöf. Von Wildgänsen und wilden Kavalieren*. Römerhof Verlag.

108 Anne Morrow Lindbergh (1990): *Muscheln in meiner Hand. Eine Antwort auf die Konflikte unseres Daseins*. Piper, S. 42.

109 Jean-Jacques Rousseau (1959): „Les confessions". In: *Œuvres complètes*. Band I. Firmin Didot, S. 162.

110 Jean-Jacques Rousseau (2003): *Träumereien eines einsamen Spaziergängers*. Reclam, S. 191.

111 Dieter Thomä (2017): „Ein extravaganter Morgenmensch". *Neue Züricher Zeitung* vom 8.7.2017.

112 Robert Walser (2018): Der Spaziergang. Insel Verlag, S. 50.

113 Perikles Monioudis (2018): *Robert Walser (Leben in Bildern)*. Deutscher Kunstverlag, S. 87.

114 Erich Fromm (1989): *Wege aus einer kranken Gesellschaft. Eine sozialpsychologische Studie*. Gesamtausgabe: Band IV Gesellschaftstheorie (1–254). Deutscher Taschenbuchverlag, S. 151 f.

115 Hermann Hesse (2002): *Das Leben bestehen*. Insel Verlag, S. 13

116 Suzanna Herculano-Houzel: „Was ist so besonders am menschlichen Gehirn?". TEDGlobal 2013. Einzusehen unter ↗ https://www.ted.com/talks/suzana_herculano_houzel_what_is_so_special_about_the_human_brain?language=de (letzter Aufruf am 18.06.2019).

117 Gerhard Roth (2003): *Aus Sicht des Gehirns*. Suhrkamp, S. 93 f.

118 Christian Larsen (2011): *Gut zu Fuß ein Leben lang: Trainieren statt operieren: Die besten Übungen aus der Spiraldynamik®* (5. Auflag). Trias, S. 36.

119 Peter Greb (2000): *Godo. Mit dem Herzen gehen. Der Gang des neuen Menschen*. KOHA-Verlag, S. 11.

120 Hermann Hesse (2011): *Stufen. Ausgewählte Gedichte*. Insel Taschenbuch.

121 Christian Morgenstern (1914): „Wer vom Ziel nichts weiß". In: *Wir fanden einen Pfad*. Zbinden Verlag, S. 40 f.

122 Wenn Sie sich für diesen „Zielaspekt" weiter interessieren, empfehle ich Ihnen: Sabine Claus (2015): *Mein allerbestes Jahr. Ziele erreichen – dem Leben Richtung geben*. Junfermann Verlag, Paderborn.)

123 In Erinnerung an Norbert Joos († 2016): Danke für die Zielkorrektur und das sichere Weggeleit hinunter ins Tal.

124 Antoine de Saint Exupéry unter: ↗ https://www.zitate.eu/author/de-saint-exupery-antoine/zitate/162354 (letzter Aufruf am 18.06.2019).

125 „Den Fünfer und das Weggli haben wollen" ist eine Schweizer Redensart dafür, sich nicht zwischen zwei angenehmen Dingen entscheiden zu können, sondern gleich beide haben zu wollen. (Das „Weggli" ist ein Milchbrötchen, das früher einmal fünf Rappen gekostet hat.)

126 Robert Walser (2016): *Der Spaziergang*. Suhrkamp, S. 28.
127 Vgl. Gerhard Pretting: „Was ist eigentlich – Parkinsons Gesetz?". *brand eins*. Einzusehen unter: ↗ https://www.brandeins.de/magazine/brand-eins-wirtschaftsmagazin/2005/machtwechsel/was-ist-eigentlich-parkinsons-gesetz (letzter Aufruf am 13.07.2019).
128 Hermann Hesse (1992): „Reiselied". In: *Die Gedichte*. Insel Verlag, S. 305.
129 J. Lurie, B. Gawinski, D. Pierce & S. J. Rousseau (2006): „Seasonal affective disorder". American Family Physician 74(9), S. 1521–1524.
130 Martin Walser in: Gesine Dammel (2018): *Lektüre zwischen den Jahren*. Insel Taschenbuch.
131 Wolfgang von der Weppen (1995): *Der Spaziergänger. Eine Gestalt, in der Welt sich bricht*. Morphé-Verlag, S. 50.
132 Es ist nicht ganz klar, ob Niebuhr der Urheber des Gebetes ist. Siehe auch: ↗ https://www.welt.de/welt_print/article2214565/Niebuhr-und-die-Gelassenheit.html (letzter Zugriff am 18.06.2019).
133 Thomas Maier (2011): „Frankfurt: ‚The Squaire' bezugsfertig. *Airliners.de*, 10.02.11. Einzusehen unter: ↗ http://www.airliners.de/frankfurt-the-squaire-bezugsfertig/23357 (letzter Aufruf am 16.07.2019).
134 S. Franklin, M J. Grey, N. Heneghan, L. Bowen & F. X. Li (2015): „Barefoot vs. common footwear: A systematic review of the kinematic, kinetic and muscle activity differences during walking". *Gait & Posture* 42(3), 230–239.
135 Peter Greb (2016): *Ballengang. Rückenschmerzen und Haltungsschäden vorbeugen – Wissenswertes über das natürliche Gehen*. Koha Verlag, S. 125.
136 hafawo (2016): „Die TOP 10 Zitate und Motivationssprüche für das Leben in der Gegenwart – im Jetzt". Einzusehen unter: ↗ https://www.hafawo.at/selbstmanagement-motivation/top-10-zitate-fuer-das-leben-im-jetzt/ (letzter Aufruf am 18.06.2019).
137 Rob Nairn (2002): *Mit dem Drachen fliegen. Ruhe und Klarheit durch Buddhismus und Meditation*. Deutscher Taschenbuchverlag, S. 47 f.
138 Thich Nhat Hanh (2016): *Einfach gehen*. O. W. Barth, S. 79.
139 Schader Stiftung (2016): „Besser als nichts. Transit-Orte und Nicht-Orte". Einzusehen unter: ↗ https://www.schader-stiftung.de/galerie/artikel/besser-als-nichts-transit-orte-und-nicht-orte/ (letzter Aufruf am 18.06.2019).
140 Thich Nhat Hanh (2016): *Einfach gehen*. O. W. Bart.
141 Ebenda, S. 110.
142 Ebenda, S. 21.
143 Ebenda, S. 7.
144 Ebenda, S. 12.
145 David Le Breton (2015): *Lob des Gehens*. Matthes & Seitz Berlin, S. 57.
146 Paul Jandl (2017): „Ruhe bitte!". *Neue Zürcher Zeitung*, 12.08.2017.
147 Lucie Machac in *Der Bund*, 6. April 2018. Einzusehen unter: ↗ https://www.derbund.ch/leben/flanieren-ist-wie-onlinesurfen-nur-besser/story/15374974?track (letzter Aufruf am 31.05.2019).
148 Jean-François Augoyard (1979): „Pas à pas. Essai sur le Cheminement quotidien". In: David Le Breton (2015), *Lob des Gehens*. Matthes & Seitz Berlin, S. 132.
149 Ebenda.
150 Guillaume Apollinaire (2018): *Flaneur in Paris*. Friedenauer Presse, S. 81.
151 C. Webb, M. Rossignac-Milon & E. T. Higgins (2017): „Stepping forward together: Could walking facilitate interpersonal conflict resolution?". *American Psychologist*, 2017 May-Jun;72(4):374–385.
152 Claudia Mäder (2018): „Der Fortschritt bringt uns zum Stillstand". *Neue Zürcher Zeitung*, 14. November 2018, S. 41.
153 Vergl. Martin Buber (1994): *Das dialogische Prinzip* (7. Auflage). Lambert Schneider.

154 Vergl. David Bohm (2002): *Der Dialog. Das offene Gespräch am Ende der Diskussion.* Klett-Cotta.
155 Peter Wild (2006): *Wer langsam geht, geht weit. Alternativen zur Überholspur.* Schwabenverlag, S. 127.
156 Anja Werner (2011): „Schräg und schroff: Strandgut-Kunst". *Shz.de*, 19.07.2011. Einzusehen unter: ↗ https://www.shz.de/regionales/schleswig-holstein/kultur/schraeg-und-schroff-strandgut-kunst-id1542286.html-(letzter Aufruf am 31.05.2019).
157 Verlorene Einkaufszettel – Instagram-Beispiel: ↗ https://www.instagram.com/wvhier/p/Bp2GQFdlxFi/ (letzter Aufruf am 31.05.2019).
158 Homepage von Regine S. Weber: ↗ http://www.regine-s-weber.ch/k-wasacryl.html (letzter Aufruf am 31.05.2019).
159 Homepage von Ewilpa – Stiftung EssbareWildpflanzenParks: ↗ http://www.ewilpa.net (letzter Aufruf am 31.05.2019).
160 Nach Bea Engelmann, B. (2014): *Therapie*-Tools Resilienz. Beltz.
161 Vergl. Stefan Büchi & Sabine Claus (2019): „Wie kann Resilienz im Arbeitskontext erfasst und gefördert werden?". Mitgliederzeitschrift der Handelskammer Deutschland Schweiz, Wirtschaft 2/2019, S. 2.
162 Stefan Berkholz (2019): *Aufbruch und Abkehr. Das Gehen in der Literatur.* In: Deutschlandradio Kultur, Berlin, gehört und transkribiert von Sabine Claus am 05.07.2019.
163 F. Holsboer & M. Ising (2010): „Stress hormone regulation: biological role and translation into therapy". *Annual Review of Psychology,* 61, 81–109.
164 Adrian Suter (2019): Sport zur Depressionsbehandlung. Fast gleich wirksam wie Psychotherapie und Medikamente, CME-Fortbildung, S. 7.
165 Roland von Känel unter: ↗ http://www.psychiatrie.usz.ch/Documents/Psychokardiologie_KolloquiumUSZ_30Mai2016_pdfFolien.pdf (letzter Aufruf am 31.05.2019).
166 Kerling, A. von Bohlen, M. Kück, U. Tegtbur, L. Grams, S. Haufe, E. Gützlaff & K. G. Kahl (2016): „Exercise therapy improves aerobic capacity of inpatients with major depressive disorder". *Brain and Behavior*, 6(6).
167 R. Bachlin, J. Linde, D. Blackhurst, H. L. Rauch & G. Schönbächler (2016): „Sweating away depression? The impact of intensive exercise on depression". *Journal of Affective Disorders*, 200:218–21.
168 G. M. Cooney K. Dwan, C. A. Greig, D. A. Lawlor, J. Rimer, F. R. Waugh, M. McMurdo & G. E. Mead (2013): Exercise for depression. *Cochrane Database of Systematic Reviews* 9. Einzusehen unter: ↗ https://www.cochranelibrary.com/cdsr/doi/10.1002/14651858.CD004366.pub6/epdf/full (letzter Aufruf am 19.06.2019).
169 S. B. Harvey, S. Øverland, S. L. Hatch, S. Wessely, A. Mykletun & M. Hotopf (2017): Exercise and the prevention of depression: Results of the HUNT cohort study. *The American Journal of Psychiatry*, 1;175(1):28–36.
170 B. H. Bewernick, A. S. Urbach, A. Bröder, S. Kayser & T. E. Schlaepfer (2017): „Walking away from depression – motor activity increases ratings of mood an incentive drive in patient with major depression". *Psychiatry Research*, 247:68–72.
171 Brooks & U. Ahrendt (2007): „Körperliches Training in der Behandlung depressiver Erkrankungen". *Psychiatrische Praxis*, 34, 300–304.
172 M. Wegner, I. Helmich, S. Machado, A. E. Nardi, O. Arias-Carrion & H. Budde (2014): „ Effects of exercise on anxiety and depression disorders: review of meta- analyses and neurobiological mechanisms". *CNS & Neurological Disorders*; 13(6): 1002–1014.
173 M. A. Babyak, W. E. Craighead, A. Sherwood, P. M. Doraiswamy, M. J. Coons & J. A. Blumenthal (2011): „Excercise and pharmacotherapy in patients with major depression: one-year follow-up of the SMILE study". *Psychosomatic Medicine,* 73;127–133.
174 Gernot Candolini (2016): *Labyrinth: Wege der Erkenntnis und der Liebe.* Claudius, S. 7.

175 Franz Hohler (2014): *Spaziergänge*. Random House, S. 154.
176 Antoine de Saint-Exupéry (1980): *Der kleine Prinz*. Karl Rauch Verlag.
177 Geologische Karten, z. B. unter: www.map.geo.admin.ch, www.bgr.bund.de, www.geologie.ac.at.
178 Taschenhirn.de unter: ↗ https://www.taschenhirn.de/geografie/universum-groesse-weltall (letzter Aufruf am 19.06.2019).
179 Besuchen Sie unbedingt einmal ↗ http://www.hubblesite.org.
180 Ebenda.
181 Vgl. ebd.
182 Richard David Precht in: „Werner Schmidbauer trifft Richard David Precht". Einzusehen unter: ↗ https://www.br.de/mediathek/video/gipfeltreffen-01112018-werner-schmidbauer-trifft-richard-david-precht-av:5ba2228652a57a00185286fa (letzter Zugriff am 16.07.2019, transkribiert von Sabine Claus).
183 Ebenda.
184 In: Stefan Berkholz (2019): „Aufbruch und Abkehr. Das Gehen in der Literatur". *Deutschlandradio Kultur* (gehört und transkribiert von Sabine Claus am 05.07.2019).
185 Keri Smith (2017): *Mach dich auf*. Kunstmann, S. 20.
186 Daniel Huber (2017): „Es lebe die Stadt! Die Hälfte der Menschheit wohnt auf nur 3 Prozent der Erdoberfläche". *Watson*. Einzusehen unter: ↗ https://www.watson.ch/wissen/international/999247246-es-lebe-die-stadt-die-haelfte-der-menschheit-wohnt-auf-nur-3-prozent-der-erdoberflaeche (letzter Aufruf am 18.07.2019).
187 Bertram Weisshaar (Hrsg.) (2013): *Spaziergangswissenschaft in der Praxis. Formate in Fortbewegung*. Jovis Berlin, S. 14.
188 Martin Schmitz (2019): „Von der Urbanismuskritik zur Spaziergangswissenschaft". *Deutschlandfunk*, 14.06.2019. Einzusehen unter: ↗ https://www.deutschlandfunk.de/querfeldein-denken-mit-lucius-burckhardt-1-3-von-der.1184.de.html?dram:article_id=319584 (letzter Aufruf am 19.06.2019).
189 Niklas Johannson (2018): „Ein Soundarchiv für die Stadt: Museum für Industriekultur startet mit Projekt ‚Mitschnitt Delmenhorst – Tonspuren einer Stadt'". *Delmenhorster Kurier*, 30./31.08.2018. Einzusehen unter: ↗ https://www.aaa-bremen.de/assets/Uploads/2018-10-30-Delmenhorster-30-10-2018-1.pdf (letzter Aufruf am 01.06.2019).
190 Das ursprüngliche Zitat lautet „Take only memories, leave only footprints" und geht auf Chief Seattle (19. Jhdt.) zurück, einem Native American: ↗ https://natpacker.com/take-only-memories-leave-only-footprints/ (letzter Aufruf am 31.05.2019).
191 ARD – [W] wie Wissen: „Bienen in Paris". Einzusehen unter: ↗ https://www.daserste.de/information/wissen-kultur/w-wie-wissen/sendung/2012/bienen-100.html (letzter Aufruf am 19.06.2019).
192 Orhan Parmuk (2017): *Diese Fremdheit in mir*. Fischer, S. 880f.
193 Vgl. Theresa Kleinschmid (2008): „Guy Debord und die Situationistische Internationale. Vision der Stadt der letzten Avantgarde". *SymCity 2*, Christian Albrechts Universität zu Kiel. Einzusehen unter: http://www.uni-kiel.de/symcity/ausgaben/02_2008/data/kleinschmidt.pdf (letzter Aufruf am 19.06.2019).
194 Henry David Thoreau (2004): *Vom Spazieren*. Diogenes, S. 16f.
195 Peter Stamm (2017): *Weit über das Land*. Fischer, S. 223.
196 Thich Nhat Hanh (2016): *Einfach Gehen*. O.W. Barth, S. 12.
197 Straßmann (2017): „Spaziergangsforschung: Auf Abwegen". Interview mit Bertram Weisshaar, Leipziger Spaziergangsforscher. *Die Zeit*, 04.04.2007 Nr. 15. Einzusehen unter: ↗ https://www.zeit.de/2007/15/Interview-Spaziergang (letzter Aufruf am 15.07.2019).

Über die Autorin

Sabine Claus ist Master of Advanced Studies in Coaching & Organisationsberatung und Betriebswirtschaftlerin. Seit dem Jahr 2000 unterstützt sie Unternehmen und Teams in Veränderungsprozessen. Sie begleitet Menschen in ihrer Persönlichkeitsentwicklung sowie in den Bereichen Selbst- und Mitarbeiterführung, Kommunikation und Geschäftsentwicklung, Team und Konflikt, Karriere und Auftrittskompetenz. Daneben arbeitet sie in einer Privatklinik für Psychiatrie in der Schweiz als Team- und Projektleiterin.

Ihr erstes Buch *Mein allerbestes Jahr. Ziele erreichen – dem Leben Richtung geben* ist 2015 im Junfermann Verlag erschienen.

Und nun: Buch weglegen und Schuhe an …

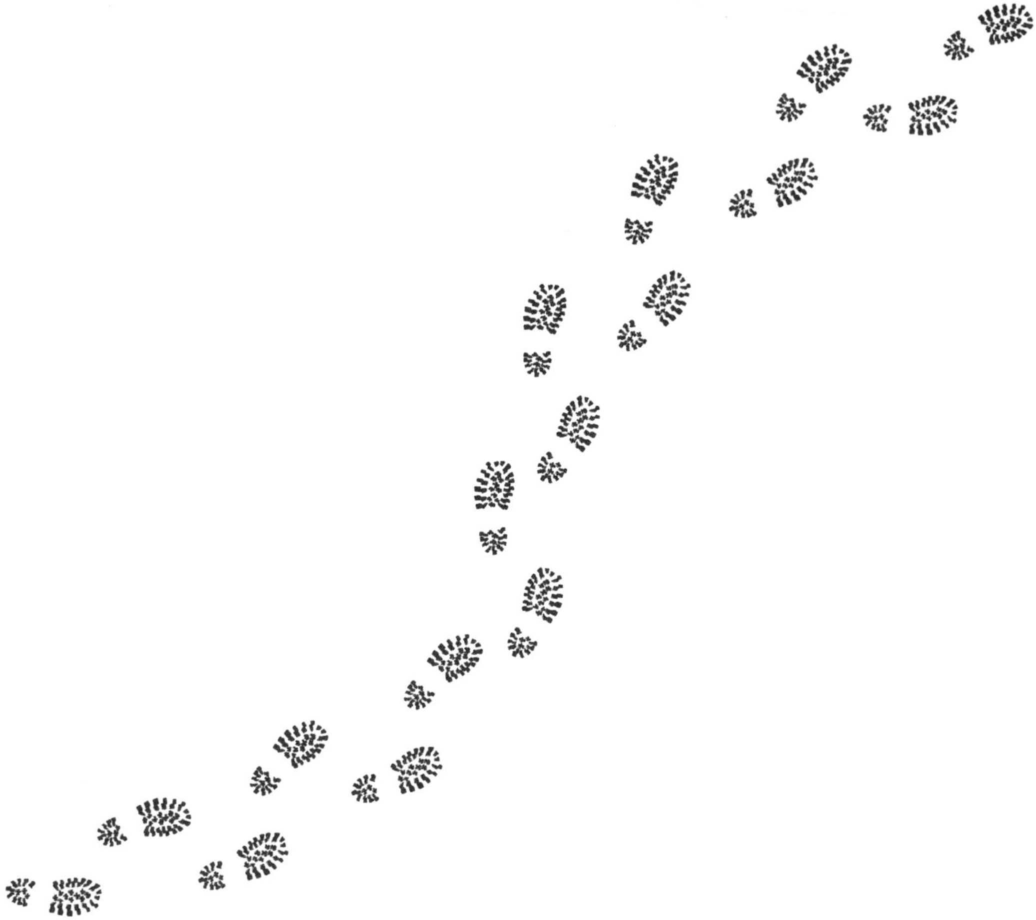